21世纪经济学类管理学类专业主干课程系列教材

劳动合同法：理论与案例

（第3版）

主编 张华贵

清华大学出版社
北京交通大学出版社
·北京·

内 容 简 介

随着劳动关系的发展变化，劳动法律制度也在不断完善，劳动法律研究成果也大量涌现，在此背景下，我们编写了这本书。本书以基本理论为线索，从实际案例到法律依据、再从法律依据到理论分析，为读者提供学习思考劳动合同法问题提供指引。全书共分为 9 章，在每个章节中，我们以劳动合同法的基本内容为线索，对劳动合同法的内容从理论与实际两个层面进行了系统的分析研究，体系结构新颖。根据理论问题在每章后面分别设计了阅读参考文献、本章复习思考题等几个方面的内容，充分体现了理论与实践的结合。对劳动合同法中的相关问题分析完整，力争用简洁的语言剖析案例，说明法理，使读者能够一目了然，启发读者思考。我们在该教程中设有复习思考题，给读者留下了学习思考的空间，启发其运用所学知识分析和解决现实问题。

本书适合学法学专业的本专科学生、从事劳动合同法教学的老师及关注劳动合同法的普通劳动者学习参考。

版权所有，侵权必究。

图书在版编目（CIP）数据

劳动合同法：理论与案例 / 张华贵主编. -- 3 版.
北京：北京交通大学出版社：清华大学出版社，2024.
11. -- ISBN 978-7-5121-5395-0

Ⅰ.D922.524

中国国家版本馆 CIP 数据核字第 2024QN5336 号

劳动合同法：理论与案例
LAODONG HETONGFA: LILUN YU ANLI

责任编辑：赵彩云

| 出版发行： | 清华大学出版社 | 邮编：100084 | 电话：010-62776969 | http://www.tup.com.cn |
| | 北京交通大学出版社 | 邮编：100044 | 电话：010-51686414 | http://www.bjtup.com.cn |

印 刷 者：北京鑫海金澳胶印有限公司
经　　销：全国新华书店
开　　本：185 mm×260 mm　　印张：15　　字数：384 千字
版 印 次：2011 年 8 月第 1 版　　2024 年 11 月第 3 版　　2024 年 11 月第 1 次印刷
定　　价：49.00 元

本书如有质量问题，请向北京交通大学出版社质监组反映。对您的意见和批评，我们表示欢迎和感谢。
投诉电话：010-51686043，51686008；传真：010-62225406；E-mail：press@bjtu.edu.cn。

第 3 版前言

在《中华人民共和国民法典》（以下简称《民法典》）颁布后，最高人民法院于2020年12月29日颁布了《最高人民法院关于审理劳动争议案件适用法律问题的解释（一）》（以下简称《劳动争议司法解释一》），于2021年1月1日起施行，同时还废除了之前颁发的四个关于审理劳动争议案件适用法律的相关司法解释。新的司法解释是根据《民法典》《中华人民共和国劳动法》《中华人民共和国劳动合同法》《中华人民共和国劳动争议调解仲裁法》《中华人民共和国民事诉讼法》等相关法律的规定，结合审判实践而制定的。该解释的颁布有利于人民法院正确统一实施劳动法律和《民法典》；有利于构建和谐稳定的劳动关系；有利于广大劳动者和用人单位准确理解法律[①]。

在《民法典》制定的过程中，有学者曾建议将劳动合同纳入《民法典》合同编第二分编"典型合同"中，立法者考虑到劳动合同法的特殊性，在《民法典》的"合同编"中并未将"劳动合同"纳入，这意味着《民法典》没有调整劳动合同的专门条款，处理劳动合同关系还要继续沿用其他专门法律规定，而且在《民法典》第1260条明确规定，实施的同时废止的法律中，也并没有《劳动合同法》。可见，《民法典》的颁布实施并不会导致在《民法典》之前颁布的《劳动合同法》废止，在处理劳动合同法律关系时继续沿用《民法典》之前的法律规则。但不能认为《民法典》与劳动关系的调整完全不相干，正如习近平总书记指出，"民法典在中国特色社会主义法律体系中具有重要的地位，是一部固根本、稳预期、利长远的基础性法律"[②]。作为市民生活的基本法，有的内容仍然与劳动合同关系中的用人单位和劳动者相关，比如，《民法典》中关于民事行为能力的规定，关于法人的规定、关于公民隐私保护的规定，关于用人单位防范性骚扰的规定等内容，都与劳动者和用人单位有关。《民法典》的总则部分规定"其他法律对民事关系有特别规定的，依照规定"，形成了劳动法和民法形式上融合与分立并存的关系格局。也就是说，《民法典》的颁布仍然影响到劳动合同关系，为了在《民法典》和2021年《劳动争议司法解释一》实施后更好地学习掌握《劳动合同法》，着眼于培养应用型的法律人才，培养学生的实际工作能力，我们

---

① 最高人民法院民事审判一庭. 最高人民法院新劳动争议司法解释（一）理解与适用. 北京：人民法院出版社，2021.
② 习近平. 习近平著作选读：第二卷. 北京：人民出版社，2023：313.

再次修改编写了这本《劳动合同法：理论与案例》，在编写过程中，我们以劳动合同法的基本内容为主线，结合《民法典》和新的司法解释，结合司法实践中的问题，理论联系实际，力求语言简洁，通俗易懂，系统准确地介绍《劳动合同法》的基本理论。

  本书由张华贵主编统一修改并定稿。北京交通大学出版社的赵彩云编辑为本书的第 3 版花费了大量的心血，在此表示衷心感谢。

2024.6

目 录

第1章 劳动合同法概述 ·· 1

1.1 劳动合同概述 ·· 1
1.1.1 劳动合同的概念和特征 ·· 1
1.1.2 劳动合同的性质 ·· 7
1.1.3 劳动合同的分类 ·· 8
1.2 劳动合同法的立法背景与宗旨 ·· 11
1.2.1 《劳动合同法》颁布实施的重要意义 ·· 11
1.2.2 《劳动合同法》的立法背景 ·· 12
1.2.3 《劳动合同法》的立法宗旨 ·· 13
1.2.4 《劳动合同法》与《劳动法》的关系 ·· 15
1.3 《劳动合同法》的适用范围 ·· 16
1.3.1 《劳动合同法》适用的主体范围 ·· 16
1.3.2 《劳动合同法》适用的空间范围 ·· 20
1.3.3 《劳动合同法》适用的时间范围 ·· 20
1.4 劳动规章制度 ·· 21
1.4.1 劳动规章制度的内容 ·· 22
1.4.2 劳动规章制度的制定程序 ·· 23
1.4.3 劳动规章制度的效力 ·· 23
1.5 劳动关系三方协商机制 ·· 25
1.5.1 劳动关系三方协商机制的作用 ·· 25
1.5.2 劳动关系三方协商机制的主体和内容 ·· 26
1.5.3 工会的地位与职责 ·· 27
本章阅读参考文献 ·· 29
本章复习思考题 ·· 30

第2章 劳动合同的订立 ·· 33

2.1 劳动合同订立的原则 ·· 33
2.1.1 合法原则 ·· 34

I

2.1.2　公平原则 …………………………………………………… 34
　　2.1.3　平等自愿原则 ……………………………………………… 35
　　2.1.4　协商一致原则 ……………………………………………… 36
　　2.1.5　诚实信用原则 ……………………………………………… 37
2.2　劳动合同订立的程序 …………………………………………………… 37
　　2.2.1　劳动合同订立的具体程序 …………………………………… 38
　　2.2.2　订立劳动合同要注意的问题 ………………………………… 38
　　2.2.3　劳动合同订立中的先合同义务 ……………………………… 40
　　2.2.4　用人单位招用劳动者的禁止性规定 ………………………… 42
2.3　劳动合同的形式与内容 ………………………………………………… 43
　　2.3.1　劳动合同的法定形式 ………………………………………… 43
　　2.3.2　违反法定形式要件的责任 …………………………………… 44
　　2.3.3　劳动合同的内容 ……………………………………………… 46
2.4　劳动合同约定条款的特殊规定 ………………………………………… 50
　　2.4.1　试用期 ………………………………………………………… 50
　　2.4.2　服务期 ………………………………………………………… 54
　　2.4.3　竞业限制 ……………………………………………………… 56
　　2.4.4　限制用人单位与劳动者约定违约金之理由 ………………… 60
2.5　劳动合同的效力 ………………………………………………………… 61
　　2.5.1　劳动合同的成立与生效 ……………………………………… 61
　　2.5.2　劳动合同无效 ………………………………………………… 62
导读案例解析 …………………………………………………………………… 66
本章阅读参考文献 ……………………………………………………………… 66
本章复习思考题 ………………………………………………………………… 67

第3章　劳动合同的履行与变更 ……………………………………… 69

3.1　劳动合同的履行 ………………………………………………………… 69
　　3.1.1　劳动合同履行的原则 ………………………………………… 69
　　3.1.2　劳动合同履行的特殊规定 …………………………………… 71
3.2　劳动合同的变更 ………………………………………………………… 80
　　3.2.1　劳动合同变更的意义 ………………………………………… 80
　　3.2.2　劳动合同变更的原因 ………………………………………… 81
　　3.2.3　劳动合同变更的规则 ………………………………………… 82
　　3.2.4　劳动合同变更的程序与法律后果 …………………………… 83
本章阅读参考文献 ……………………………………………………………… 85

  本章复习思考题 86

第4章　劳动合同的解除和终止 88

  4.1　劳动合同的解除 89
    4.1.1　劳动合同解除的概念与分类 89
    4.1.2　劳动合同解除的条件和程序 91
  4.2　劳动合同的终止 100
    4.2.1　劳动合同终止概述 100
    4.2.2　劳动合同终止的法定事由 101
    4.2.3　劳动合同终止的限制 104
  4.3　劳动合同解除和终止的法律后果 106
    4.3.1　劳动合同解除的法律后果 106
    4.3.2　解除劳动合同的损害赔偿的计算标准 110
    4.3.3　劳动合同终止的法律后果 113
  本章阅读参考文献 115
  本章复习思考题 115

第5章　集体合同 118

  5.1　集体合同的概述 118
    5.1.1　集体合同的概念特征 118
    5.1.2　集体合同的分类 122
  5.2　集体合同的订立与效力 123
    5.2.1　集体合同的订立 123
    5.2.2　集体合同的内容 126
    5.2.3　集体合同的效力 127
  5.3　集体合同的履行、变更、解除和终止 129
    5.3.1　集体合同的履行 129
    5.3.2　集体合同的变更、解除和终止 129
  5.4　集体合同的争议 132
    5.4.1　集体合同争议的概念 132
    5.4.2　集体合同争议的处理 132
  本章阅读参考文献 135
  本章复习思考题 135

第6章　劳务派遣 138

  6.1　劳务派遣概述 138

    6.1.1 劳务派遣的概念特征 ··· 138
    6.1.2 劳务派遣的适用 ··· 141
  6.2 劳务派遣关系的主体与内容 ··· 142
    6.2.1 劳务派遣关系的主体 ··· 142
    6.2.2 劳务派遣的内容 ··· 145
  6.3 劳务派遣协议 ··· 149
    6.3.1 劳务派遣协议的当事人 ··· 149
    6.3.2 劳务派遣协议的内容 ··· 149
  6.4 劳务派遣的法律责任 ··· 150
    6.4.1 劳务派遣单位的责任 ··· 150
    6.4.2 用工单位的法律责任 ··· 151
  本章阅读参考文献 ··· 152
  本章复习思考题 ··· 152

第 7 章 非全日制用工 ·· 155

  7.1 非全日制用工的含义与适用 ··· 155
    7.1.1 非全日制用工的含义 ··· 155
    7.1.2 非全日制用工的适用 ··· 158
  7.2 非全日制用工的特殊规定 ··· 159
    7.2.1 非全日制用工的劳动合同形式与期限 ··································· 159
    7.2.2 非全日制用工劳动合同的终止 ··· 161
    7.2.3 非全日制用工的工资标准与结算 ······································· 161
    7.2.4 非全日制用工的其他规定 ··· 164
  本章阅读参考文献 ··· 166
  本章复习思考题 ··· 167

第 8 章 劳动监督检查 ·· 169

  8.1 劳动监督检查概述 ··· 169
    8.1.1 劳动监督检查的概念特征 ··· 169
    8.1.2 劳动监督检查的意义 ··· 170
    8.1.3 劳动监督检查体系 ··· 171
    8.1.4 监督检查的原则 ··· 172
  8.2 劳动行政部门的监督 ··· 173
    8.2.1 劳动行政部门监督的内容特点 ··· 173
    8.2.2 劳动行政部门的监督检查的实施 ······································· 175

8.3 其他部门和劳动者的监督···································178
    8.3.1 其他部门和劳动者监督的内容·····················178
    8.3.2 政府有关部门对劳动合同的监督管理·············179
    8.3.3 工会组织的检查监督·······························180
    8.3.4 群众的监督检查····································181
  本章阅读参考文献··183
  本章复习思考题··184

第9章 法律责任··186

  9.1 法律责任概述···186
    9.1.1 法律责任的概念特征·································186
    9.1.2 劳动合同法律责任···································188
  9.2 用人单位的法律责任···189
    9.2.1 用人单位劳动规章制度违法的法律责任···········189
    9.2.2 用人单位违反劳动合同文本制度的法律责任·····193
    9.2.3 用人单位与劳动者未依法订立劳动合同的法律责任···194
    9.2.4 用人单位与劳动者违法约定试用期的法律责任···197
    9.2.5 用人单位违法扣押证件、违法收取财物的法律责任···198
    9.2.6 用人单位违反劳动报酬、经济补偿金支付规定的法律责任···200
    9.2.7 用人单位的过错导致劳动合同被确认无效的法律责任···203
    9.2.8 用人单位违法解除或者终止劳动合同的法律责任···204
    9.2.9 用人单位侵犯劳动者人身权益的法律责任·········207
    9.2.10 用人单位的其他法律责任··························211
  9.3 劳动者的法律责任···214
    9.3.1 劳动者法律责任的特征·······························214
    9.3.2 劳动者过错导致劳动合同无效的法律责任·········214
    9.3.3 劳动者违法解除劳动合同的法律责任···············215
    9.3.4 劳动者违反保密义务的法律责任·····················216
    9.3.5 劳动者违反竞业限制约定的法律责任···············216
  9.4 劳务派遣的法律责任···217
    9.4.1 劳务派遣单位法律责任·······························217
    9.4.2 用工单位的法律责任···································220
  9.5 行政机关及工作人员的法律责任·····························221
    9.5.1 行政机关及其工作人员的行政责任·················221
    9.5.2 行政机关及其工作人员的刑事责任·················222

  本章阅读参考文献 …………………………………………………… 222
  本章复习思考题 ……………………………………………………… 223

参考文献 ……………………………………………………………… 226

主要法律法规缩略语简表 …………………………………………… 227

第1章 劳动合同法概述

本章学习目标

了解:《劳动合同法》的立法背景与宗旨、劳动规章制度、劳动关系的三方协商机制。

领会:劳动合同的概念特征,《劳动合同法》的适用范围。

掌握:劳动合同的主体范围、劳动合同的分类。

运用:根据本章所学知识,辨识劳动合同法的适用范围,区分劳动合同关系和劳务关系的不同。

本章课程思政:《劳动合同法》侧重于保护劳动者的利益,体现了以人民为中心,始终把人们放在中心位置的理念。《劳动合同法》强调用人单位的社会责任在建立和谐稳定的劳动关系方面,对社会和谐稳定的作用。

1.1 劳动合同概述

1.1.1 劳动合同的概念和特征

1. 劳动合同的概念

对劳动合同的概念,理论上有着不同的表述:有的认为 "劳动合同是劳动者在用人单位的管理下按照用人单位的指示提供劳动,并由用人单位支付报酬的合同"[1];有的认为"劳动合同是劳动关系双方当事人确立、变更和终止劳动权利义务的协议"[2];还有的认为"劳动合同是确立劳动关系的法律依据"[3];有的认为"是指劳动力的提供者(雇员)和劳动力的使用方——用人单位(雇主)确立劳动关系,明确双方在劳动力的使用和被使用过程中的权利和义务的协议"[4];也有学者认为"是指劳动者与用人单位之间确立劳动关系,依法协商达成双方权利和义务的协议"[5];我国

---

[1] 关怀,林嘉. 劳动与社会保障法学. 北京:法律出版社,2016.

[2] 谢德成. 劳动法与社会保障法. 北京:中国政法大学出版社,2017.

[3] 黎建飞. 劳动与社会保障法教程. 北京:中国人民大学出版社,2023.

[4] 关怀,林嘉. 劳动法. 北京:中国人民大学出版社,2016.

[5] 贾俊玲. 劳动法学. 北京:中央广播电视大学出版社,2003.

《劳动法》第 16 条明文规定,"劳动合同是劳动者与用人单位确立劳动关系、明确双方权利和义务的协议";《劳动合同法》未对劳动合同的概念作出界定,但却非常强调劳动合同的书面形式。综合理论与立法的表述,我们认为所谓劳动合同是指用人单位与劳动者确立劳动关系,明确双方权利义务关系的书面协议。

2. 劳动合同的特征

劳动合同是合同的一种,具有民法上合同的一般特征,比如合同的合意性、合同的双方性、合同的双方平等性等特征,劳动合同都具备。但劳动合同又不同于一般的民事合同,"由雇佣契约到劳动契约,乃是一种社会化的进程"[①]。因此,劳动合同与民事合同有密切的关系,具体而言,劳动合同作为劳动法上的契约形式,具有区别于其他一般民事合同的特征。

1)主体的特定性

劳动合同是在两个特定的主体之间订立的,一方是劳动力的所有者和让渡者,另一方是劳动力的使用者。我国劳动法中分别将其称之为"劳动者"和"用人单位",国外则一般称之为"雇员"和"雇主"。作为劳动合同主体的劳动者是指具有劳动权利能力和劳动行为能力,受用人单位雇用并获得劳动报酬的自然人。包括与用人单位建立劳动关系的本国公民、外国公民和无国籍人等。劳动者的劳动权利能力是指公民依法享有劳动权利和承担劳动义务的资格。它表明公民依法可以享受哪些劳动权利,承担哪些劳动义务。劳动行为能力是指公民依法能够以自己的行为行使劳动权利和履行劳动义务的资格。它表明公民依法可以行使哪些劳动权利,履行哪些劳动义务。按照我国法律规定,劳动者必须达到法定最低就业年龄 16 周岁;具有行为自由、能够以自己的行为亲自参与劳动,实现劳动过程;具备劳动能力,能够满足岗位要求等条件。必须注意的是,2021 年《劳动争议司法解释一》第 33 条规定:"外国人、无国籍人未依法取得就业证件即与中华人民共和国境内的用人单位签订劳动合同,当事人请求确认与用人单位存在劳动关系的,人民法院不予支持。持有《外国专家证》并取得《外国人来华工作许可证》的外国人,与中华人民共和国境内的用人单位建立用工关系的,可以认定为劳动关系。"按此规定,外国人、无国籍人取得了《外国专家证》并取得《外国专家来华工作许可证》的,可以成为劳动合同的主体,其与中国境内用人单位建立用工关系的,可以认定为劳动关系,当然也是劳动合同的主体。否则,不能作为劳动合同的主体。

所谓用人单位是指具有用工权利能力和用工行为能力,依法招用和管理劳动者,对劳动者承担相关义务的主体。用工权利能力是指用人单位依法享有用工权利和承担用工义务的资格。我国《就业促进法》第 8 条明确规定:"用人单位依法享有自主用人的权利。"因此,用工权利能力是法律赋予用人单位的天然的权利,是用人单位生存、发展所必需。用人单位可以在国家法律法规规定的范围内,根据经营管理的需要

---

① 黄越钦. 劳动法新论. 北京:中国政法大学出版社,2003.

和劳动者各方面的表现情况，自主地决定用工形式、用工办法、用工数量、用工时间、用工条件、工作地点、工作岗位、工资报酬等。用工行为能力是指用人单位依法能以自己的行为行使用工权利和承担用工义务的资格。包括能够提供给劳动者进行劳动的物质、技术和组织条件，其他符合国家法定最低标准以上的劳动安全卫生条件，支付劳动报酬，缴纳社会保险并能承担相应的民事责任。用人单位作为劳动合同的主体资格一般依存于它的民事主体资格，即必须有自己的名称、住所、财产和组织机构。根据我国《劳动合同法》第2条及《劳动合同法实施条例》第3条的规定，用人单位包括：中华人民共和国境内的企业、个体经济组织、民办非企业单位等组织以及依法成立的会计师事务所、律师事务所等合伙组织和基金会等。《劳动争议司法解释一》第26~30条对用人单位作为当事人作出了进一步的解释。第一，用人单位与其他单位合并的，合并前发生的劳动争议，由合并后的单位为当事人；用人单位分立为若干单位的，其分立前发生的劳动争议，由分立后的实际用人单位为当事人；用人单位分立为若干单位后，具体承受劳动权利义务的单位不明确的，分立后的单位均为当事人。第二，用人单位招用尚未解除劳动合同的劳动者，原用人单位与劳动者发生的劳动争议，可以列新的用人单位为第三人。原用人单位以新的用人单位侵权为由提起诉讼的，可以列劳动者为第三人。原用人单位以新的用人单位和劳动者共同侵权为由提起诉讼的，新的用人单位和劳动者列为共同被告。第三，劳动者在用人单位与其他平等主体之间的承包经营期间，与发包方和承包方双方或者一方发生劳动争议的，依法提起诉讼的，应当将承包方和发包方作为当事人。第四，劳动者与未办理营业执照、营业执照被吊销或者营业期限届满仍继续经营的用人单位发生争议的，应当将用人单位或者其出资人列为当事人。第五，未办理营业执照、营业执照被吊销或者营业期限届满仍继续经营的用人单位，以挂靠等方式借用他人营业执照经营的，应当将用人单位和营业执照出借方列为当事人。这些规定也是对劳动合同用人单位的明确。

2）劳动者地位的双重性

劳动者在劳动合同中的地位具有双重性，这是劳动合同的一大特征。一方面，劳动者与用人单位的地位是平等的，这主要表现在劳动合同的订立过程中。《劳动合同法》第3条规定："订立劳动合同，应当遵循合法、公平、平等自愿、协商一致、诚实信用的原则。"劳动者和用人单位具有双向选择权，这也符合意思自治原则，有利于人尽其用，实现人力资源的优化配置。另一方面，劳动者隶属于用人单位，这主要表现在劳动合同的履行过程中。劳动合同订立后，劳动者要进入用人单位，让渡自己的劳动力归用人单位支配。劳动者要按照劳动合同的约定，遵照用人单位的要求为其劳动，服从用人单位的管理指挥，遵守劳动纪律，劳动成果归属于用人单位，在劳动过程中发生的劳动风险由用人单位承担等。《劳动合同法》第29条规定："用人单位与劳动者应当按照劳动合同的约定，全面履行各自的义务。"该隶属性顺应了社会化大生产对企业管理的要求，有利于促进竞争，实现优胜劣汰，从而使社会整体效率得以提高。必须明确的是，用人单位必须依据劳动法规对劳动者进行支配、管理和指挥，并对自己的违法行为承担责任。而无论是订立合同时，还是在合同的履行过程中。用人单位必须依据劳动法规对劳动者进行支配、管理和指挥，并对自己的违法行为承担责任。

3）内容具有较强法定性

劳动合同内容主要是明确双方的权利义务，具有较强的法定性。劳动合同的内容由法律直接规定，订立必须以法律规定为依据，当事人双方无权变更。如《劳动合同法》第17条第1款就对劳动合同的必备条款作出了强制而明确的规定，其范围涉及劳动者与用人单位的基本信息、劳动合同的期限、工作时间、工作条件、休息休假、劳动报酬、社会保险等诸多方面，都是属于必不可少的，劳动合同缺少了必备条款，是违法行为。虽然，《劳动合同法》允许当事人可以协商约定条款，但也明确了限制性的规定，但要求协商的内容亦不得违反法律的强制性规定。由此可见，当事人就劳动合同内容自由约定的空间相对较小。

劳动合同具有这一特点主要基于以下两个方面的原因。第一，按照法律的分类，劳动法当属社会法，而社会法的出现正是为了弥补传统公、私法在解决一些新出现的社会问题时存在的不足，如环境问题、弱势群体问题等，其显著特点是通过国家干预手段维护社会公共利益和弱势群体利益。从劳动法产生和发展的历程不难看出，对劳动者福利的维护始终为其重要使命，而其最好的方式莫过于立法中的强制性规定。第二，虽然在劳动合同的订立阶段，法律赋予劳动者与用人单位就劳动合同条款平等协商的权利，但一个不可否认的事实是，在劳动力市场供大于求的背景下，劳动者在与用人单位谈判中处于弱势地位，若在立法上对劳动合同的内容放弃监管，用人单位必将凭借其优势地位，侵害劳动者的合法权利，危害劳动关系的和谐与稳定。

4）劳动合同权利义务的延续性

劳动合同权利义务的延续性表现在许多方面，一是在劳动合同的有效期间，当事人的权利义务一直持续存在，劳动者按照劳动合同的约定，完成工作任务，用人单位则按照劳动合同的约定，对劳动者进行劳动保护，支付劳动报酬等。二是在劳动合同的有效期间，劳动者即使没有向用人单位提供劳动，也仍然在一定条件下享有向用人单位主张工资报酬的权利。比如，劳动者在劳动合同有效期内休产假、年休假、法定节假日休假等，虽然没有向用人单位提供劳动，但用人单位仍然要按照法律规定向劳动者支付劳动报酬。三是在劳动合同终止或者解除后，用人单位仍在一定条件下对劳动者享有权利和承担义务。比如，在一定条件下用人单位可以要求劳动者保守商业秘密的权利、竞业限制的权利等，并承担劳动者竞业限制期间的补偿金支付义务以及终止或解除劳动合同的经济补偿支付义务等。同样，劳动者在劳动合同解除后，也在一定的条件下承担继续保守商业秘密的义务、承担竞业限制义务等。劳动者也同时享有向用人单位要求支付经济补偿的权利等。

3. 劳动合同与劳务合同的联系和区别

所谓劳务合同是为完成某项工作而使用了一方的劳动，另一方向对方支付报酬的协议。

由于劳务活动也属于劳动,接受劳务方应向提供劳务方支付报酬,因而,劳务合同与劳动合同多有相似之处,也有不少的区别。

1) 劳动合同与劳务合同的联系

由于劳动合同是从劳务合同中分离出来的,因此二者之间存在许多共同点。一是劳动合同与劳务合同均以当事人之间相对独立的意思表示一致成立。二是两者均以劳动给付为目的。三是两者均为双务有偿合同。

2) 劳动合同与劳务合同的区别

第一,合同的主体不同。劳动合同的主体具有特定性,即一方是劳动者,另一方是用人单位,不能同时都是自然人或者同时为法人;而劳务合同的主体具有广泛性,双方当事人可以是自然人、法人或其他组织。从用人单位一方来看,劳动合同的用人单位必须是中华人民共和国境内的企业、个体经济组织、民办非企业单位等组织,以及国家机关、事业单位、社会团体等;而劳务合同的用人主体则更广泛,除上述单位外,还可以是自然人或家庭。从被雇用者一方来看,劳动合同中的劳动者是依照法律规定,在用人单位从事脑力或者体力劳动,并获得劳动报酬的自然人。劳动者要符合法律规定的年龄条件和劳动行为能力条件。而劳务合同中的被雇用一方可以是自然人、家庭、法人或其他组织。如某银行与某清洁公司达成清洁服务协议就是属于劳务合同而非劳动合同。

第二,合同主体之间的法律关系不同。劳动合同的双方主体间不仅存在财产关系,还存在人身关系,劳动者在劳动合同中的地位具有双重性。但劳务合同的双方主体之间只存在财产关系,二者地位平等,彼此之间无从属性,亦不存在隶属关系。劳动合同是具有身份性质的合同,劳动合同双方当事人之间具有身份上的从属关系。劳动合同订立后,劳动者一方必须加入用人单位一方中去,成为用人单位的成员,并在用人单位的管理和监督下进行劳动。正是由于劳动合同具有这种身份性、从属性,决定了劳动者在同一时期内,一般只能同一个用人单位签订劳动合同,而不能同时与两个或两个以上的单位签订合同。否则,用人单位招用尚未解除劳动合同的劳动者,对原用人单位造成经济损失的,该用人单位应承担连带赔偿责任。在劳务合同中,双方当事人之间是平等的法律关系,它是独立的主体之间经济价值的交换,劳动支配权归劳动者所有,双方当事人之间不存在从属关系,彼此相互独立,劳务合同双方始终以自己名义分别履行合同规定义务;劳务合同所确定的也不是劳动组织内部关系,而是一种非内部的合同关系。劳务合同的当事人在同一时期,可以签订两个以上的劳务合同。

第三,订立合同目的不同。签订劳动合同的目的,在于将劳动过程完成而不是强调劳动成果的必然实现。由于劳动过程是相当复杂的,且并不是所有的劳动都能直接创造出劳动成果。《劳动合同法》第 12 条明确规定,"劳动合同分为固定期限劳动合同、无固定期限劳动合同和以完成一定工作任务为期限的劳动合同",这是强调关于劳动过程的规定。因此,签订劳动合同的目的,仅仅在于双方约定劳动成果在劳动过程中实现,而不要求劳动成果必然出现。而劳务合同的目的,是强调基于劳务所完成的劳动成果,而非提供劳务本身。

第四,合同内容不同。劳动合同的内容,即劳动关系双方当事人权利和义务的具体化。《劳动合同法》明确规定了劳动合同内容的必备条款和约定条款。劳动合同的主要条款由法律明确规定,当事人自由协商的空间较小,合同内容体现了较强的国家干预和强制性,劳动合同如果不具备法定条款可能导致劳动合同无效。而劳务合同的主要内容由双方协商决定,合同内容体现了较强的意思自治。双方当事人在合同条款的约定上,具有较大的弹性余地。只要劳务合同不违反法律、法规的强制性规定,当事人可以基于合同自由原则,对合同条款充分协商确定修改,法律的限制比较少。

第五,主体的待遇不同。对劳动合同中的劳动者而言,不仅可以获得劳动报酬,还可以获得社会保险待遇等。法律要求用人单位必须为劳动者缴纳养老保险、医疗保险、失业保险等,这是用人单位必须履行的法定义务,且不得由当事人协商变更,体现着国家对劳动合同的干预,以保护劳动者合法权益,弥补劳动者的弱势地位。而劳务关系中的提供劳务者,一般只能获得劳动报酬。在劳务关系中,因为双方主体的平等地位,法律并未给劳务合同的雇主课加特别的义务。劳务合同雇主则无义务为雇员缴纳养老保险、医疗保险、失业保险等。

第六,纠纷的处理不同。如果是因劳动合同的履行发生纠纷的,当事人必须先向劳动争议仲裁委员会申请仲裁,对仲裁结果不服的,方可向人民法院起诉,即劳动仲裁程序是人民法院受理劳动合同争议案件的前置程序。因劳务合同发生纠纷的,可双方协商解决,亦可直接诉讼。

第七,合同的解除制度不同。一般认为,劳动者是劳动关系中的弱者,保护劳动者的权益,是现行劳动法律制度应该体现且已经体现的精神。因此,劳动立法的态度是严格控制用人单位的解除行为,宽松对待劳动者的类似行为。用人单位只有在具备法律规定的可以解除合同条件下,方可解除合同,而且用人单位解除须提前30天通知劳动者;如未提前30日通知的,因程序违法视为合同解除无效。劳动合同解除,若用人单位解除劳动合同,即使是在合法的条件下,没有违约解除,也要依法对劳动者进行补偿,并支付一次性经济补偿金。而在劳务合同中,只有在违法解除条件下才要求赔偿损失。在劳务合同中当事人可以约定解除合同的条件、时间,雇主解除合同是否提前30天通知雇员,由当事人自主约定,法律无明确规定。

第八,法律责任不同。在劳动合同履行过程中,劳动者在工作中受到职业性伤害,对劳动者适用无过错责任。在劳务合同履行过程中,劳动者在工作中受到伤害,则对劳动者适用过错责任。劳动合同的当事人不履行合同义务所产生的责任,不仅有民事责任,而且有行政责任、刑事责任。劳务合同的当事人不履行合同义务,仅产生民事责任。

1.1.2 劳动合同的性质

劳动合同的性质问题是劳动合同基本理论研究的课题之一，又具有重要的实践意义。对劳动合同的性质，中外学者有不同的学术观点。

1. 国外有关劳动合同性质的学说

在西方，关于劳动合同性质的学说主要有以下四种。

1）租赁契约说

该说认为劳动合同就是一种对人的租赁，租赁的标的是劳动力。该说源于罗马法上对租赁的分类，根据罗马法，租赁分为物之租赁、工作租赁和劳务租赁三种，此项罗马遗制为法国民法所沿袭，其第1708条规定："租赁契约，可以分为两种：物的租赁契约；劳动力租赁契约。"将劳动合同视为与"对物租赁"相对应的"对人租赁"，租赁标的为劳动力，当合同关系消灭以后就应当回复劳动力。[①]

2）身份契约说

该说认为劳动力的给付与受领非单纯的债务契约，尤其从劳动地位的取得来观察，其所具有的身份性更为明显，且将劳动关系视为有身份上的从属关系更有利于劳工权利之维护。理论上认为该说之形成源自日耳曼法摒弃罗马法以债权法的契约关系规范劳动关系的做法，将雇佣关系亦规定在身份法之中，成为类似亲子间监护关系，并与处理亲子关系遵循相同原则。[②]

3）雇佣合同说

该说将劳动关系视为纯债权关系，并成为自由资本主义时期的主流学说，1896年的德国民法及1911年的瑞士债法均规定了这样的雇佣合同。

4）特种契约说

该说认为劳动合同不属于民法中的典型契约，已经形成一种特殊合同。[③]虽然对何为特殊合同，各种学说有不同的观点，理解和看法不一致，但都承认劳动合同是劳动法独立的体现，在立法上多对劳动合同作出了限制性的规定，改变了自由资本主义时期认为雇佣合同是纯债权关系的看法。该说为目前之通说。

2. 我国有关劳动合同性质的学说

在我国，关于劳动合同性质的学说主要有以下3种。

1）公法说

公法说是一种传统观点，产生于《劳动法》颁布之前，并与计划经济相适应。该说强调国家对劳动合同的干预，认为所有职工都与用人单位存在劳动合同关系。"录用通知书、报到证明文件和任职文件，等等，这些有关创建工作的文件，即属于劳动合同

---

① 郭捷. 劳动与社会保障法. 北京：中国政法大学出版社，2007.
② 黄越钦. 劳动法新论. 北京：中国政法大学出版社，2003.
③ 同①。

性质的文件，说明双方达成了协议，产生了劳动法律关系。"[①]

2）私法说

该说基于合同的私法性质，从合同的平等、自愿原则出发，强调当事人双方合意性。

3）社会法说

该说基于劳动关系兼具财产性和人身性、平等性和隶属性的特点，强调劳动合同的社会性。有学者认为"劳动合同是在劳动基准法和集体合同的基础上，对劳动者个人的劳动关系进行约定"。[②]还有学者认为"劳动合同已经不是一种完全意义上的合同，而是一种在合同自由原则基础上渗透了国家公权力必要干预的、以社会利益为本位的合同"。[③]

分析国外关于劳动合同性质的学说，其从劳动合同所体现的私权性质出发，着眼点在于劳动合同与一般民事合同的联系与区别上。而分析国内关于劳动合同性质的学说，其从劳动合同所体现出的国家干预出发，立足点在于法律部门的划分上。从劳动合同和劳动法产生与发展的历史以及劳动合同自身的特征看，我们赞同特种契约说的观点，同时结合社会法说，我们认为，劳动合同应是一种私法主导兼具公法性质的特殊合同类型。因为，劳动合同所体现的劳动关系本质上是一种私法关系，要适用私法上的合同自由原则，这就决定了劳动关系的产生、变更与消灭都要遵循合同自由的原则。另外，劳动关系的从属性和人身性使其具有社会性，公权力应当在必要时介入，这就使之具有了公法的属性，只是这种公法介入是一种补充和保障。

1.1.3 劳动合同的分类

劳动合同按不同的标准，可以分为不同的类型。

1. 按照劳动合同的期限划分

《劳动合同法》第 12 条规定："劳动合同分为固定期限劳动合同、无固定期限劳动合同和以完成一定工作任务为期限的劳动合同。"按此规定，以劳动合同的期限划分，劳动合同可划分为固定期限劳动合同、无固定期限劳动合同及以完成一定的工作为期限的劳动合同 3 类，这也是劳动合同的基本分类。

1）固定期限劳动合同

固定期限劳动合同，又称定期劳动合同，是指用人单位与劳动者约定合同终止时间的劳动合同。当事人在合同中明确规定了劳动合同有效的起止日期，合同约定的期限届满，劳动合同即告终止。由于固定期限劳动合同的期限范围广，所以其应变能力

[①] 关怀. 劳动法学. 北京. 群众出版社，1987.
[②] 董保华. 劳动关系调整的法律机制. 上海. 上海交通大学出版社，2000.
[③] 王全兴. 劳动法学. 北京. 高等教育出版社，2004.

较强,既能保持劳动关系的相对稳定,又能促进劳动力的合理流动,是目前最为普遍的一种合同。

2)无固定期限劳动合同

无固定期限劳动合同,又称不定期劳动合同,是指用人单位与劳动者约定无确定终止时间的劳动合同。劳动合同只写明合同生效日期,而未明确合同终止的日期,只要不发生法定的单方解除情形,劳动合同关系就一直持续到劳动者退休或者用人单位作为主体不存在之日。因此,无固定期限的劳动合同是一种持续性更强的劳动合同,一般而言,它适合于工作保密性强、技术复杂、生产需要长期保持人员稳定的工作岗位。

根据《劳动合同法》第14条以及《劳动合同法实施意见》第7条的规定,用人单位与劳动者订立无固定期限劳动合同有三种情形。一是在双方协商一致的情况下可以订立。二是在一定条件下应当订立。必须具备法定的情形才属于应当订立无固定期限劳动合同的情形。这里所指的条件包括:续延劳动合同时,劳动者已在该用人单位连续工作满10年以上,劳动者提出或者同意续订劳动合同;用人单位初次实行劳动合同制度或者国有企业改制重新订立劳动合同时劳动者在该用人单位连续工作满10年且距法定退休年龄10年以内的,劳动者提出或者同意续订劳动合同;连续签订两次固定期限劳动合同后续签劳动合同的,且劳动者没有《劳动合同法》第39、40条第1、2项规定的情形,劳动者提出或者同意续订劳动合同。在这三种情况下,除劳动者自己提出签订固定期限的劳动合同外,用人单位都应当与劳动者签订无固定期限劳动合同。三是法律视为已经订立无固定期限劳动合同。用人单位自用工之日起满一年不与劳动者订立书面劳动合同的,视为自用工之日起满一年的当日已经与劳动者订立无固定期限劳动合同。

3)以完成一定的工作为期限的劳动合同

以完成一定工作任务为期限的劳动合同,是指用人单位与劳动者约定以某项工作的完成为合同期限的劳动合同。这种合同没有规定合同的具体终止时间,合同约定的工作任务一旦完成,合同自然终止。这实际上是一种特殊的固定期限劳动合同,但不存在合同延期的问题,它一般适用于铁路、桥梁、水利、石油勘探等工程项目以及季节性很强的工作。

2. 按照用工形式划分

按照用工形式,劳动合同可分为全日制劳动合同和非全日制劳动合同两种。

1)全日制劳动合同

全日制劳动合同也称为典型劳动合同,是劳动者依照国家法定的工作时间,基于全日制用工形式而建立的劳动合同。所谓全日制用工,是指劳动者在同一用人单位每日和每周工作时间,在累计计算的形式下,按照每天工作8小时或者每周工作40小时工作制来计算工作时间的用工形式。按照我国法律规定,劳动者工作时间在累计计算的情形下，法定工作时间是按照每天8小时工作制或者按照每周40小时工作制来计算工作时间。全日制劳动合同关系，是我国劳动合同的主流形式，一般而言，没有特别说明，法律规制的劳动合同就是指全日制劳动合同。

2）非全日制劳动合同

非全日制劳动合同是基于非全日制用工形式而建立的劳动合同。所谓非全日制用工，是指劳动者的工作时间没有达到法定工作时间状态下的用工形式。我国《劳动合同法》第68条规定："非全日制用工，是指以小时计酬为主，劳动者在同一用人单位一般平均每日工作时间不超过四小时，每周工作时间累计不超过二十四小时的用工形式。"非全日制用工是一种灵活的用工形式，它有利于适应用人单位降低人工成本、推进灵活用工的客观需要，也促进了下岗职工的再就业，从而缓解劳动力市场供求失衡的矛盾。与全日制劳动合同相比，非全日制劳动合同的特点是：第一，非全日制劳动合同的形式比较灵活，双方当事人可以订立书面协议，亦可订立口头协议。而全日制劳动合同必须以书面形式订立。第二，非全日制劳动合同的劳动者可以与一个或者一个以上用人单位订立劳动合同，但是，后订立的劳动合同不得影响先订立的劳动合同的履行。而全日制劳动合同的劳动者一般只能与一个用人单位建立劳动关系，若其同时与其他用人单位建立劳动关系，对完成本单位的工作任务造成了严重影响，或者经用人单位提出却拒不改正，用人单位可以解除劳动合同。另外，用人单位招用与其他用人单位尚未解除或者终止劳动合同的劳动者，给其他用人单位造成损失的，应当承担连带赔偿责任。第三，非全日制劳动合同的双方当事人不得约定试用期，而劳动合同双方当事人可以约定试用期。第四，非全日制劳动合同双方当事人中任何一方均可随时通知对方终止用工，而且用人单位不用向劳动者支付经济补偿。而在全日制用工合同中，用人单位必须依法解除或终止劳动合同，并且应依法向劳动者支付经济补偿金。第五，非全日制劳动合同的劳动报酬结算支付周期最长不得超过十五日，而全日制用工劳动报酬结算周期最长不得超过1个月。

3. 按照劳动合同主体的数目为标准划分

按此标准，可将劳动合同分为个人劳动合同和集体劳动合同两类。

1）个人劳动合同

个人劳动合同，是指由单个的劳动者本人与用人单位依法签订的劳动合同，它规定个别劳动关系，其内容具有个别性，是劳动合同的常态。

2）集体劳动合同

集体劳动合同，是指由劳动者推举的代表或者工会代表企业职工一方，通过与用人单位或其团体、协会，就劳动报酬、工作时间、休息休假、劳动安全卫生、保险福利等事项平等协商而订立的协议。它规定的是集体劳动法律关系，其内容具有广泛性、整体性。我国《劳动合同法》对集体合同作了专门规定。

1.2 劳动合同法的立法背景与宗旨

1.2.1 《劳动合同法》颁布实施的重要意义

《劳动合同法》是调整用人单位与劳动者之间的劳动合同关系的法律规范。《劳动合同法》共计8章，98条，其内容包括：总则、劳动合同的订立、劳动合同的履行和变更、劳动合同的解除和终止、特别规定（集体合同、劳务派遣和非全日制用工）、监督检查、法律责任和附则。在继我国《劳动法》在1995年1月1日实施以来，《劳动合同法》的颁布实施，标志着我国劳动保障立法体系的进一步完善。《劳动合同法》自2008年1月1日实施后，2012年12月28日第十一届全国人民代表大会常务委员会第30次会议对《劳动合同法》进行了修正。这是自《劳动法》颁布实施以来，我国劳动和社会保障法制建设中的又一个里程碑。《劳动合同法》的颁布实施，有着非常重要的意义。

1. 有利于更好地保护劳动者合法权益

制定《劳动合同法》是尊重劳动、保护劳动者的重要举措。因为，劳动者是社会主义国家的主人，切实保护广大劳动者的合法权益，是我国社会主义现代化建设的根本要求，也是社会主义制度生命力和优越性的体现。《劳动合同法》通过对劳动合同的订立、履行、解除、终止等作出符合社会主义市场经济要求和我国国情的规定，在尊重用人单位用工自主权的基础上，要求用人单位必须与劳动者订立书面劳动合同、规定用人单位必须全面履行劳动合同、引导用人单位合理约定劳动合同期限、规范用人单位解除和终止劳动合同行为、要求用人单位在解除和终止劳动合同时必须依法支付经济补偿，从而在劳动者十分关心的这些问题上，有效地保护劳动者的合法权益。

2. 构建和发展和谐稳定的劳动关系

落实科学发展观、构建和谐社会是当今社会的主要发展任务。劳动是人类社会最基本的社会活动，劳动关系是最基本的社会关系，所以，以人为本，重要的是要以劳动者为本；社会和谐，重要的是劳动关系的和谐。劳动关系和谐稳定，是保证企业正常的生产经营秩序、促进经济社会和谐发展的前提和基石。在劳动关系中，用人单位与劳动者一方面有共同的利益，另一方面又有不同的利益需求，是一对既统一又对立的矛盾共同体。《劳动合同法》作为一部规范劳动关系的法律，其立法价值在于追求劳资双方关系的平衡。[①]现实生活中，往往是劳动者处于弱势地位，出现了不签订劳动合同、拖欠工资、劳动合同短期化等问题，如果对双方的权利进行同等保护，不利于二者关系的平衡，因此，在维护用人单位合法权益的同时，侧重于维护处于弱势一方的劳动者的合法权益，以实现双方之间力量与利益的平衡，从而促进劳动关系和谐

---
① 信春鹰. 中华人民共和国劳动合同法释义. 北京：法律出版社，2007.

稳定，促进社会主义和谐社会的构建。

3. 有利于完善劳动合同制度

劳动合同在保护劳动者各项劳动保障权益中发挥着关键作用。劳动合同一方面可以从形式上确立劳动关系，从而为劳动者获得劳动报酬、休息休假、社会保险等各项法定权益奠定了基础；另一方面又从内容上具体约定了劳动者的工资、工作内容、工作时间等权益，从而为劳动者实现和保障自身的权益提供了依据。劳动合同的重要性，决定了《劳动合同法》在劳动保障法律体系中处于基础地位。制定《劳动合同法》，可以规范和指导用工行为，明确劳动合同当事人双方的权利义务。不仅可以直接维护劳动者的劳动合同权益，而且还可以起到间接维护劳动者的其他各项劳动保障权益的作用。因此，《劳动合同法》的出台，标志着我国在完善劳动保障法律体系方面迈出了重要的一步。

1.2.2 《劳动合同法》的立法背景

劳动合同是整个劳动关系的核心，是劳动关系建立的基础。劳动合同法是调整用人单位和劳动者订立、履行、变更、解除和终止劳动合同行为的法律规范的总称。《劳动合同法》出台的背景主要是：

1. 已有的法律对劳动合同的调整滞后

我国的劳动合同制从 1980 年开始，但是对劳动合同的规定几乎没有。到 1986 年国务院发布了《国营企业实行劳动合同制暂行规定》，该规定从 1986 年 10 月 1 日起施行，明确规定企业在国家劳动工资计划指标内招用常年工作岗位上的工人，都要签订劳动合同。在这样的背景下，各地才开始大规模实施劳动合同制度。1995 年 1 月 1 日开始实施的《劳动法》对劳动合同作了专章规定。应该说，《劳动法》中对劳动合同和集体合同的规定是对我国改革开放以来的劳动合同制度的总结，也借鉴了国外一些先进的立法经验。毋庸置疑，《劳动法》实施以来，其关于劳动合同的规定是发挥了积极作用的，对劳动关系的调整起到了积极的作用。随着社会经济的发展变化，新型的就业方式、新型的用工形式不断出现，使得已有的《劳动法》的规定落后于劳动关系的发展变化。这种滞后表现在：第一，现行《劳动法》对劳动合同的规定过于简单。如试用期、违约金、赔偿金、竞业禁止等内容的规定都过于笼统。第二，在实际劳动关系中，劳动合同签订率低。《劳动法》第 16 条规定了建立劳动关系要签订劳动合同，但在实践中不签订劳动合同仍然是非常普遍的。2005 年 9 月全国人大常委会执法检查组进行《劳动法》执行情况检查中发现，劳动合同的签订率低，中小型非公企业劳动合同的签订率不到 20%。中小型非公有制企业劳动合同签订率不到 20%，个体经济组织的签订率更低。[①] 第三，劳动合同短期化严重。由于解除劳动合同的成本

---

① 全国人大常委会办公厅秘书一局. 2005 年全国人大常委会《中华人民共和国劳动法》执法检查报告集. 北京：中国民主法制出版社，2006.

高，用人单位在签订劳动合同时更加侧重于短期劳动合同的签订，因为短期劳动合同对用人单位更有利，可以随时裁员、可以控制自己的人力资本成本，甚至有的用人单位只与劳动者签订试用期劳动合同，甚至签订空白劳动合同。但对劳动者来讲，则随时面临失业的危险，劳动关系处于不稳定的局面，整天担心失业，就业心理不稳定，不利于和谐社会的构建。第四，用人单位往往利用其处于强势的地位签订劳动合同，损害了劳动者的利益，带来了新的不稳定。由于劳动力的过剩，用人单位在与劳动者签订劳动合同时，往往利用自己的强势地位，使得劳动者不得不在劳动合同不利于自己的情况下，与之签订劳动合同。

2. 建立统一的劳动力市场需要《劳动合同法》

由于劳动法规定的滞后，各地制定了大量的地方性法规。但地方性法规存在的问题是各地立法之间的差别较大，立法的不统一，也给用人单位带来了麻烦，企业异地用工的麻烦比较大，因此，建立统一的劳动力市场，需要统一的《劳动合同法》。

3. 社会经济的发展需要《劳动合同法》

由于我国经济发展迅速，劳动关系出现了许多新的形式，如灵活就业、劳动者兼职、劳务派遣等新型用工方式大量出现。这些用工形式的出现，促进了社会经济的发展，方便了用人单位，但劳资关系的不平衡导致劳动者的利益常常受到侵害，特别是我国的灵活就业者越来越多，他们在劳动报酬、劳动保护、劳动时间、劳动强度以及劳动者应该有的福利及社会保险方面，容易产生劳资纠纷，也影响劳动者的劳动积极性，这对社会经济的发展是不利的，需要法律对这些问题作出回应。

在这样的背景下，制定《劳动合同法》就被提上了议事日程，2005年2月18日，全国人大宣布将《劳动合同法》列入2005年的立法计划。劳动与社会保障部所起草的《劳动合同法》2005年首次送国务院审议，国务院法制办、劳动与社会保障部、全国总工会在征求意见后形成了《劳动合同法草案》，2005年10月经国务院讨论通过后报送全国人大审议，12月人大审议后于2006年3月开始向全社会公开征求意见，社会各界积极响应，收到了191 849件意见，这个数字创下了全国人大立法史上的新纪录，表现出社会各界对《劳动合同法》的高度关注。2006年12月全国人大进行了第二次审议，并回应了社会各界意见。2007年4月，又进行了三审，2007年6月29日在全国人大常委会第28次会议上再次审查并获得一致通过。自2008年1月1日起实施，并于2012年12月2日进行了修正。

1.2.3 《劳动合同法》的立法宗旨

所谓立法宗旨，是指立法的主导思想，也称为立法的主旨，强调的是立法所要达到的主要目的、立法的中心意思和要点等。任何一门法都有自己的立法宗旨，当然，《劳动合同法》也不例外。《劳动合同法》第1条明确规定："为了完善劳动合同制度，明确劳动合同双方当事人的权利和义务，保护劳动者的合法权益，构建和发展和谐稳定的劳动关系，制定本法。"这一规定说明了其立法宗旨，《劳动合同法》的立法宗旨体现在以下 4 个方面。

1. 完善劳动合同制度

我国在 1986 年发布了《国营企业实行劳动合同制暂行规定》，首次在国营企业新招收的员工中实行劳动合同制。1994 年的劳动法将劳动合同制作为法定的用工制度，规定劳动合同适用于不同所有制的用人单位，劳动者的范围扩大到了所有的劳动者。《劳动法》关于劳动合同的专章规定是我国劳动合同制度的主要内容。应该说，《劳动法》对劳动合同的规定对于调整劳动关系起到了积极的作用。但是随着我国经济的发展，劳动关系发生了巨大的变化，一些新型的劳动关系出现了，如非全日制用工、劳务派遣工、家庭用工、个人用工等。同时在实行劳动合同制的过程中也出现了有的单位不签订劳动合同、劳动合同短期化、滥用试用期、随意解除劳动合同等，侵害了劳动者的合法权益，破坏了劳动关系的和谐稳定，也给社会的和谐稳定带来了隐患，因此，有必要完善劳动合同制度。《劳动合同法》的颁布实施，就是用专门立法的方式，对劳动合同进行规范，明确劳动合同双方的权利和义务，促进和谐劳动关系的建立。

2. 明确当事人双方的权利义务

劳动合同的双方当事人各自享有什么权利，承担什么义务，包括法定的权利义务和约定的权利义务都应当在劳动合同中载明，只要当事人双方所作出的约定不违反法律规定，都可以得到法律支持。不履行自己应尽的义务要承担何种法律责任都有明确的规定，一旦当事人发生纠纷，劳动合同中载明的权利义务，就是法院认定的依据。

3. 保护劳动者的合法权益

《劳动合同法》加大了对劳动者的保护力度。《劳动合同法》的立法宗旨是保护劳动者的合法权益，还是保护劳动者和用人单位的合法权益？也就是说是单保护还是双保护，这是立法中的一个焦点问题，争论非常激烈。有人认为，劳动合同是在双方平等协商的基础上达成的，劳动合同法当然应该保护双方的利益，即应该双保护。这种观点认为，《劳动合同法》应该依照民法中的债和合同法中的合同本质是双方当事人的意思自治，处于平等地位的民事主体应该是得到法律的同等保护，不能偏颇。劳动合同应该是平等主体之间签订的合同，具有民事合同的性质，应该纳入民事合同的调整范围。因此，《劳动合同法》的立法宗旨应该是保护双方的合法利益。也有人认为，应当依照《劳动法》规定的宗旨作为下位法的《劳动合同法》的立法宗旨，即保护劳动者的合法权益。多数人认为，在劳动关系中要侧重于对劳动者的保护。立法者最终采纳了保护劳动者合法权益的观点。采纳这一观点的理由主要基于 5 点。一是从劳资关系的现状看。由于劳动力过剩，资本处于强势、劳动者处于弱势，导致劳动者与用人单位之间力量对比的严重不平衡，实践中侵害劳动者权利的现象较为普遍。如果对双方平等保护，就会导致劳资双方关系的不平衡，这样的话，不符合《劳动合同法》的价值取向。规定平等自愿签订劳动合同的原则，并不能改变事实上的不平等现象，为了使劳动合同制度真正保持我国劳动关系的和谐稳定，就要向劳动者倾斜。二是从《劳动合同法》与《劳动法》的关系上看。《劳动法》规定的宗旨应该是作为下位法的

《劳动合同法》的立法宗旨，即保护劳动者的合法权益。三是从民事合同的性质看。将劳动合同纳入民事合同的调整范围是不妥当的，因为，民事合同强调合同自由，包括选择相对人的自由和缔约内容的自由，劳动合同则不能够适用该原则，在劳动者的利益几乎成为社会公共利益的时代背景之下，必须向保护劳动者的利益倾斜，因此，不能将劳动合同纳入民事合同。我国《民法典》并未将劳动合同作为典型合同纳入合同分则中，而是在总则部分规定"其他法律对民事关系有特别规定的，依照规定"，形成劳动法和民法形式上融合与分立并存的关系格局。从法律适用的角度看，应当按照特别法优于普通法的原则，在劳动关系领域优先适用劳动法的相关规定。四是从保护劳动者的权益与用人单位利益的关系来看，保护劳动者的合法利益不是以侵犯或损害用人单位的利益作为代价。从另外一个角度看，现行劳动合同法的规定，并不能得出不保护用人单位的合法权益。在具体的制度设计上，也体现了对用人单位合法利益的保护。五是从劳动合同的性质来看。劳动合同法是一部社会法，应该着眼于解决现实劳动关系中用人单位不签劳动合同、拖欠工资、劳动合同短期化等侵害劳动者利益的问题。所以，从构建和谐劳动关系的目标出发，立法应当定位于向劳动者倾斜。

4. 构建和发展和谐稳定的劳动关系

和谐稳定的劳动关系，是社会的"稳定器"，[①]是稳定正常的生产秩序和社会秩序的基础，构建和发展和谐稳定的劳动关系是《劳动合同法》的最终价值目标。劳动合同制度的建立，就是通过法律的手段，调整劳动合同关系，充分发挥劳动合同双方的积极性和创造性，维护健康、和谐稳定的劳动关系，促进社会经济的发展和进步。确保劳动关系的和谐，立法者必须寻找主体之间利益的平衡点。因为任何立法都是为了对权利义务进行分配和社会利益的配置，《劳动合同法》规定了保护劳动者的利益，但并不意味着不保护或忽视用人单位的合法权益，比如，对公司高管和一些专业技术人员的违约"跳槽"行为，《劳动合同法》也进行了规制，以维护用人单位的权益。《劳动合同法》将劳动合同制度化、法律化，明确了劳动合同当事人双方的权利义务，有利于减少劳动合同纠纷，促进构建和发展和谐稳定的劳动关系。

1.2.4 《劳动合同法》与《劳动法》的关系

我国《劳动法》于1995年1月1日起实施，《劳动法》第16条明确："劳动合同是劳动者与用人单位确立劳动关系、明确双方权利和义务的协议。建立劳动关系应当订立劳动合同。"这一规定标志着我国建立了劳动合同制度。应当说，《劳动法》所确立的劳动合同制度，对于打破计划经济体制下的行政配置式的劳动用工制度，建立与社会主义市场经济体制相适应的用人单位和劳动者双向选择的劳动用工制度，实现劳动力资源的市场配置，促进劳动关系的和谐稳定发挥了极为重要的作用。但是随着社会的发展变化，劳动关系领域的新情况、新问题不断出现，再加上《劳动法》中对劳

---

① 法律出版社法规中心. 中华人民共和国劳动合同法注释本. 北京：法律出版社，2022.

动合同的规定过于原则，可操作性比较差。正是基于完善《劳动法》所确立的劳动合同制度的目的，我国制定颁布了《劳动合同法》。在有《劳动法》的情况下颁布实施《劳动合同法》，它们之间的关系该如何理解，是值得关注的一个问题。

1.《劳动合同法》与《劳动法》是特别法与一般法的关系

应当说，在劳动法体系中，《劳动法》是基本法，它全面规范劳动关系，其位阶高于作为单项劳动法律的《劳动合同法》。既然《劳动法》是基本法，就应当在立法中细化和补充《劳动法》，不可突破《劳动法》的规定。但是，由于《劳动合同法》与《劳动法》都是由全国人大制定的，属于同一位阶，按照新法优于旧法的原理，《劳动合同法》作为新制定的法，可以对《劳动法》作出一些突破性的规定。虽然《劳动合同法》中没有明确是以《劳动法》为依据制定，但是，《劳动合同法》是依据《劳动法》的基本精神和立法目的来制定的，只是有选择性地对《劳动法》作出了一些突破性规定。即《劳动合同法》的制定，符合《劳动法》的基本精神和立法目的。

2. 劳动合同纠纷的法律适用

由于它们之间属于特别法和一般法的关系，所以，在涉及劳动合同纠纷的法律适用时，应当按照特别法优于一般法、新法优于旧法的原则，优先适用《劳动合同法》及其司法解释，《劳动合同法》没有规定的，适用《劳动法》及相关司法解释。

1.3 《劳动合同法》的适用范围

所谓法律的适用范围，又称法律的生效范围或效力范围，具体包括法律适用的主体范围、事项范围、空间范围和时间范围4种，即法律对什么人、什么事、在什么地方和什么时间有约束力。我国《劳动合同法》及其相关法律对适用范围作了规定。

1.3.1 《劳动合同法》适用的主体范围

1. 用人单位的范围

用人单位是指依法招用和管理劳动者，对劳动者承担有关义务的组织。根据我国《劳动合同法》和《劳动合同法实施条例》的相关规定，用人单位的范围主要包括：

1）企业

所谓企业，是指从事商品生产、流通或者服务性活动等实行独立经济核算的经济组织。根据1994年《劳动部关于〈劳动法〉若干条文的说明》第2条第1款的规定，企业是指"从事产品生产、流通或服务性活动等实行独立经济核算的经济单位，包括各种所有制类型的企业"。企业以在中华人民共和国境内为限，与企业出资人的国别和企业的所有制形式无关，包括法人企业和非法人企业；国有企业与非国有企业；内资企业和外资企业；本国企业与外国企业等。企业是用人单位的主要组成部分，是劳动合同法主要的调整对象。

2）个体经济组织

个体经济组织是指雇工在七人以下，不具有法人资格但在工商行政部门登记注册的个体工商户。根据1995年《劳动部关于贯彻执行〈劳动法〉若干问题的意见》第2条的规定，"个体经济组织"是指一般雇工在七人以下的个体工商户。如果个体经济组织具有法人资格，就属于企业，如果个体工商户没有雇用工人，就不是《劳动合同法》所指的用人单位。

3）民办非企业单位

民办非企业单位是指企业事业单位、社会团体和其他社会力量以及公民个人利用非国有资产举办的，从事非营利性社会服务活动的社会组织。由于我国《劳动法》没有涉及对民办非企业单位的调整，《劳动合同法》将"民办非企业单位"纳入调整范围，从而扩大了《劳动法》的适用范围。根据1998年《民办非企业单位登记管理暂行条例》的规定，民办非企业单位"是指企业事业单位、社会团体和其他社会力量以及公民个人利用非国有资产举办的，从事非营利性社会服务活动的社会组织"。我国的民办非企业单位主要有各类民办学校、民办医院、民办文艺团体、民办职业培训中心、民办福利院、民办人才交流中心等。

4）国家机关、事业单位、社会团体

国家机关、事业单位、社会团体一般不属于劳动法所指的用人单位的范畴。国家机关包括国家权力机关、国家行政机关、国家政协机关、国家军事机关等。只有当这些国家机关招用工勤人员或者通过劳动合同雇佣劳动者时才适用《劳动合同法》。事业单位是指国家为了社会公益目的，由国家机关举办或者其他组织利用国有资产举办的，从事教育、科技、文化、卫生等活动的社会服务组织。事业单位和与之建立劳动关系的劳动者之间，要适用《劳动合同法》；事业单位与实行聘用制的工作人员之间，在法律行政法规没有特别规定的情况下，适用《劳动合同法》。社会团体是指由中国公民自愿组成，为了实现会员共同意愿，按照章程开展活动的非营利性的社会组织。包括工会、共青团、妇联、各种行业协会、文艺体育团体、学术研究团体等，在这些社会团体中，除明确依照《公务员法》进行管理的以外，凡是实行劳动合同制度的，社会团体同与之签订劳动合同的人员要适用《劳动合同法》。

5）依法成立的会计师事务所、律师事务所等合伙组织和基金会

按照《劳动合同法实施条例》第3条，依法成立的会计师事务所、律师事务所等合伙组织和基金会，属于劳动合同法规定的用人单位。按照《注册会计师法》以及《律师法》等法律的规定，会计师事务所、律师事务所是注册会计师、律师的执业机构，是以专业知识和专门技能为客户提供有偿服务的专业服务机构，应当依法设立并取得许可，依法开展业务活动。按照《基金会管理条例》第2条的规定，基金会"是指利用自然人、法人或者其他组织捐赠的财产，以从事公益事业为目的，按照本条例的规定成立的非营利性法人"。这些单位从性质上类似于民办非企业单位然而又有所不同，近年来发展很快，实践中也出现了这些用人单位与其工作人员的争议无法解决的现

象，对这些用人单位尤其是对其工作人员的保护极为不力。《劳动合同法实施条例》将这些用人单位一并纳入适用范围具有重要的现实意义。

6）已经依法取得营业执照或者登记证书的用人单位的分支机构

劳动合同法规定的用人单位设立的分支机构，依法取得营业执照或者登记证书的，在与劳动者订立劳动合同时，可以作为用人单位。一般认为，取得营业执照或者登记证书的用人单位的分支机构并不具备法人资格，民事责任应该由设立该分支机构的单位承担，但在司法实践中考虑到实践需要，已经赋予了其相对独立的民事诉讼主体资格和责任承担形式。《劳动合同法》对用人单位分支机构在劳动关系中处于什么样的法律地位，能否以自身的名义订立劳动合同，没有作出明确规定，而考虑到实践中有些用人单位跨地区设立分支机构，用人单位与分支机构不在同一省市而给劳动关系双方带来不便的现状，《劳动合同法实施条例》第4条明确，劳动合同法规定的用人单位设立的分支机构，依法取得营业执照或者登记证书的，可以作为用人单位与劳动者订立劳动合同。该条规定按照是否依法取得营业执照或者登记证书对分支机构作出了区分规定，对于前者，在与劳动者签订劳动合同时，可以作为用人单位；而对于后者，只能受用人单位委托方可与劳动者订立劳动合同。此区分也与现行法的规定相一致。

《劳动合同法》采取列举加概括的方式明确了用人单位的范围，在明确列举的用人单位外，还规定"等组织"。也就是说，除在法条中列举的用人单位外，其他组织与劳动者建立劳动关系，也适用《劳动合同法》。

值得注意的是：我国《民法典》第三章对法人作出了专门的规定，明确法人是具有民事权利能力和民事行为能力，依法独立享有民事权利和承担民事义务的组织。并且将法人分为营利性法人、非营利性法人、特别法人3类。营利性法人包括有限责任公司、股份有限公司和其他企业法人；非营利性法人包括事业单位、社会团体、基金会、社会服务机构等；特别法人包括机关法人、农村集体经济组织法人、城镇农村的合作经济组织法人、基层群众性自治组织法人等。《民法典》第101条规定："居民委员会、村民委员会具有基层群众性自治组织法人资格，可以从事为履行职能所需要的民事活动。未设立村集体经济组织的，村民委员会可以依法代行村集体经济组织的职能。"《民法典》总则编的第四章，还对非法人组织作出了专门规定，明确非法人组织是不具有法人资格，但是能够依法以自己的名义从事民事活动的组织。非法人组织包括个人独资企业、合伙企业、不具有法人资格的专业服务机构等。《民法典》进一步扩大了民事主体资格的范围，以上民事主体今后均可以作为劳动法上的用人单位，对其招用的劳动者承担相应的法律责任。

2. 劳动者的范围

作为劳动合同主体的劳动者，是指具有劳动权利能力和劳动行为能力，并受用人单位雇用的自然人。劳动者要成为劳动合同的主体，必须具备年龄条件、劳动权利能力条件和劳动行为能力条件。在满足作为劳动者应当具备的条件的情况下，劳动者包括：

（1）与企业、个体经济组织、民办非企业单位建立劳动关系的劳动者。

（2）与国家机关、事业单位、社会团体建立劳动关系的劳动者。需要注意的是，在国家机关、事业单位、社会团体工作的人员，并不是都适用《劳动合同法》。这些用人单位的工作人员，多半属于国家公务员或者参照公务员法进行管理，适用公务员法调整，不适用《劳动合同法》调整。在这些单位中工作适用劳动合同法的只有4种劳动者。一是国家机关、事业单位、社会团体中的工勤人员，这部分人员应与用人单位签订劳动合同，适用《劳动合同法》。二是与国家机关、事业单位、社会团体签订劳动合同的人员。这些人员既不属于国家公务员，也不属于工勤人员，如国家机关、事业单位、社会团体中的工程师、编辑、记者、医生、教师、资料人员等，如果这些人员与国家机关、事业单位、社会团体签订了劳动合同，适用《劳动合同法》。三是实行企业化管理的事业单位的工作人员。所谓实行企业化管理的事业单位，是指国家不核拨经费，实行独立核算、自负盈亏的事业组织。如出版社本是事业组织，为了多创收实行企业化管理，国家不再核拨经费，有独立的账号，它与其工作人员之间的劳动关系适用《劳动合同法》。四是事业单位采取聘用制录用的工作人员。按照《劳动合同法》第96条规定："事业单位与实行聘用制的工作人员订立、履行、变更、解除或者终止劳动合同，法律、行政法规或者国务院另有规定的，依照其规定；未作规定的，依照本法有关规定执行。"比如学校、医院中有一部分人员是与这些单位签订的聘用合同，这种聘用合同签订的目的是明确双方的聘用关系，明确双方当事人的责任、权利义务。虽然聘用合同与劳动合同不同，但是依照《劳动合同法》第96条的规定，如果法律、行政法规或者国务院没有作规定的，依照《劳动合同法》有关规定执行。

值得注意的是，根据《劳动争议司法解释一》第32条规定：企业停薪留职人员、未达到法定退休年龄的内退人员、下岗待岗人员以及企业经营性停产放长假人员，因与新的用人单位发生用工争议而提起诉讼的，人民法院应当按劳动关系处理。按此规定，企业停薪留职人员、未达到法定退休年龄的内退人员、下岗待岗人员以及企业经营性停产放长假人员因与新的用人单位发生用工争议而提起诉讼的，人民法院应当按劳动关系处理。相应地，这些劳动者与新的用人单位之间因劳动关系产生的争议也应当适用劳动法律的规定。具体来说，第一，新的用人单位有缴纳社会保险的义务。在停薪留职、提前退休、下岗待业企业经营性停产放长假等情形下，劳动者与新的用人单位建立用工关系的，应当由新的用人单位与劳动者按照相关规定缴纳社会保险费用。第二，发生工伤事故时新的用人单位有赔偿的义务。根据相关法律政策的规定，劳动者在新的用人单位工作期间发生工伤事故的，应当由新用人单位承担工伤待遇的各项义务。第三，在劳动合同解除或者终止后新的用人单位有补偿义务。在劳动者与新用人单位解除或者终止劳动合同的，有关解除权的产生、行使以及解除或者终止后的法律后果包括经济补偿、赔偿金等事项，都应当适用《劳动法》和《劳动合同法》的规定。

不适用《劳动合同法》的劳动者主要包括：第一，国家公务员以及参照公务员法管理的事业单位和社会团体的工作人员。国家公务员以及事业单位和社会团体被批准参照《公务员法》进行管理的工作人员适用《公务员法》调整，不适用《劳动合同法》调整。第二，现役军人。根据《兵役法》，现役军人由所在部队统一领导和指挥，军队中有独特的命令与服从的关系，由专门的法律进行调整，不适用劳动法律进行调整。第三，农业劳动者。在农村专门从事农业劳动的人，没有受雇于具有用人单位资格的企业，不属于劳动法律调整的范围。《劳动争议司法解释一》第2条明确规定，农村承包经营户与受雇人之间的纠纷，不属于劳动争议。但如果农业劳动者是在农村的乡镇企业的职工，以及在城市与具有用人单位资格的企业建立劳动关系，则属于劳动法律调整的范围。第四，家政服务人员。2021年《劳动争议司法解释一》第2条明确规定，家政服务人员与家庭或者个人之间的纠纷不属于劳动争议，因此，他们之间属于雇佣关系，双方的权利义务关系属于《民法典》调整的范围。一个家庭或者个人不是劳动合同法上的用人单位。第五，已经依法享受养老保险待遇或者领取退休金的人员。2021年《劳动争议司法解释一》第32条规定：用人单位与其招用的已经依法享受养老保险待遇或者领取退休金的人员发生用工争议而提起诉讼的，人民法院应当按劳务关系处理。按此规定是适用《民法典》调整，相互间不属于劳动关系。第六，个体工匠的帮工、学徒。《劳动争议司法解释一》第2条明确规定，个体工匠与帮工、学徒之间的纠纷不属于劳动争议。第七，在校学生。原劳动部《关于贯彻执行中华人民共和国劳动法若干问题的意见》第12条明确规定，"在校学生利用业余时间勤工俭学，不视为就业，未建立劳动关系，可以不签订劳动合同"。在校学生的主要义务是学习，如果利用业余时间在外兼职、完成学校安排的社会实习、自行从事的社会实践活动等，不认定为劳动关系。但是，大学生在进行这些活动时也要注意依法保护自己的合法权益。

1.3.2 《劳动合同法》适用的空间范围

由于《劳动合同法》是由全国人大制定的，因此，劳动合同法的效力及于中华人民共和国主权所及的全部领域。因此，只要是在我国境内的用人单位，在我国境内与劳动者发生劳动关系，订立和履行劳动合同时，都要由劳动合同法调整。《劳动合同法》第2条规定，劳动合同法适用的空间范围仅限于中华人民共和国境内，只要在我国领域内建立劳动关系，订立、履行、变更、解除或者终止劳动合同的，原则上都要适用我国《劳动合同法》。

1.3.3 《劳动合同法》适用的时间范围

法律适用的时间范围是指法律规范的有效时间，包括3个方面的内容即该部门法的生效时间、失效时间和溯及力。

1. 生效时间与失效时间

《劳动合同法》第98条规定："本法自2008年1月1日起施行。"这是《劳动合同法》时间效力的起点。我国劳动合同法的生效时间是在劳动合同法公布一段时间后，不是公布后立即生效。没有公布失效时间。

2. 溯及力

所谓法的溯及力是指新法生效后，对其生效前的事件和行为是否生效的问题，如果生效就是有溯及力，如果不生效，就是无溯及力。我国法律同世界各国的立法原则一样，坚持法不溯及既往的原则。在溯及力问题上，《劳动合同法》遵循了法不溯及既往的原则，即国家不能用现在制定的法律指导人们过去的行为，更不能由于过去从事了某种当时是合法而现在看来是违法行为而依照现行的法律进行处罚。因此，对《劳动合同法》施行前已经订立的劳动合同、已经建立的劳动关系的效力，根据《劳动合同法》第97条的规定，具体的处理原则有以下几点。

一是《劳动合同法》施行前已经依法订立劳动合同，并且在施行之日仍存续的，应当继续履行。即原劳动合同若不违反现行《劳动合同法》，就按照劳动合同原来的约定继续履行，无须签订新的劳动合同；若与《劳动合同法》相抵触，则抵触部分自2008年1月1日起无效，应当依据《劳动合同法》的规定确定和履行各自劳动权利义务。

二是固定期限劳动合同连续订立的次数应当自《劳动合同法》施行后签订的次数计算，续订时开始计算。《劳动合同法》规定了连续两次签订有固定期限的劳动合同可以要求签订无规定期限的劳动合同，但《劳动合同法》明确规定，这一"次数"，应当从《劳动合同法》施行后的劳动合同签订的次数进行计算，而不能将《劳动合同法》实施前的已经签订的次数累加，即《劳动合同法》施行前订立劳动合同的次数不计算在内。这也是劳动合同法无溯及力的表现。

三是《劳动合同法》施行前已建立劳动关系，尚未订立书面劳动合同的，应当自该法实施之日起一个月内订立。

四是《劳动合同法》施行之日即存续的劳动合同，在2008年1月1日以后解除或者终止的，应当支付经济补偿的，经济补偿年限自2008年1月1日起计算。《劳动合同法》施行前按照当时有关规定，用人单位应当向劳动者支付经济补偿的，按照当时有关规定执行。

1.4 劳动规章制度

我国《劳动合同法》第4条规定："用人单位应当依法建立和完善劳动规章制度，保障劳动者享有劳动权利、履行劳动义务。"一方面，用人单位必须以制定规章制度作为其行使经营管理权和用人权的一种主要形式，这是用人单位对劳动者的权利；另一方面，制定规章制度亦是用人单位对国家和劳动者应尽的义务。所以制定规章制度既是用人单位的权利，又是用人单位的义务。

1.4.1 劳动规章制度的内容

1. 劳动规章制度的概念

所谓劳动规章制度,又称用人单位内部的劳动规则,是指用人单位依法制定并在本单位实施的组织劳动和进行劳动管理的规则。正确理解这一概念,需要明确以下几点。[①]

1)它是用人单位的规章制度

劳动规章制度的制定主体是用人单位,其表现形式是用人单位公开和正式的行政文件,且只在本单位范围内适用,此异于法律和政策,亦不同于社会团体规章。

2)它是用人单位和职工在劳动过程中的行为规则

劳动规章制度调整劳动过程中用人单位和职工之间以及职工相互之间的关系,既约束本单位的全体职工,也约束单位的各行政部门。劳动过程之外的事项,则不属于劳动规章制度调整的范畴。

3)它是单位的用工自主权和职工的民主管理权相结合的产物

一方面,制定和实施劳动规章制度,是用人单位在其自主权限内用规范化、制度化的方法对劳动过程进行监督和管理的行为,是用人单位形式用工自主权的一种形式和手段;另一方面,职工作为劳动过程的要素和主体,有参与劳动规章制度制定和对用人单位遵守劳动规章制度施行监督的权利,这是职工民主管理权的重要内容。

2. 劳动规章制度的内容

劳动规章制度应当包含的内容,一般由各国立法加以列举规定。例如,《日本劳动标准法》规定,雇佣规则应当包括上下班时间、休息时间、休息日、休假以及有两组以上工人轮班时有关换班的事项;工资的决定、计算及支付方法,工资的发放日期及截止计算日期,以及有关增加工资的事项;与规定安全及卫生规则有关的事项等十个方面的内容。

《劳动合同法》第 4 条将劳动规章制度的内容限定为"有关劳动报酬、工作时间、休息休假、劳动安全卫生、保险福利、职工培训、劳动纪律以及劳动定额管理等直接涉及劳动者切身利益的"事项。不仅如此,我国立法还进一步将某些重要事项直接规定其内容或者规定如何确定内容的规则,其中较多的是关于工资分配、劳动组织和劳动纪律等方面的规定。

观察各省市依据《劳动合同法》制定的企业规章制度的范本,亦多含有上述内容,如《深圳企业规章制度范本》就包括总则、员工招聘与培训教育、劳动合同管理、工作时间与休息休假、工资福利与社会保险、劳动安全卫生与劳动保护、劳动纪律与员工守则、奖励与惩罚、保密制度与竞业限制、宿舍与食堂管理等项。

---
① 王全兴. 劳动法. 北京:法律出版社,2008:229.

1.4.2 劳动规章制度的制定程序

程序是正义的保障。制定规章制度是用人单位的权利和义务，且与劳动者利益保护关系甚密，所以立法一般都规定有一定的程序。根据我国《劳动合同法》第4条及其他相关劳动法律法规的规定，劳动规章制度制定的法定程序主要包括以下几个环节。

1. 平等协商程序

一个优秀的现代企业必定是以民主管理为基础的，规章制度只有得到职工认同，才能很好地实施。按照《劳动合同法》第4条规定，用人单位在制定、修改或者决定直接涉及劳动者切身利益的规章制度或者重大事项时，不再是用人单位一方说了算，"应当经职工代表大会或者全体职工讨论，提出方案和意见，与工会或者职工代表平等协商确定"。

协商程序分两步：第一步是经职工代表大会或者全体职工讨论，提出方案和意见；第二步是与工会或者职工代表平等协商确定。在充分听取意见后，经过民主程序后，由用人单位确定。可以说是"先民主、后集中"。《劳动合同法》还规定，"在规章制度和重大事项决定实施过程中，工会或者职工认为不适当的，有权向用人单位提出，通过协商予以修改完善"。一般来说，用人单位的规章和重大事项，要符合法律法规，也要合情合理。比如有的用人单位规定一顿饭只能在几分钟内吃完，一天只能上几次厕所，一次只能几分钟等，这些规定虽然不违反法律规定，但是不合理，应当进行纠正。如果工会或者职工认为规章制度不适当的，有权向用人单位提出，通过协商进行修改。

2. 公示告知程序

劳动规章制度以单位全体职工为约束对象，且对职工利益关系甚大，所以理应为全体职工所了解，这也是职工参与原则的要求。根据《劳动合同法》第4条的规定，用人单位应当将直接涉及劳动者切身利益的规章制度和重大事项决定公示，或者告知劳动者。即公示告知是法律要求，用人单位必须进行。法律未对具体的公示措施作出规定，实践中公告的方式很多，如通过企业报刊、网络、告示栏中张贴告示、把规章制度作为劳动合同的附件发给劳动者；向员工发放员工手册（员工签收）等方式，让劳动者普遍知晓。如果抱原来的旧观念"刑不可知，则威不可测"，是与现行法相矛盾的。

1.4.3 劳动规章制度的效力

1. 劳动规章制度的效力来源

在西方国家，关于劳动规章制度有无效力的问题，存在无效说和有效说之争议，无效说认为，因劳动规章制度是用人单位单方制定，职工事后才知道，所以不能约束职工；而有效说在承认劳动规章制度效力的基础上，又因效力来源的不同而分为3种学说即契约说、法规说和折中说。契约说认为劳动规章制度是劳动契约的一部分，应作为劳动契约的附和契约而发生效力；法规说认为劳动规章制度具有法规的性质，是一种授权"立法"；折中说认为劳动规章制度之所以发生效力，兼有法律确认和双方合意的原因。

我国《劳动合同法》第4条第1款规定："用人单位应当依法建立和完善劳动规章制度，保障劳动者享有劳动权利、履行劳动义务。"此外，法律又对劳动规章制度的制定程序、内容等作了规定。建立劳动规章制度是用人单位的义务，用人单位内部的全体劳动者及各部门对依法制定的劳动规章制度必须遵守，所以，一般认为，劳动规章制度是一种授权"立法"，其效力来自法律的赋予。

2. 劳动规章制度的有效要件

劳动规章制度要发生效力，必须具备法定有效要件。最高院《劳动争议司法解释一》第50条规定："用人单位根据劳动合同法第四条规定，通过民主程序制定的规章制度，不违反国家法律、行政法规及政策规定，并已向劳动者公示的，可以作为确定双方权利义务的依据。用人单位制定的内部规章制度与集体合同或者劳动合同的内容不一致，劳动者请求优先适用合同约定的，人民法院应当予以支持。"结合《劳动合同法》第4条及《民法典》第143条的规定，应认为，劳动规章制度的有效要件主要有以下几个。

1）制定主体必须合法

劳动规章制度只能由用人单位制定，但并非用人单位的任何机构都有权制定，一般而言，有权代表用人单位制定劳动规章制度的，应当限于法律法规和用人单位内部最高效力文件（如公司章程）授权的单位行政机构。

2）内容必须合法

劳动规章制度的内容不得违反法律、行政法规和政策的规定。

3）程序必须合法

根据《劳动合同法》第4条的规定，劳动规章制度的制定应当履行职工民主参与和向劳动者公示两项程序。制定涉及劳动者切身利益的规章制度，应当经职工代表大会或者全体职工讨论，提出方案和意见，与工会或者职工代表平等协商确定。用人单位应当将直接涉及劳动者切身利益的规章制度公示，或者告知劳动者。

4）不能与集体合同和劳动合同相冲突

根据2021年《劳动争议司法解释一》第50条的规定，用人单位制定的内部规章制度与集体合同和劳动合同的内容不一致，劳动者优先适用合同约定的，人民法院应予以支持。在用人单位制定的内部规章制度与劳动合同不一致的情况下，劳动者享有请求适用劳动合同的权利，法院予以支持。

3. 劳动规章制度效力的体现

依法制定的劳动规章制度应在单位范围内对全体职工和行政部分具有法律约束力。具体而言：

1)对用人单位的效力

依法制定内部规章制度既是用人单位的权利,也是其应履行的义务,该义务的不当履行会使用人单位承担不利法律后果。《劳动合同法》第80条明确规定,"用人单位直接涉及劳动者切身利益的规章制度违反法律、法规规定的,由劳动行政部门责令改正,给予警告;给劳动者造成损害的,应当承担赔偿责任"。

2)对劳动者的效力

对于依法制定的内部规章制度,劳动者应当遵守,如果劳动者严重违反用人单位规章制度的,用人单位可按照《劳动合同法》第39条的规定解除劳动合同。

3)适用上的效力

依法制定的内部规章制度是人民法院确定双方权利义务的依据。根据2021年《劳动争议司法解释一》第50条,如果用人单位依法制定的规章制度,不违反国家法律、行政法规及政策规定,并已向劳动者公示的,可以作为确定双方权利义务的依据。用人单位制定的内部规章制度与集体合同或者劳动合同的内容不一致,劳动者请求优先适用合同约定的,人民法院应当予以支持。

4. 规章制度欠缺合法性要件的后果

1)劳动者可以随时通知解除劳动合同

根据《劳动合同法》第38条规定,用人单位的规章制度违反法律、法规的规定,损害劳动者权益的,劳动者可以解除劳动合同。

2)不予以适用

根据2021年《劳动争议司法解释一》第50条,如果用人单位制定的内部规章制度与集体合同或者劳动合同的内容不一致,劳动者请求优先适用合同约定的,人民法院应当予以支持。在这样的情况下,不适用内部规章制度,而是适用劳动合同的约定。

3)承担行政责任

《劳动合同法》第80条:用人单位直接涉及劳动者切身利益的规章制度违反法律、法规规定的,由劳动行政部门责令改正,给予警告。

4)民事赔偿责任

根据《劳动合同法》第80条规定,用人单位直接涉及劳动者切身利益的规章制度违反法律、法规规定的,给劳动者造成损害的,应当承担赔偿责任。

1.5 劳动关系三方协商机制

1.5.1 劳动关系三方协商机制的作用

1. 三方协商机制的含义

劳动关系三方协商机制,也称劳动关系三方原则,是由代表政府的劳动行政部门、代表职工的地方总工会和代表用人单位的企业代表组织(如企业联合会、企业家协会、商会等）组成一种协商处理涉及劳动关系的问题的一种对话机制。三方协商机制实际上是由政府、工会、用人单位三方组成的一种平等对话机制，并通过一定的组织机构和运作机制共同处理所涉及劳动关系的问题，如劳动就业、劳动报酬、社会保险、职业培训、劳动安全与卫生、工作时间和休息时间、集体合同、劳动争议解决等。发展到今天，劳动关系三方协商机制已被绝大多数实行市场经济的国家所接受。劳动关系三方协商机制是我国劳动关系调整机制的重要组成部分，对于维护劳动关系双方的利益，最大限度地调动劳动者的积极性，促进我国劳动关系的和谐稳定具有重要作用。

根据《劳动合同法》第5条规定，县级以上人民政府劳动行政部门会同工会和企业方面代表，建立健全协调劳动关系三方机制，共同研究解决有关劳动关系的重大问题。这就是对协调劳动关系的三方机制的规定。我国《工会法》第35条第2款规定："各级人民政府劳动行政部门应当会同同级工会和企业方面代表，建立劳动关系三方协商机制，共同研究解决劳动关系方面的重大问题。"从而在立法上首次以法律的形式明确了劳动关系三方协商机制的建立。

2. 三方协商机制的作用

我国从1990年开始逐步建立三方协调机制，现在已经成为市场经济条件下协调劳动关系的基本途径，与劳动合同制度、集体合同制度一起构成了稳定、协调和规范劳动关系的机制。在三方机制中，首先是用人单位和劳动者共同研究解决有关劳动关系的重大问题。政府在劳动关系协调机制中起调节和干预作用，以保障双方的合法权益。三方机制的作用主要是：第一，协商解决劳动关系中的重大问题，如劳动就业、劳动报酬、社会保险、职业培训、劳动争议、劳动安全与卫生等；第二，促进劳动关系的稳定与和谐。针对劳动关系中出现的问题，用三方机制进行协调，引导劳动合同的当事人双方实现劳动合同，协调劳动关系各方的利益，促进劳动关系和谐与稳定。

1.5.2 劳动关系三方协商机制的主体和内容

1. 三方协商机制的主体

《劳动合同法》第5条规定，劳动关系三方协商机制的主体为：

1）劳动行政部门

劳动行政部门代表政府一方，兼具非利益方的公平性和对弱势群体利益保障的职责，其主要在三方协商中发挥组织、引导、协调的职能。一方面，劳动行政部门参与三方协商，宣传政府方面的政策意向，体现了国家对劳动关系的必要干预；另一方面，推行三方协商机制也有利于进一步转变政府职能，使政府能够充分听取工会、行业协会的意见，增强政策的公正性和针对性，从而更好地履行政府职能。

2）工会（职工代表）

工会代表职工一方，应如实反映职工的意见和要求，为职工说真话、讲实情，真正代表职工利益，维护职工的合法权益。没有工会组织的，由职工推荐的职工代表参加协商。

3）企业代表

企业代表的基本任务是通过广泛协商，维护企业和企业所有者、经营者的利益，维持企业良好运行，实现企业的社会责任。实践中，多由各行业协会作为企业一方代表。

2. 三方协商机制的内容

三方协商机制的内容非常广泛，参照我国《劳动合同法》第 17 条关于劳动合同内容的规定，主要包括：劳动合同期限、工作内容和工作地点、工作时间和休息休假、劳动报酬、社会保险、劳动保护、劳动条件和职业危害防护、试用期、培训、补充保险、福利待遇、解决争议的方式等。

劳动和社会保障部、全国总工会、中国企业联合会、中国企业家协会于 2002 年 8 月 13 日联合发出的《关于建立健全劳动关系三方协商机制的指导意见》第 3 条要求各地要从实际出发，制定本省劳动关系三方协调机制的工作制度和规程，明确职责，规范运作。省级三方协商机制一般应在以下几个方面开展工作：一是研究分析经济体制改革政策和社会经济发展计划对劳动关系的影响，提出政策性意见和建议；二是通报交流各自协调劳动关系工作中的情况和问题，研究分析劳动关系状况及发展趋势，对劳动关系方面带有全局性、倾向性的重大问题进行协商；三是对制定涉及调整劳动关系的法律、法规、规章和政策提出意见和建议，并监督实施；四是对地方建立三方协商机制和企业开展平等协商、签订集体合同等劳动关系调整工作进行咨询、指导；研究现行劳动争议处理体制，指导地方的劳动争议处理工作；总结推广典型经验；五是对具有重大影响的集体劳动争议和群体性事件进行调查研究，提出解决和预防的意见建议；六是开展劳动法律、法规和规章的宣传工作。

1.5.3 工会的地位与职责

1. 工会的地位

根据我国《工会法》第 2 条明确规定，工会是中国共产党领导的职工自愿结合的工人阶级的群众组织，是中国共产党联系群众的桥梁和纽带。第 15 条规定，中华全国总工会、地方总工会、产业工会具有团体法人资格。基层工会组织具备民法典规定的法人条件的，依法取得社会社会团体法人资格。我国《民法典》第 58 条明确规定法人应当有自己的名称、组织机构、住所、财产或者经费。法人成立的具体条件和程序，依照法律、行政法规的规定。设立法人，法律、行政法规规定须经有关机关批准的，依照其规定。工会是属于不需要办理登记而成立的社团法人，其设立的方式是采用特许主义。由于工会具有法人资格，因此，工会具有独立性，不是依附于用人单位的内部机构，按照我国《民法典》的规定，具有法人资格的工会在财产、责任诉讼主体等方面独立。

1）工会有可以独立支配的财产

工会的财产归工会所有，工会拥有财产是工会人格存在的物质基础和必然要求，用人单位和工会的会员应当依法缴拨工会会费。保证工会的正常运转。

2）责任独立

工会以其财产对工会的债务独立承担责任，而不应当承担用人单位和成员的债务，工会的责任独立是法人资格的重要内涵。

3）诉讼主体资格独立

工会可以以自己的名义起诉、应诉，这是法人人格独立在程序法上的体现。

除此之外，工会人格的独立性还表现在工会可以拥有自己的名称、住所、印章、能够代表职工与用人单位签订集体合同等，应当说，赋予工会社团法人的资格的根本。目的是使工会在劳动关系中独立履行代表劳动者利益的职责，依法维护劳动者的合法权益。[1]

2. 工会的主要职责

根据《劳动合同法》《工会法》等的相关规定，工会的主要职责是：

1）与用人单位进行集体协商的职责

根据《劳动合同法》第 51 条的规定，工会要代表职工与用人单位进行集体协商，签订集体合同。集体协商机制中，工会是作为职工方代表与企业方就涉及职工权利的事项，参与制定、修改和决定涉及职工切身利益的规章制度和重大事项。主要目的是保障本单位职工的劳动权益和其他合法权益，协调企业经营者与企业职工自己带有共性的劳动关系，在发展生产的基础上逐步提高职工的物质文化生活水平。通过集体协商，可以促进劳动者参与民主管理，增加用人单位管理的透明度，有利于和谐稳定劳动关系的建立。签订集体合同之后，工会要对集体合同的履行进行监督和检查，如果企业违反集体合同，侵害职工利益的，工会可以依法要求企业承担责任。

2）帮助指导职工与用人单位签订劳动合同

我国《工会法》中规定：工会帮助、指导劳动者与企业及实行企业化管理的事业单位签订劳动合同。这是工会的一项具体的工作职责。作这样的规定是因为劳动者的能力和文化水平的不同，可能对什么是劳动合同、劳动合同的作用是什么、怎样签订劳动合同等都不了解，这样，不利于劳动者维护自身的合法权益。工会应当进行宣传解释工作，说明劳动合同的重要性、如何签订劳动合同等，指导劳动者与用人单位签订劳动合同，通过增加、减少和修改劳动合同的条款，帮助劳动者维护自身的合法权益。

---

[1] 黎建飞. 劳动法的理论与实践. 北京：中国人民公安大学出版社，2004.

3）对劳动合同制度的实施进行监督检查

《劳动合同法》第 73 条明确，县级以上各级人民政府劳动行政部门在劳动合同制度实施的监督管理工作中，应当听取工会、企业方面代表以及有关行业主管部门的意见。第 78 条规定，工会依法维护劳动者的合法权益，对用人单位履行劳动合同、集体合同的情况进行监督。用人单位违反劳动法律、法规和劳动合同、集体合同的，工会有权提出意见或者要求纠正；劳动者申请仲裁、提起诉讼的，工会依法给予支持和帮助。

4）介入劳动争议处理

工会主持劳动争议调解委员会，对劳动争议进行调解。《工会法》第 22 条明确规定，职工认为用人单位侵犯其劳动权益而申请劳动争议仲裁或者向人民法院提起诉讼的，工会应当给予支持和帮助。

5）监督用人单位解除劳动合同

《劳动合同法》第 41 条和第 43 条分别作出了规定。一是用人单位在法定条件下需要裁减人员二十人以上或者裁减不足二十人但占企业职工总数 10%以上的，用人单位提前 30 日向工会或者全体职工说明情况，听取工会或者职工的意见后，裁减人员方案经向劳动行政部门报告，可以裁减人员。二是用人单位单方解除劳动合同，应当事先将理由通知工会。用人单位违反法律、行政法规规定或者劳动合同约定的，工会有权要求用人单位纠正。用人单位应当研究工会的意见，并将处理结果书面通知工会。另外，《工会法》第 22 条也明确规定，企业、事业单位、社会组织处分职工，工会认为不适当的，有权提出意见。用人单位单方面解除职工劳动合同时，应当事先将理由通知工会，工会认为用人单位违反法律、法规和有关合同，要求重新研究处理时，用人单位应当研究工会的意见，并将处理结果书面通知工会。

工会是职工代表大会的工作机构，代表广大劳动者的利益，有权对用人单位执行劳动法的情况进行监督。[①]为了确保各级工会行使民主监督权，我国《劳动法》第 88 条明确规定："各级工会依法维护劳动者的合法权益，对用人单位遵守劳动法律、法规的情况进行监督。"

本章阅读参考文献

[1] 最高人民法院民事审判第一庭. 最高人民法院新劳动争议司法解释（一）理解与适用. 北京：人民法院出版社，2021.

[2] 黎建飞. 劳动与社会保障法教程. 6 版. 北京：中国人民大学出版社，2023.

[3] 黄越钦. 劳动法新论. 北京：中国政法大学出版社，2003.

[4] 胡彩霄. 劳动法精要. 北京：中国政法大学出版社，2007.

---

① 关怀，林嘉. 劳动法. 5 版. 北京：中国人民大学出版社，2016.

[5] 关怀, 林嘉. 劳动法. 北京: 中国人民大学出版社, 2016.

[6] 粟瑜. 劳动合同概念溯源及时代启示. 法学, 2021（3）.

[7] 夏蕾. 论"用人单位规章制度"的法律性质及其制定程序民主化. 劳动保障世界, 2008（11）.

[8] 丁建安. 企业劳动规章的法律性质辨析：兼评我国企业劳动规章法律制度. 北方法学, 2009（3）.

[9] 邱婕. 劳动合同法十年回顾之二 劳动合同法之适用范围研究. 中国劳动, 2018（2）.

[10] 董保华. 论劳动合同法的立法宗旨. 现代法学, 2007（6）.

[11] 陈晓宁. 论三方机制下工会的角色定位. 中国劳动关系学院学报, 2010（5）.

[12] 邱心语, 徐刚. 退休返聘的法律性质与权益保护. 中国社会保障, 2021（8）.

[13] 丁玲. 发挥工会优势, 促建和谐劳动关系. 人力资源, 2022（6）.

[14] 吴燕平. 完善劳动关系三方协调机制 推动构建和谐稳定劳动关系. 中国人力资源社会保障, 2020（1）.

本章复习思考题

一、名词解释

劳动合同　劳务合同　全日制劳动合同　非全日制劳动合同　固定期限劳动合同　无固定期限劳动合同　三方协商机制

二、单项选择题

1. 全日制劳动合同劳动报酬的结算日期最长不得超过（　　）。

A. 1个月　　　　　　　　　　B. 2个月

C. 3个月　　　　　　　　　　D. 4个月

2. 我国《劳动合同法》生效的时间是（　　）。

A. 2007年6月29日　　　　　B. 2008年1月1日

C. 2008年5月1日　　　　　　D. 2008年10月1日

3. 我国学界关于劳动合同性质的学说不包括（　　）。

A. 公法说　　　　　　　　　　B. 私法说

C. 社会法说　　　　　　　　　D. 身份契约说

4. 以下属于《劳动合同法》主体的是（　　）。

A. 国家机关公务员　　　　　　B. 民办小学老师

C. 现役军人　　　　　　　　　D. 家庭保姆

5. 劳动合同的特点不包括（　　）。

A. 具有劳动基准法的功效　　　B. 主体特定

C. 内容法定　　　　　　　　　D. 劳动者地位具有双重性

三、多项选择题

1. 劳动规章制度的有效要件包括（　　）。
   A. 制定主体必须合法　　　　B. 内容必须合法
   C. 程序必须合法　　　　　　D. 不能与集体合同和劳动合同相冲突
   E. 必须经全体劳动者表决同意

2. 按照劳动合同的期限，劳动合同可以分为（　　）。
   A. 以完成一定工作任务为期限的劳动合同
   B. 非全日制劳动合同
   C. 固定期限劳动合同
   D. 无固定期限劳动合同
   E. 全日制劳动合同

3. 《劳动合同法》的立法宗旨包括（　　）。
   A. 完善劳动合同制度　　　　B. 明确当事人的权利义务
   C. 保护劳动者的合法权益　　D. 构建和谐稳定的劳动关系
   E. 完善非全日制用工制度

四、判断分析题

1. 个体理发师张某某与徒弟林某之间发生纠纷属于劳动争议。
2. 劳动合同法的立法宗旨是保护劳动合同双方当事人的合法权益。

五、简述题

1. 简述劳动合同的概念特征。
2. 简述三方协商机制的作用。
3. 劳动合同法所调整的用人单位的范围有哪些？
4. 简述劳动规章制度的制定程序。

六、论述题

1. 试述劳动合同与劳务合同的联系与区别。
2. 试述劳动合同的基本分类。

七、案例分析题

1. 李某原是某公司的出纳，2018年12月办理退休手续后开始享受基本养老保险待遇，2019年2月1日被另外一家公司聘用为该单位的出纳，双方签订了为期2年的聘用协议。2021年2月1日，该协议到期，鉴于李某身体原因，双方协商不再续签协议。李某要求公司支付经济补偿金遭拒绝，遂向当地劳动争议仲裁委员会提出申请，要求公司支付经济补偿金。

问：李某是否属于劳动劳动合同法所调整的"劳动者"？为什么？

2. 张某，22岁，为某市一民办幼儿园的女教师，2020年9月1日开始在该幼儿园工作，双方口头约定了工资待遇，除此之外未订立任何协议。张某在幼儿园工作一年后未婚先孕，幼儿园领导认为 15 个女教师，就张某一人违反当初招录时明确的 3 年内不得怀孕生子的约定，遂以"严重违纪"为由向张某下达了"开除通知"，张某不服，表示要用法律武器维护自己合法权益。

问：张某与民办幼儿园之间的纠纷是否应当适用《劳动合同法》？为什么？

第 2 章　劳动合同的订立

本章学习目标
了解：劳动合同订立概念、劳动合同订立的程序。
领会：劳动合同订立的原则。
掌握：劳动合同的内容与形式、劳动合同的效力。
运用：根据本章所学知识，分析劳动合同是否具有法律效力。
本章课程思政：社会主义核心价值观充分体现在劳动合同的订立中，合法、平等、公平、诚信是对劳动关系双方订立劳动合同的基本要求。引导学生树立社会主义核心价值观，成为社会需要的合格劳动者。

❖ **导读案例**

小刘是 2021 年 8 月由乙地到甲地找工作的大学生，经过艰难的求职后，决定与甲地的 M 公司签订劳动合同。在签订劳动合同时，公司招聘人员表示公司最近生产任务重，怕小刘工作时间不长就离职，要求小刘将身份证和毕业文凭交给公司保管。小刘因为找工作不容易，就答应了公司这一要求。阅读劳动合同时，小刘发现劳动合同中明确劳动合同的期限是 5 年，试用期 8 个月，试用期解除劳动合同必须得到单位同意。另外还在劳动合同中明确工作时间是实行一周六天工作制，每日 8 小时。询问招聘人员，表示全体招用的劳动者都一样，小刘为了尽快解决自己的就业问题，就签订了劳动合同。但工作了 2 个月后，小刘觉得工作太辛苦，再加上疫情的原因，父母希望他回家。去找公司领导，却被告知他不得离开公司，因为劳动合同明确约定试用期不得解除劳动合同。

问：1. 在本案中，M 公司哪些行为违反了劳动合同法？理由是什么？
2. 小刘该如何维护自己的权益？

2.1　劳动合同订立的原则

劳动合同的订立是指劳动者和用人单位经过相互选择和平等协商，就劳动合同的内容达成协议，以确立劳动关系和明确相互间权利义务的法律行为。劳动合同将双方当事人的权利义务具体化，也是处理劳动合同争议的依据。劳动合同的合法订立是非常重要的。我国《劳动合同法》第3条明确规定："订立劳动合同，应当遵循合法、公平、平等自愿、协商一致、诚实信用的原则。"按照这条规定，劳动合同订立的基本原则有以下5个。

2.1.1 合法原则

合法是劳动合同有效的前提条件。所谓合法，就是劳动合同的订立必须遵守法律，不得违反法律的强制性规定。主要表现在以下几个方面。

1. 劳动合同的形式要合法

《劳动合同法》第10条规定："建立劳动关系，应当签订书面劳动合同。"明确了劳动合同都要采用书面的方式订立，如果是口头合同，双方发生争议，用人单位要承担不签订书面劳动合同的后果。书面形式的劳动合同是双方当事人享有权利和履行义务的法律凭证，在发生劳动争议时，有利于分清是非、明确责任、解决纠纷。如果用人单位不签订书面劳动合同，要承担相应的后果。

2. 劳动合同的内容要合法

在《劳动合同法》中，明确了劳动合同必须具备的条款。用人单位和劳动者必须在劳动合同中予以明确，以明确双方的权利义务，不得遗漏《劳动合同法》所规定的必备条款，亦不得违反有关的法律法规。比如：劳动合同的期限，法律明确规定了什么情况下应该签订哪一种劳动合同，双方所签订的劳动合同要符合法律的这一规定；同样，工作时间也要符合法律所规定的工作时间，劳动报酬不得低于当地的最低工资标准。除必备条款外，劳动合同的约定条款也要按照法律规定予以明确，也不得违背法律规定。与主体违法不同的是，劳动合同的内容违法并不一定导致整个劳动合同的无效，而仅仅是违反法律法规规定的条款无效，并不影响劳动合同其他条款的生效。如《劳动合同法》第9条规定，用人单位不得要求劳动者提供担保或者以其他名义向劳动者收取财物，如果在合同中，用人单位要求劳动者提供财物，则仅仅是此条款因违反法律规定而无效，并不对劳动合同其他条款的效力产生影响。

3. 劳动合同的主体合法

用人单位和劳动者都必须具备订立劳动合同的法定资格。也就是说，劳动合同的当事人双方必须具备法律规定的条件。用人单位作为劳动合同的一方当事人，必须符合法律规定的资格条件，必须以单位名义与劳动者签订劳动合同，而不能以单位内部的职能科室或党、团、工会组织的名义与劳动者签订劳动合同。劳动者要成为劳动合同的当事人，除法律特别规定外，必须达到法定年龄，具有劳动能力才能订立劳动合同。只要存在一方当事人不符合法律法规规定的主体要求，所订立的劳动合同将被视为无效。

2.1.2 公平原则

1. 公平原则的含义

民法中的公平原则是指以利益的均衡作为价值判断标准来合理分配各民事主体

之间的权利义务关系。①在《劳动合同法》中，公平原则是指双方当事人所签订的劳动合同的内容应当公平合理。劳动合同是劳动关系双方当事人就明确各自的劳动权利和劳动义务关系而达成的协议，直接涉及劳动者与用人单位之间利益的协调与平衡问题，因此应当把公平原则作为基本原则之一。这一原则要求劳动合同双方当事人在符合法律规定的前提下，公正、合理地确立双方的权利和义务。有时候符合法律规定的不一定是公平的，因此，仅有合法性原则是不够的，将公平原则作为基本原则，是对合法性原则的一个有效补充，可以防止劳动合同的当事人尤其是用人单位滥用其优势地位而损害者的利益，可以达到平衡劳动合同双方当事人的利益，建立稳定和谐的劳动关系。

2. 公平原则是针对劳动合同的内容而提出的

公平原则是针对劳动合同的内容而提出的，要求双方当事人之间在利害关系上大体平衡。②在劳动合同的双方当事人中，用人单位无疑处于优势地位，如果仅仅按照合同自由原则订立劳动合同，用人单位将会利用自身的优势地位获取最大利益，从而使处于弱势地位的劳动者的利益无法获得保障。因此可以说，公平原则主要是对用人单位提出的要求，要求其依据社会公认的公平观念与劳动者订立劳动合同，以维持双方当事人间利益的均衡。这一原则直接涉及劳动者与用人单位之间的利益协调与平衡问题，要求劳动者与用人单位双方要在符合法律规定的前提下，公正合理地确立双方的权利义务，实现建立和谐稳定劳动关系的目标。

2.1.3 平等自愿原则

1. 平等的含义及要求

所谓平等，是指双方当事人在订立劳动合同时的法律地位平等，不存在管理与服从关系，任何一方不得把自己的意志强加给对方。根据分配利益和负担的不同，可以将平等分为强式意义上的平等和弱式意义上的平等。③强式意义上的平等，即形式平等，要求将每个行为主体都视为"同样的人"，从而使每个主体所享有的权益和所承担的义务都"相同"；而弱式意义上的平等，亦即实质平等，要求按一定的标准对行为主体进行分类，对不同种类的主体给予差别对待。如果说在民法领域强调形式平等，将每个民事主体都视为具有完全理性的个体，给予相同对待的话，在劳动合同中则更强调实质平等。在劳动合同的双方当事人中，劳动者明显处于弱势地位，只有加强对劳动者利益的保护以及对用人单位的限制，才能真正实现劳动合同双方的平等。平等原则要求劳动合同的当事人双方在订立劳动合同时要与对方平等协商，不得将自己的意志强加给对方，使得订立劳动合同是双方真实的意思表示。

---

① 张新宝.《中华人民共和国民法总则》释义. 北京：中国人民大学出版社，2017.
② 梁慧星. 民法总论. 北京：法律出版社，2007：47.
③ 郑成良. 法律之内的正义. 北京：法律出版社，2002：40.

2. 自愿的含义及要求

所谓自愿，是指双方当事人能够完全根据自己的内心意愿决定是否订立劳动合同以及明确劳动合同关系的内容，任何一方当事人及任何第三者都不得限制干预。劳动合同订立的自愿原则的要求体现在以下几个方面。一是当事人自愿选择是否订立劳动合同以及合同的相对人。双方当事人完全根据自己内心意愿决定是否订立劳动合同，任何人均不承担必须订立合同的义务。由于选择不同的相对人，会得到不同的结果，因此，必须赋予当事人自由选择劳动合同的相对人，从而更有利于合同目的的实现。这是自愿原则最基本的含义，法律不得对其进行任何限制。二是当事人自愿决定劳动合同的内容。双方当事人可以依照法律规定，自愿决定劳动合同的内容而不受他人干涉。只有劳动合同的内容不违反法律的强制性规定时才有效，否则违反法律强制性的合同条款无效，但并不影响其他条款的生效。当事人自愿决定劳动合同内容的另一个含义是，即使合同的条款对当事人一方是不公平的，只要该条款不违反法律的强制性规定以及该当事人自愿接受，则该条款就有效，他人不能强行改变。三是当事人自愿变更和解除劳动合同。双方当事人可以通过自愿地协商变更和解除劳动合同，或者依据其所享有的单方解除权自愿解除劳动合同。双方当事人可以自愿协商变更和解除劳动合同，而不受法律的限制，但是如果单方解除合同的，则必须享有法律所赋予的单方解除权，如果一方当事人在并未发生法律所规定的情形时单方解除劳动合同的，将承担相应的法律责任。平等与自愿是密不可分的，平等是自愿的逻辑前提，如果当事人之间的地位不平等，就不可能实现自愿订立合同；自愿是平等的具体体现，如果当事人一方是不自愿的，也谈不上当事人法律地位的平等。

2.1.4 协商一致原则

1. 协商一致的含义

协商一致，是指劳动者和用人单位对劳动合同的权利和义务条款进行协商，并达成一致而订立劳动合同。对劳动合同的内容、条款在法律允许的范围内，双方可以进行共同讨论，充分表达自己的意志，协商取得完全一致的意见后确定。只有当劳动合同充分体现了双方当事人的意志，才能得到忠实履行。

2. 协商一致原则是平等自愿原则的必然要求

协商一致是平等自愿的唯一表达形式，只有通过协商一致才能真正实现平等自愿。任何劳动合同的订立都应当是在双方当事人法律地位平等的基础上，经过协商一致并自愿达成协议的结果，一方当事人和其他主体不得以任何方式强迫另一方当事人订立劳动合同。也只有在协商一致的基础上订立的劳动合同，才能促使双方当事人认真履行合同约定的义务，从而更有利于维护双方的合法权益。现实中，往往是用人单位提供劳动合同的格式文本，劳动者签字就可以了。如果是单位提供的格式合同，劳动者要仔细阅读合同条款，对自己不利的要据理力争。按照现行法的要求，用人单位也有义务向劳动者清楚地解释合同的内容，并且，提醒劳动者注意模糊处或限制用人单位责任的条款。只有当用人单位和劳动者都在劳动合同上签字后，才体现了劳动合同双方当事人在签订劳动合同上协商一致的结果。未经过双方协商一致，欺骗、胁迫或乘人之危，使对方在违背真实意思的情况下签订劳动合同，会导致劳动合同的无效。

2.1.5 诚实信用原则

1. 诚实信用原则的含义

诚实信用是《民法典》的基本原则，也是《劳动合同法》的基本原则。民法上的诚信原则是指民事主体应当具有的基本善意。①在劳动合同法上，诚实信用原则是指用人单位和劳动者在订立、履行、解除及终止劳动合同后的全过程中都必须秉承恪守承诺，不得对对方当事人进行隐瞒和欺诈。

2. 诚实信用原则是对平等自愿原则的一种补充

如果在订立劳动合同过程中，仅仅注重双方当事人之间的平等，以及保障当事人自愿披露信息的权利，就会使处于弱势一方当事人的合法权益得不到很好的维护，此时就有必要适用诚实信用原则，要求当事人恪守商业道德，避免当事人因片面强调维护自身的利益而损害对方当事人的合法权益。例如，《劳动合同法》第8条规定："用人单位招用劳动者时，应当如实告诉劳动者工作内容、工作条件、工作地点、职业危害、安全生产状况、劳动报酬，以及劳动者要求了解的其他情况；用人单位有权了解劳动者与劳动合同直接相关的基本情况，劳动者应当如实说明。"这条规定正是诚实信用原则的具体体现，除此之外，诚实信用原则还要求当事人承担协助、通知和保密等相关义务。现实中，有的劳动者使用假文凭、假材料骗取用人单位的录取，也有的劳动者与用人单位签订劳动合同后又找别的工作，与原用人单位悔约等；有的用人单位不告诉劳动者的职业危害状况，提供的工作条件与合同约定不符等，这些都是违反诚实信用原则的。《劳动合同法》确立诚实信用原则，有利于强化劳动合同双方当事人的诚信理念，减少当事人不够诚信的现象。如果劳动合同没有约定或约定不明，而法律又没有规定的，可以根据诚实信用原则对劳动合同的条款进行解释。违反诚信原则可能导致劳动合同无效。

2.2 劳动合同订立的程序

劳动合同的订立程序是指劳动者和用人单位经过相互选择和平等协商，就劳动合同的条款达成一致，确立劳动关系明确双方权利义务的行为。劳动合同的订立程序就是劳动者与用人单位协商一致订立劳动合同建立劳动法律关系的过程。

---

① 张新宝.《中华人民共和国民法总则》释义.北京：中国人民大学出版社，2017.

2.2.1 劳动合同订立的具体程序

1. 确定劳动合同当事人

确定劳动合同的当事人，一般是当事人一方要先发出要约。要约是指劳动合同的一方当事人向另一方当事人提出的订立劳动合同的建议。要约人可以是用人单位，也可以是劳动者，任何一方都可以向另一方当事人发出信息，表达希望对方与自己签订劳动合同的愿望。比如，用人单位通过招聘广告，表达希望符合条件的劳动者与自己签订劳动合同的愿望；劳动者通过向用人单位发放自己的简历，表达想与用人单位签订劳动合同的愿望。要约的内容一般包括订立劳动合同的愿望、订立劳动合同的条件以及要求对方答复的期限等。在这一阶段中，当事人双方通过一定的方式进行相互选择，在双方自愿的基础上确立劳动合同的当事人。

2. 协商确定劳动合同的内容

当劳动者一方愿意到用人单位工作，用人单位一方认为对方符合自己的招聘条件，这时，用人单位就会向符合录用条件的劳动者作出承诺，就是把签字、盖过章的格式劳动合同交给劳动者填写，劳动者填写了该格式合同并且签字交还给用人单位，就算是承诺了。一般是接受录用的劳动者接到录用通知后，去用人单位报到，用人单位会与劳动者通过平等协商，确立劳动合同的具体内容，一般来说，具体程序是：首先，用人单位提出劳动合同的草案，并介绍劳动规章制度；其次，用人单位与劳动者对劳动合同的具体内容进行商定，确定劳动合同的具体内容。

3. 双方在协商确定的劳动合同上签字盖章

这里的签字盖章是指备录用的劳动者本人签字，用人单位盖上招用单位的公章。不得使用用人单位的某一个部门的公章。如用人单位负责招聘人员的人力资源部盖章是无效的，必须是用人单位在工商登记上注明单位全称的公章。经过双方协商一致，并签字盖章，劳动合同即告成立。

2.2.2 订立劳动合同要注意的问题

1. 用人单位建立职工名册备查

依照《劳动合同法》第7条的规定，订立劳动合同后，用人单位应当建立职工名册备查。《劳动合同法实施条例》第8条规定，该职工名册，应当包括劳动者姓名、性别、公民身份号码、户籍地址及现住址、联系方式、用工形式、用工起始时间、劳动合同期限等内容。用人单位用书面形式建立职工名册主要有两个方面的作用。一是起到证明劳动关系是否存在的作用。现实生活中用人单位和劳动者就是否存在劳动关系发生争议时，劳动者往往举证困难。假如劳动者不能提供有效证据，是很难维护自身的合法权益。用人单位如果建立了书面的职工名册，发生纠纷时劳动者可以要求用人单位提供职工名册加以证明。同样，用人单位也可以通过提供职工名册来证明劳动关系存在与否。二是便于劳动行政部门依法进行监督检查。劳动行政部门有对用工单位进行监督检查的职责，必须掌握用人单位的用工情况。用人单位建立了职工名册，劳动执法部门可以随时去检查，根据职工名册进行监管。《劳动合同法》第7条规定实际上增加了企业的一个举证责任，即在企业一方主张自己与劳动者不存在劳动关系时，必须向仲裁委或者法院提交职工名册以证明此员工确实不属于该公司的员工，否则就要承担不利的后果。这实际上是通过为用人单位设置更多义务来保护劳动者的合法权利，也是劳动合同法保护劳动者合法权益之宗旨的体现。

2. 劳动合同订立时间与劳动关系建立时间不一致的处理

劳动关系是指劳动者与用人单位在实现劳动过程中建立的社会关系。所谓劳动关系的建立，又称为劳动关系的发生，是指劳动者与用人单位之间发生实际的劳动关系，在用人单位亲自实现劳动过程。针对现实生活中大量存在的用人单位不愿与劳动者签订书面劳动合同，而劳动者与用人单位之间存在事实上的劳动关系的状况，《劳动合同法》第7条规定：劳动关系自用工之日起即建立。也就是说，建立劳动关系的唯一标准就是劳动者实际提供劳动。换句话说，只要劳动者实际提供劳动，用人单位实际用工，他们之间就建立了劳动关系。而不管用人单位与劳动者是否签订了书面劳动合同，都会被确定为已经建立劳动关系，受到同等的法律保护。所谓用工，是指劳动者到用人单位去工作，并在一定的劳动岗位上为用人单位提供了劳动。劳动关系自用工之日起建立的规定，可以对劳动合同签订的日期、实际提供劳动的日期和劳动关系成立的日期不同分别进行处理。如果书面的劳动合同签订在前，实际用工在后的，劳动关系自实际提供劳动之日起建立；如果实际用工在前，签订书面的劳动合同在后的，劳动关系建立早于书面劳动合同的签订日期，劳动关系的建立不受没有签订书面劳动合同的影响；如果劳动者是在签订劳动合同的同时提供实际劳动，那么，劳动合同的订立期、劳动关系的建立期与实际提供劳动期三者是一致的。

法律规定用人单位自用工之日起即与劳动者建立劳动关系具有积极的意义，既否定了原来实践中关于事实劳动关系的概念，也避免了劳动行政部门和司法机关以劳动者未与用人单位签订书面劳动合同为理由拒绝给予保护，很显然，这样的立法是有利于维护劳动者合法权益的。当然劳动者在没有书面的劳动合同可以证明劳动关系的情况下，应当在纠纷发生前早做准备，收集一些必要的证据来证明用工事实的存在，比如，收集用人单位发放工资的单子、工作证、出入证、考勤簿及违反劳动纪律的处罚决定等，以备后用。

3. 关于劳动合同备案的问题

劳动合同的备案是指劳动行政管理机关依法对劳动合同进行审查和保存，以确认动合同订立、续订、解除和终止的一项监督措施。劳动合同备案制度有利于劳动行政管理部门对用人单位的用工情况进行监督管理，促进劳动关系和谐稳定。

涉及劳动合同备案的规定有以下几个方面。一是劳动合同的备案实行属地管理。用人单位报备的劳动行政管理部门，与用人单位营业执照的发证机关为同一地区、同一级别。如果用人单位的营业执照是市级商局颁发的，由市级劳动行政管理机关对劳动合同备案；如果用人单位的营业执照是区工商局颁发的，由区级劳动行政管理机关对劳动合同备案。二是劳动合同备案的时间要求。用人单位新招用职工或与职工续订劳动合同的，应自招用或续订劳动合同之日起 30 日内进行劳动用工备案；用人单位与职工终止或解除劳动合同的，应在终止或解除劳动合同后 7 日内进行劳动用工备案；用人单位名称、法定代表人、经济类型、组织机构代码发生变变后，应在 30 日内办理劳动用工备案变更手续；用人单位注销后，应在 7 日内办理劳动用工备案注销手续。三是用人单位招用台港澳人员后应当依法去劳动行政部门备案，并为其办理《台港澳人员就业证》。这是《就业服务与就业管理规定》第 22 条规定的。

必须注意的是，备案作为劳动行政管理机关对劳动合同的事后监督的行政行为，与劳动合同的效力没有关系，不备案并不导致劳动合同本身无效。备案并不是劳动合同成立和生效的要件。《劳动合同法》明确规定劳动合同由用人单位与劳动者协商一致，并经用人单位与劳动者在劳动合同文本上签字或者盖章生效。用人单位承担不备案所产生的法律后果，即因违反行政性规定而受到行政机关的相应行政处罚。

2.2.3 劳动合同订立中的先合同义务

1. 用人单位的先合同义务

《劳动合同法》第 8 条规定了用人单位的告知义务。由于在劳动合同订立的过程中，有关用人单位的情况和具体的岗位信息严重不对称，劳动者往往缺乏有效的途径去了解用人单位的相关情况。这种信息的不对称，使得劳动者很难做到公平、平等自愿地与用人单位签订劳动合同。为了平衡当事人双方信息不对称的地位，防止用人单位利用信息优势侵害劳动者的利益，《劳动合同法》规定了用人单位的如实告知义务。

（1）告知的内容是与劳动合同相关的情况。如工作内容、工作条件、工作地点、职业危害、安全生产状况、劳动报酬，以及劳动者要求了解的其他情况；其中劳动者工作内容、工作条件、工作地点、职业危害、安全生产状况、劳动报酬这 6 项内容不管劳动者是否向用人单位询问，用人单位都应当主动告知。其中，工作内容通常包括劳动者从事劳动的工种、岗位和劳动定额、产品质量标准的要求等。劳动者对自己将要从事的工作有了详细了解后就能判断自己是否能胜任这份工作。工作条件指的是劳动场所和设备、劳动安全卫生设施等。劳动者只有了解这些情况后才有可能知道自己是否能承担这份工作。工作地点指的是劳动者可能从事工作的具体地方。对于工作的地点，用人单位必须详细告知劳动者，因为工作的地点同劳动者的生活密切相关。如果工作地点离劳动者居住地很远，给其带来很多不便，使其支付很高的交通成本，劳动者很可能不会接受这份工作。职业危害是指从事该工作可能对人身造成的损害。劳动者只有了解了将从事工作的危害才能判断是否接受这份工作。安全生产状况是指以前发生安全生产事故的情况和发生事故的可能性。对于安全事故的了解是劳动者一项基本的知情权。劳动报酬指的是用人单位根据劳动者提供劳动的数量和质量以货币形式支付给劳动者的工资。劳动者提供劳动的基本目的就是获得劳动报酬。

(2）告知的信息必须是真实的，不得提供虚假信息。即用人单位对劳动者必须如实相告，不能隐瞒事实真相，也不可以无中生有。如果用人单位提供虚假信息，属于《劳动合同法》第26条规定的情形，劳动合同则无效或部分无效；属于《劳动合同法》第38条规定的情形，劳动者可以解除劳动合同。此外，根据《劳动合同法》第86条的规定，订立的劳动合同被确认无效，给一方造成损失的，有过错的一方应承担赔偿责任。

（3）告知的时间标准是双方订立劳动合同之前。基于用人单位的告知，劳动者了解用工单位的实际情况后，才能决定是否和用人单位签劳动合同以及怎样签劳动合同。

（4）告知的方式应当恰当。用人单位履行告知义务时，应当采取恰当的方式，让劳动者能够及时准确地了解相关信息，避免产生误解。

（5）告知义务是法定义务。该告知义务用人单位和劳动者不能用双方约定来排除。用人单位在招工时，必须按照法律规定履行告知义务。如果用人单位违反了该义务就要承担相应的法律责任。

2. 劳动者的告知义务

用人单位在招录人员时，通常是想招用适合本单位工作特点的劳动者。因此，用人单位对应聘人员会在法律允许的范围内有特定的要求，以保证所招用的人员适合本单位的需要。在这样的情况下，劳动者的一些个人信息对用人单位是否招用该应聘人员有重大的影响。为了保护用人单位的利益，《劳动合同法》明确规定，用人单位有权了解劳动者与劳动合同直接相关的基本情况，劳动者应当如实说明。即劳动者负有将自己的情况向用人单位说明的义务，以便用人单位对劳动者是否适合本单位的工作做出准确的判断。但是劳动者的告知义务是附条件的，只有在用人单位要求了解劳动者与劳动合同直接相关的基本情况时，劳动者才有如实说明的义务。劳动者与劳动合同直接相关的基本情况包括健康状况、知识技能、学历、职业资格、工作经历以及部分与工作有关的劳动者个人情况，如家庭住址、主要家庭成员构成等。劳动者应当向用人单位如实告知用人单位有权知道的真实信息，不能欺骗和隐瞒。如果就与劳动合同订立和履行有密切关系的情况向用人单位提供虚假信息，将有可能导致劳动合同无效。如劳动者向用人单位提供虚假学历证明。应当明确的是，用人单位对劳动者的知情权是有限的，只限于向劳动者了解与劳动合同直接相关的基本情况。对于那些与劳动合同订立无关的情况，劳动者有权拒绝说明，以保护个人的隐私权不受侵害。同时，用人单位也有义务对招聘过程中获得的劳动者个人信息进行保密，未经劳动者本人同意不得向他人披露。

3. 违反告知义务的后果

（1）应当告知而没有告知的，会导致劳动合同不能订立。不管是用人单位还是劳动者，如果法律规定自己应当知道而对方不告知，就可选择不与对方签订劳动合同。

（2）虚假告知对方情况的，会导致劳动合同的无效或者部分无效。根据《劳动合同法》第26条的规定，用人单位或者劳动者用欺诈的手段，使对方违背自己的真实意愿订立、变更劳动合同的，劳动合同可能被确定为无效，并引起相关的法律后果。所谓欺诈，是指一方当事人故意告知对方虚假情况，或故意隐瞒真实情况，使对方作出错误的意思表示而订立劳动合同的行为。

2.2.4 用人单位招用劳动者的禁止性规定

1. 禁止的情形

针对现实中用人单位利用强势地位，侵害劳动者权益的状况，《民法典》和《劳动合同法》明确规定了用人单位在招用劳动者时的禁止行为。

（1）用人单位收集劳动者的信息要取得劳动者本人同意。《民法典》第 111 条规定："自然人的个人信息受法律保护。任何组织或者个人需要获取个人信息的，应当依法取得并确保信息安全，不得非法收集、使用、加工、传输他人个人信息，不得非法买卖、提供或者公开他人个人信息。"《民法典》明确了个人信息保护，并且明确了个人信息的范畴。用人单位因工作和管理需要搜集员工个人信息，本身并不违法，但应该明确经过劳动者授意。搜集的员工个人信息应用于正当目的，不得从事《民法典》规定的两个"不得"行为，另外需要注意《民法典》1035 条规定个人信息处理原则。

（2）不得扣押劳动者的居民身份证和其他证件。在招用劳动者时，不得扣押劳动者的居民身份证及其他证件，如劳动者的毕业证、暂住证以及各种职业资格证书等。

（3）不得要求劳动者提供担保或者以其他名义向劳动者收取财物。不得要求劳动者提供担保其实也包含了不得要求第三人为劳动者提供担保。同时用人单位也不能向劳动者收取或变相收取货币和财物。

2. 法律明确禁止性规定的原因

（1）体现平等自愿原则。劳动合同法明确规定订立劳动合同应当遵循平等自愿原则，劳动关系具有高度的人身属性，这就要求劳动合同的劳动者一方履行义务必须出于自愿，而不能进行人身强制。现实生活中劳动力供应远大于需求，劳动者寻求工作的压力很大，为了找到一份工作获取报酬或为了偿还购房购车的贷款以及养家糊口，往往被迫向用人单位提供担保或者财物、扣押证件等行为，毫无疑问违反了平等自愿、协商一致的原则。劳动力和劳动者人身是不能分离的，强迫劳动者劳动很显然是侵犯了他们的人身权利。如果劳动者不愿为用人单位提供劳动，即便要求他们提供担保或者财物，也是不能达到让劳动者自愿提供劳动的目的。规定禁止行为，就是保护劳动者在平等自愿的前提下，与用人单位建立劳动关系，自愿从事劳动。

（2）保护劳动者的自主择业权。用人单位要求劳动者提供担保或者以其他名义向劳动者收取财物、扣押证件等行为，在很大程度上限制了劳动者的择业权，迫使劳动者在该单位提供更长时间的劳动，这样劳动者就很难跳槽到其他单位就业，影响了劳动者的职业流动自由，很难按照自己的意愿选择工作。

（3）避免劳资纠纷的产生。这种做法很容易造成一定程度的劳资纠纷。由于用人单位要求劳动者提供担保或者向劳动者收取财物，扣押证件等行为出现，劳动者一般都是被迫的，为了工作岗位而委曲求全，这导致在劳动合同签订之初劳资双方就产生了裂痕，埋下了矛盾产生的种子。随着劳动合同的不断履行，矛盾会不断凸显。争议的频繁发生必将造成双方关系的紧张。这样的结果也不利于构建和发展和谐稳定的劳资关系。

3. 用人单位违反禁止性规定的法律责任

如果用人单位违反以上两个禁止性规定的，将要根据《劳动合同法》第84条的规定承担相应的法律责任。按照第84条，扣押劳动者居民身份证等证件的，由劳动行政部门责令限期退还劳动者本人，并依照有关法律规定给予处罚；用人单位以担保或者其他名义向劳动者收取财物的，由劳动行政部门责令限期退还劳动者本人，并以每人五百元以上二千元以下的标准处以罚款；给劳动者造成损害的，应当承担赔偿责任。

2.3 劳动合同的形式与内容

2.3.1 劳动合同的法定形式

劳动合同的形式，是指劳动合同内容确定和存在的方式。根据劳动合同的合法原则，双方当事人在订立劳动合同时必须采取法律法规所规定的形式。采取不同形式，对于确定当事人之间的劳动关系以及双方具体的权利义务都有重要影响。我国的劳动合同法规定了两种劳动合同的形式，即书面形式和口头形式。

1. 书面形式

劳动合同的书面形式，是指以书面文字等表达和记载双方协商一致的劳动合同内容的形式。《劳动合同法》第10条规定："建立劳动关系，应当订立书面劳动合同。"劳动合同采取书面形式的优点在于通过书面文字明确双方的权利与义务，能有效减少劳动纠纷，发生纠纷后也能及时准确地确定当事人的权利义务和责任，从而有效地维护劳动者的合法利益。

书面劳动合同的优点在于以下几点。第一，权利义务明确，便于履行。在书面劳动合同中所有的条款都具体明确，可以依照劳动合同中的条款一一对照执行。第二，便于有关部门监督检查。法律的贯彻落实在很大程度上依靠执法机关对执法情况实行的监督检查。劳动者和用人单位双方签订了书面的劳动合同后，劳动执法部门就可以依据书面合同来监督管理，如果发现了违反劳动法律法规的行为，就可以给予相应的惩处，强制矫正违反行为。第三，便于处理劳动争议。劳动者与用工单位发生纠纷在现实生活中是比较普遍的事。用人单位和劳动者如果签订了书面的劳动合同，一旦发生劳动争议时，能给当事人举证带来方便，也便于劳动执法部门清楚地了解事实，快速认定和追究违约者的责任，快捷有效地解决劳动纠纷。

必须明确的是，书面形式不是建立劳动关系的依据，不是劳动合同的有效要件。

因为《劳动合同法》第 10 条明确规定:"建立劳动关系,应当订立书面劳动合同。已建立劳动关系,未同时订立书面劳动合同的,应当自用工之日起一个月内订立书面劳动合同。用人单位与劳动者在用工前订立劳动合同的,劳动关系自用工之日起建立。"从这一规定看出,劳动关系的建立与是否签订劳动合同是两个问题,将书面形式与建立劳动关系分离开来,使得书面形式不是建立劳动关系的依据。由于《劳动合同法》第 10 条将书面形式与建立劳动关系相分离,是否采取书面形式,并不影响劳动关系的建立,也就表明书面形式的有无并不影响劳动合同的效力,也表明该条规定也将书面形式与劳动合同的效力相分离。

2. 口头形式

劳动合同的口头形式,是指双方当事人以口头语言的方式作为订立劳动合同的形式。口头形式包括当面对话、电话约定等形式,因其具有简易快捷的优点而为许多劳动者所采纳,但口头形式的合同缺乏文字凭证,一旦发生纠纷就可能面临举证困难的危险,从而损害弱势劳动者的合法权益。正因为口头形式的上述缺陷,故《劳动合同法》第 10 条明确规定:"已建立劳动关系,未同时订立书面劳动合同的,应当自用工之日起一个月内订立书面劳动合同。"从而限制了口头形式在劳动合同中的适用。《劳动合同法》仅仅规定在非全日制用工的情形下可以通过口头形式约定双方的权利义务关系。

将书面劳动合同与口头劳动合同相比,书面劳动合同的不足之处有以下几点。第一,形式不够灵活、程序比较复杂。订立书面劳动合同时,劳动者和用人单位都需遵循一定的步骤或环节,这样可以保证劳动合同的顺利订立,合同内容合法。也正是由于这些程序性的步骤,造成了订立书面劳动合同程序的繁杂。在快节奏的现实生活中,用人单位和劳动者通常都希望高效快捷地建立或解除劳动关系,显然这与书面劳动合同的订立程序就构成了一对矛盾。第二,给可以短时间内结清的劳动关系带来不便。生活中短时间内结清的劳动关系非常普遍,比如超市、饭店雇用的钟点工等。由于这类劳动关系在短时间内就会解除,如果再去签订程序复杂的书面劳动合同就没有多大的意义。

除以上劳动合同法规定的两种形式外,实践中还有默示劳动合同,即双方当事人通过实施某种行为作出意思表示,而并非以书面或口头方式作为订立劳动合同的形式。[1]例如:固定期限的劳动合同到期以后,由于各种原因,双方当事人并未对是否续签劳动合同的问题进行协商,但劳动者依照原劳动合同提供劳务,用人单位也应依原劳动合同给劳动者支付报酬的情形。

2.3.2 违反法定形式要件的责任

根据我国《劳动合同法》的规定,订立劳动合同应当采取书面形式,因而书面形

---

[1] 李国光. 劳动合同法教程. 北京:人民法院出版社,2007:330.

式是劳动合同的法定形式。但这种规定并不意味着未签订书面劳动合同的劳动关系都是无效的。《劳动合同法》第 7 条规定："用人单位自用工之日起即与劳动者建立劳动关系。"明确了书面劳动合同的订立不是建立劳动关系的标志，未签订书面劳动合同也不是劳动合同无效的原因。由于现实生活中未签订书面劳动合同的情况仍大量存在，如果将这些劳动关系都认定为无效，无疑会给社会的安定造成极大的破坏，而劳动者更会成为最大的受害者。为了维护社会稳定和保护劳动者的权益，法律在特定的范围内承认未签订书面劳动合同的劳动关系存在的事实，但如果超出这一范围，就会产生法律责任，具体的责任如下。

1. 用人单位未要求订立书面劳动合同的责任

根据《劳动合同法》和《劳动合同法实施条例》的规定，用人单位的主要责任表现在以下几个方面。

1）补签劳动合同

补签劳动合同的情形是：第一，已建立劳动关系，未同时订立书面劳动合同的，应当自用工之日起一个月内订立书面劳动合同；第二，用人单位自用工之日起超过一个月不满一年未与劳动者订立书面劳动合同的，应与劳动者补签书面劳动合同；第三，用人单位自用工之日起满一年未与劳动者订立书面劳动合同的，视为自用工之日起满一年的当日已经与劳动者订立无固定期限劳动合同，应当立即与劳动者补订书面劳动合同。

2）劳动报酬支付义务

没有签订书面劳动合同，只要劳动者有实际的劳动给付，用人单位就应当支付劳动报酬。第一，用人单位未与劳动者订立书面劳动合同的，应当自用工之日起一个月内订立书面劳动合同。劳动关系自从用工之日起建立，用人单位应当向劳动者支付劳动报酬。第二，用人单位自用工之日起超过一个月不满一年未与劳动者订立书面劳动合同的，应当依照《劳动合同法》第 82 条的规定向劳动者每月支付两倍的工资。用人单位向劳动者每月支付两倍工资的起算时间为用工之日起满一个月的次日，截止时间为补订书面劳动合同的前一日。第三，用人单位自用工之日起满一年未与劳动者订立书面劳动合同的，自用工之日起满一个月的次日至满一年的前一日应当依照《劳动合同法》第 82 条的规定向劳动者每月支付两倍的工资。在实践中，由于当事人之间没有签订书面的劳动合同，对劳动报酬如何支付经常成为双方争议的焦点。依照《劳动合同法》第 11 条的规定，用人单位未在用工的同时订立书面劳动合同，与劳动者约定的劳动报酬不明确的，新招用劳动者的劳动报酬按照集体合同规定的标准执行；没有集体合同或者集体合同未规定的，用人单位应当对劳动者实行同工同酬。

3）支付经济补偿义务

《劳动合同法实施条例》第 6 条规定，用人单位自用工之日起超过一个月不满一年未与劳动者订立书面劳动合同的，应当依照《劳动合同法》第 82 条的规定向劳动者每月支付两倍的工资，并与劳动者补订书面劳动合同；劳动者不与用人单位订立书面劳动合同的，用人单位应当书面通知劳动者终止劳动关系，并依照《劳动合同法》第 47 条的规定支付经济补偿。

2. 劳动者拒绝订立书面劳动合同的后果

根据《劳动合同法》与《劳动合同法实施条例》的相关规定，劳动者拒绝订立书面劳动合同的后果有以下几个方面。

1）被终止劳动关系

第一，劳动者没有与用人单位签订书面劳动合同的，用人单位在自用工之日起一个月内，书面通知劳动者签订劳动合同，如果劳动者不与用人单位订立书面劳动合同，用人单位可以书面通知劳动者终止劳动关系。第二，劳动者自用工之日起超过一个月不满一年未与用人单位订立书面劳动合同的，用人单位可以书面通知劳动者终止劳动关系。

2）不能获得经济补偿

因为劳动者的原因导致不能签订劳动合同的，用人单位在自用工之日起一个月内，书面通知劳动者签订劳动合同，如果劳动者不与用人单位订立书面劳动合同，被用人单位终止劳动合同的，劳动者不能获得经济补偿金。只能要求用人单位支付其实际工作时间的劳动报酬。但是如果自用工之日起超过一个月不满一年劳动者不与用人单位订立书面劳动合同的，在用人单位书面通知终止劳动关系的情况下，劳动者可以依照《劳动合同法》第 47 条的规定获得经济补偿。

3. 采取默示形式的法律后果

对于原劳动合同到期以后，双方当事人未对是否续签劳动合同的问题进行协商，但劳动者依照原劳动合同提供劳务，用人单位也依旧给劳动者支付报酬的情形，劳动合同法并没有规定其法律后果。但根据《劳动争议司法解释一》第 34 条的规定，劳动合同期满后，劳动者仍在原用人单位工作，原用人单位未表示异议的，视为双方同意以原条件继续履行劳动合同。

2.3.3 劳动合同的内容

劳动合同的内容作为劳动合同的核心部分，根据法律是否对此作强行规定不同，可以分为必备条款和约定条款。必备条款指法律、法规明确规定的劳动合同中必须具备的条款，至于该必备条款的具体内容如何规定仍然由合同当事人即劳动者与用人单位根据合法公平、平等自愿、协商一致、诚实信用原则自行约定，但是不能违反国家有关法律、法规的规定。约定条款又称为可备条款，顾名思义，该条款在劳动合同中是可有可无的，法律不做强行规定，是由当事人自己在合同中任意约定的条款。

1. 劳动合同的必备条款

根据《劳动合同法》第 17 条第 1 款的规定，劳动合同的必备条款（必备内容）有以下 9 个方面。

（1）用人单位的名称、住所和法定代表人或者主要负责人。劳动合同的订立必须有订立主体即合同的当事人，缺少当事人则无法订立合同，更无所谓合同关系，因此作为劳动合同一方当事人的用人单位的基本情况是劳动合同条款的首要必备条款。其中，用人单位的名称，是指其在登记机关登记的称谓，该名称应当与其公章上的名称一致；住所，是指其主要办事机构所在地，在劳动合同中应当记载清楚；法定代表人及主要负责人，是指具有法人资格的用人单位的法定代表人；主要负责人是指无法人资格的用人单位，应当在劳动合同中写明主要负责人的名字。

（2）劳动者的姓名、住址、居民身份证或者其他有效身份证件号码。劳动者作为劳动合同的另一方当事人，在订立合同时对其基本情况必须加以确定。劳动者的姓名是指在其身份证或者户籍登记上的称谓；住址按《民法典》第25条规定，"自然人以户籍登记或者其他有效身份登记记载的居所为住所；经常居住与住所不一致的，经常居所视为住所"。

（3）劳动合同期限。劳动合同期限，是指当事人双方所订立的相互享有权利、履行义务的时间界限，即劳动合同的有效期限或者说劳动合同具有法律约束力的时段。劳动合同的有效时间，起于合同生效之时，终于合同终止或者解除之时。一般情况下，劳动合同具有法律约束力的生效时间为合同双方的签字时间，其终止或解除时间为合同期届满时间、法律规定的终止或者解除条件出现的时间。将合同期限列为劳动合同的法定必备条款，是为了使即将确立的劳动关系在一定时间内保持相对稳定状态，使合同双方当事人对自己行为的后果有预期。劳动合同期限分为固定期限、无固定期限和以完成一定工作任务为期限3种，与此相对应，劳动合同分为固定期限劳动合同、无固定期限劳动合同和以完成一定工作任务为期限的劳动合同3种。

（4）工作内容和工作地点。工作内容，是指用人单位安排劳动者从事什么工作，是劳动者在劳动合同中确定的应当履行劳动义务的主要内容。该条款具体内容包括劳动者从事劳动的岗位、工作性质、工作范围以及劳动生产任务所要达到的效果、质量指标等。它是用人单位使用劳动者的目的，也是劳动者通过自己的劳动取得劳动报酬的原因，是劳动合同必不可少的条款。工作地点，是指用人单位安排劳动者从事工作的具体地点。工作地点关系到劳动者的工作环境、生活环境，以及劳动者的就业选择，工作地点具体化也是确定对劳动者工伤认定有重要意义。用人单位一般在招聘广告中就应当明确工作地点，劳动合同签订后，用人单位不得随意调整变更工作地点。

（5）工作时间和休息休假。工作时间又叫劳动时间，是指劳动者在工作场所用来完成其所负担的工作任务的时间。具体是指劳动者每天工作的时数和每周工作的天数。我国实行标准工作时间、不定时工作时间和综合计算工作时间3种工作时间，标准工作时间是每日工作8小时，每周工作40小时，特殊情况不能实行标准工时制度的，经过批准，可以实行不定时工作制和综合计算工作制。休息休假是指劳动者按国家规定，在法定工作时间以外，不需进行工作，可以自行支配的时间。休息休假的权利是每个公民都应享受的权利。休息是指劳动者无须履行劳动义务自行支配的时间。休假是指劳动者无须履行劳动义务且有工资领取的法定休息时间。我国法律对劳动者的工作时间和休息休假的规定，包括标准工作时间、计件工作时间、劳动者的周休日、法定节假日、一般情况和特殊情况下的加班加点、用人单位加班加点的禁止、加班加点的工资支付和年休假制度等。

（6）劳动报酬。劳动报酬，是指劳动者与用人单位确定劳动关系后，因其提供了劳动而取得的由用人单位以货币形式支付的工资。它是满足劳动者及其家庭成员物质文化生活需要的主要来源，也是劳动者付出劳动后应该得到的回报。该条款内容具体包括工资标准、支付时间和方式、奖金、津贴标准、加班加点工资、病假工资等。

（7）社会保险。社会保险是国家通过立法建立的为保障暂时或永久丧失劳动能力或在失业期间劳动者基本生活的一种社会保障制度。社会保险主要包括养老保险、医疗保险、失业保险、工伤保险和生育保险等5个项目。根据法律、行政法规等国家有关规定，用人单位应当依法为劳动者缴纳上述五项社会保险费用，为劳动者建立社会保险，同时劳动者也缴纳部分社会保险费用。其中由用人单位全额缴纳的社会保险费用的保险是工伤保险和生育保险两种。社会保险关涉特殊劳动者权利的救济与保障，因此是劳动合同必备条款之一。[①]

（8）劳动保护、劳动条件和职业危害防护。劳动保护指劳动合同中约定的用人单位为保障劳动者在劳动过程中的身体健康与生命安全而采取的有效措施。包括用人单位必须提供的生产、工作条件和劳动安全卫生保护措施。劳动条件是指用人单位为保障劳动者履行劳动义务、完成工作任务而提供的必要物质和技术条件，包括必要的劳动工具、工作场所和设备、仪器、技术资料等。职业危害防护，指用人单位为防护劳动者因其从业过程中存在的各种有害的化学、物理、生物及其他因素而可能导致的各种职业病危害采取的防护措施。用人单位不仅应当为劳动者提供必需的劳动保护、劳动条件和职业危害防护，而且必须按照国家标准执行。当然劳动合同也可以约定高于国家标准以维护劳动者的身体健康和生命安全。

（9）法律、法规规定应当纳入劳动合同的其他事项。这是关于劳动合同必备条款的兜底条款。此处"法律、行政法规规定应当纳入劳动合同的其他事项"，既包括已经制定的法律、法规，也包括以后立法机关制定的新的法律、法规。立法之所以这样规定，主要是考虑到《劳动合同法》与其他法律、法规的衔接问题，减少法律漏洞和冲突。

以上是劳动合同的必备条款，即合同双方当事人在签订劳动合同时必须约定的条款。《劳动合同法》第81条明确规定，用人单位提供的劳动合同文本未载明本法规定的劳动合同必备条款或者用人单位未将劳动合同文本交付劳动者的，由劳动行政部门责令改正；给劳动者造成损害的，应当承担赔偿责任。即合同缺乏必备条款并不是合同无效的法定事由，不能因为缺少某一合同必备条款就认定劳动合同无效。

---

① 刘玉民，常亮. 劳动合同法操作实务与案例释解. 杭州：浙江大学出版社，2007：51.

2. 劳动合同的约定条款

劳动合同中除了必备条款外，还可以有约定条款，《劳动合同法》第17条第2款规定："劳动合同除前款规定的必备条款外，用人单位与劳动者可以约定试用期、培训、保守秘密、补充保险和福利待遇等其他事项。"劳动合同除必备条款外，用人单位与劳动者可以在劳动合同中约定一些事项，法律并不禁止，一旦协商一致写入合同文本就对双方当事人具有约束力。也就是说，对某些事项，法律没有作强制性规定，没有将之作为劳动合同的必备条款，当事人根据自己的意愿选择是否在劳动合同中约定，缺少这种条款的劳动合同不会丧失效力。根据《劳动合同法》第17条，当事人可以在劳动合同中约定的条款包括：

（1）试用期。试用期是指用人单位与劳动者约定进行双向考察和熟悉，以确定劳动合同是否继续履行的劳动合同期限。试用期是一个缓冲期，试用期的规定有利于双方利益的维护，劳动者和用人单位双方只要在不违背劳动合同法的强制性规定的前提下完全可以在劳动合同中约定试用期的期限和试用期的工资。在劳动合同中约定试用期的目的是维护劳动关系双方的利益。从用人单位来讲，用人单位可以在试用期内考察劳动者的基本素质和劳动能力，一旦发现劳动者不称职或不符合录用条件，用人单位就可以解除劳动合同。对于劳动者来说，劳动者可以利用试用期进一步理解用人单位的状况、工作条件、福利待遇等，确定自己是否愿意并适合此项工作。劳动者可以在试用期内解除劳动合同并不需承担违约责任。《劳动合同法》第19条对如何确定试用期有明确的规定，用人单位与劳动者必须在不违反法律规定的情况下进行约定。

（2）培训。培训是指用人单位按照职业或工作岗位对劳动者提出的要求，以开发和提高劳动者的职业技能为目的的教育和训练过程。对员工进行培训可以提升员工的业务素质，锻造一支高素质的职工队伍，从而推动用人单位生产的更快发展，获得更好的经济效益。用人单位应当提供必需的经费和其他培训条件，对员工进行上岗前培训、在岗培训、转岗培训及其他培训。劳动者应当自觉服从单位的工作安排，搞好培训。如果用人单位对劳动者给予了特殊待遇即为劳动者提供的专业技能培训，可以与劳动者约定在培训结束后在本单位工作的期限。

（3）保守秘密。主要是指商业秘密。所谓商业秘密，是指不为大众所知悉，能够为权利人带来经济利益，具有实用性并经权利人采取保密措施的技术信息和经营信息。由于商业秘密对用人单位非常重要，用人单位可以在合同中规定保守商业秘密的具体内容、方式、时间等，以防止自己的利益受到侵害。通常用人单位要与承担保密义务的劳动者签订竞业限制协议，所谓竞业限制又叫竞业禁止，是指承担保密义务的劳动者在与用人单位解除或者终止劳动合同后的一定期限内不得自营或者为他人经营与原用个人单位相竞争的业务，也不得到生产同类产品或者经营同类业务且具有竞争关系的其他单位任职，而由用人单位给予劳动者一定的经济补偿。该条款往往与商业秘密相关联，其目的主要是保护用人单位的商业秘密和与知识产权有关的秘密不会随着劳动者的流动而流向有竞争关系的企业，维护用人单位在竞争中的优势地位。因此，它是企业维护其竞争利益的一种有效措施。而对劳动者来说，企业保护自身商业秘密与竞争优势的竞业限制条款是以牺牲劳动者的自主择业权利和生存发展权利为代价的。劳动者因为不能从事自己擅长的专业或所熟练的工作，其收入或者生活质量肯定会有不同程度的降低，直接影响到劳动者的生存权益，而用人单位则会因为劳动者未参与该行业的劳动或者竞争从中获取相应的商业利益。所以，从公平的角度出发，用人单位应当给予劳动者合理的经济补偿，以适当弥补劳动者由于不能从事协议约定的工作所造成的损失。

（4）补充保险。补充保险是指在基本保险之外存在发展的各种社会性保险措施的总称，通常是指补充医疗保险、补充养老保险等。补充医疗保险和基本医疗保险有很大的差异。基本医疗保险具有国家强制、政府承办、普遍保障、公平、政府承担最终责任等特点，而补充医疗保险是按照实际情况设立，根据权益享受相应待遇、依法独立承办、经营风险自负。企业补充养老保险是指由企业根据自身的经济实力，依据国家的法律法规和政策为本企业劳动者建立的一种辅助性的养老保险。

（5）福利待遇。福利待遇也是劳动者收入的组成部分。一般来说福利待遇包括住房补贴、交通补贴、通信补贴、子女教育补贴等。不同的用人单位，其提供给劳动者的福利待遇是有所不同的。福利待遇是劳动者选择就业的一个极其重要的考虑因素。劳动合同双方应当依据自身情况在不违背法律规定的情况下约定劳动者的福利待遇。

2.4　劳动合同约定条款的特殊规定

劳动合同的约定条款虽然是由双方在协商一致的情况下订立，有无约定条款也不影响劳动合同的效力，但为了规范劳动合同的约定条款，法律作出了特殊规定。

2.4.1　试用期

1. 试用期的含义

所谓试用期，是指用人单位与新员工约定进行双向考察和熟悉，以确定劳动合同是否继续履行的劳动合同期限。劳动者和用人单位双方只要在不违背法律强制性规定的前提下完全可以在劳动合同中约定试用期的期限和试用期的工资。在劳动合同中约定试用期的目的是维护劳动关系双方的利益。

2. 试用期的特点

（1）试用期是由劳动合同双方依法约定产生的。签订劳动合同时，双方在平等自愿的基础上协商一致确定是否设定试用期或试用期的长短，但法律对试用期的设置有明确的法律规定，双方约定试用期不能违反法律的强制性规定。也就是说，必须是在遵守法律规定的前提下进行试用期约定。

（2）试用期是为劳动合同双方当事人相互考察而设立的。试用期内，用人单位有权利对劳动者的思想品德、劳动态度、工作能力、身体情况等方面进行详细的考察，当然用人单位主要考察的是劳动者的人品和基本技能。通过一段时间的考察用人单位就能了解哪些劳动者适合本单位的工作，试用期满后予以继续留用。如果考察不合格就可以解除劳动合同。劳动者在试用期内也可以对用工单位状况进行考察，考察单位的工作条件、福利待遇等，如劳动者发现该单位并不适合自己，也可以在试用期内提前三天通知用人单位与用人单位解除劳动合同。

（3）试用期包含在劳动合同期限里面。无论劳动者和用人单位签订的是几年的劳动合同，只要他们约定了试用期，该试用期就是劳动合同期限的一个部分。举一个例子：王某与甲公司签了3年期限的劳动合同，双方约定试用期是5个月，那么试用期的5个月是包含在3年以内的，并不是先试用5个月，然后再履行3年的劳动合同。由于试用期是在劳动合同期限内，劳动者在试用期当然享有作为劳动者的所有权利。在试用期内劳动者可以享有的权利包括：取得劳动报酬的权利、休息休假的权利、接受职业教育的权利、获得劳动安全卫生保护的权利、享受社会保险和福利的权利等。

（4）试用期解除劳动合同更方便。用人单位解除劳动合同相对非试用期要更容易。在试用期内，用人单位如果能提供充分的证据证明劳动者不符合其录用条件，就可以辞退该劳动者。在非试用期内用人单位只有法定情形出现了才可以辞退劳动者。劳动者在试用期内，只要提前3天通知用人单位，就可以解除劳动合同，不需要用人单位同意。

3.《劳动合同法》对试用期的规定

《劳动合同法》第19条对此规定了4个方面的内容。

1）明确规定了不同类型劳动合同试用期的上限

劳动合同在3个月以上的可以约定试用期。劳动合同期限3个月以上不满1年的，试用期不得超过1个月；劳动合同期限1年以上不满3年的，试用期不得超过2个月；3年以上固定期限和无固定期限的劳动合同，试用期不得超过6个月。法定的试用期只是规定了试用期的上限，也就是说劳动合同双方当事人约定的试用期期限等于或少于该期限都是合法的。超过了法律规定的上限约定的试用期是无效的，无论劳动合同的期限多长，试用期不得超过6个月。

2）同一用人单位与同一劳动者只能约定一次试用期

这是因为试用期是指用人单位对劳动者的思想品德、劳动态度、工作能力、身体情况等进行进一步考察的时间期限。一般来说，在录用劳动者时的试用期内，这些情况已经基本清楚，没有必要同一用人单位与同一劳动者多次约定试用期。因此，《劳动合同法》第19条明确规定，同一用人单位与同一劳动者只能约定一次试用期。如果允许用人单位多次约定试用期，将导致用人单位滥用试用期的规定，损害劳动者的合法权益。

3）规定了不得约定试用期的情形

（1）以完成一定工作任务为期限的劳动合同，不得约定试用期。所谓以完成一定工作任务为期限的劳动合同,是指用人单位与劳动者约定以某项工作的完成为合同期限的劳动合同。用人单位与劳动者协商一致,可以订立以完成一定工作任务为期限的劳动合同。以完成一定工作任务为期限的劳动合同以某一项工作或工程开始之日,作为其期限起算之日,以劳动者完成该项工作或工程之日,作为其期限终止之日。通常来说,完成某项科研成果的劳动合同,以及针对临时性、季节性工作的劳动合同,以项目承包方式完成承包任务的劳动合同等最好签订以完成一定工作任务为期限的劳动合同。

(2)劳动合同期限不满三个月的,不得约定试用期。因为这种劳动合同的时间太短,约定试用期,不利于劳动者的保护。

(3)非全日制用工的劳动合同不得约定试用期。①

4)明确规定不允许单独设立试用期

试用期包含在劳动合同期限内。如果劳动者与用人单位约定了试用期,试用期就应该是劳动合同期限的一部分,而不是在劳动合同期限外,另设一个试用期。劳动合同仅约定试用期的,试用期不成立,该期限为劳动合同期限。劳动合同仅约定试用期,试用期不成立。如试用期不成立,劳动者和用人单位是不能按照试用期的规定来解除劳动合同的,而只能按照劳动合同期限的规定解除劳动合同。劳动者在单独约定的试用期中应当享受同工同酬的待遇。用人单位不能按照试用期的规定来支付劳动者的工资。

需要注意的是,我国《民法典》第1259条规定:民法所称的"以上""以下""以内""届满",包括本数;所称的"不满""超过""以外",不包括本数。《劳动合同法》第19条规定的劳动合同的期限与试用期的规定,要符合《民法典》的规定。

4. 劳动者在试用期的工资标准

为了保障劳动者在试用期取得合理数额的工资标准,《劳动合同法》对劳动者在试用期的工资标准作出了规定。对劳动者在试用期的工资标准的确定,有以下两种方法。

(1)劳动者和用人单位可以在法定限度内协商约定试用期的工资。劳动者试用期的工资属于劳动者和用人单位双方协商的内容之一,劳动者和用人单位协商确定的试用期工资可以高于或等于试用期满后的工资,但不得低于用人单位所在地的最低工资标准。

(2)明确了试用期工资的法定最低标准。根据《劳动合同法》第20条规定,劳动者在试用期的工资不得低于本单位相同岗位最低档工资或者劳动合同约定工资的80%,并不得低于用人单位所在地的最低工资标准。本单位相同岗位最低档工资是指在同一用人单位内部,与试用期劳动者所在岗位相同的劳动岗位上的正式工的最低档工资;劳动合同约定工资是指用人单位和劳动者在劳动合同中约定的试用期满后的工

---

① 关于非全日制用工的规定,详见第7章的内容。

资标准；用人单位支付给劳动者的试用期工资，不得低于这两个标准，同时，还必须不低于用人单位所在地的最低工资水平。

5．在试用期内解除劳动合同的规定

1）用人单位在试用期解劳动合同的法定情形及程序

（1）用人单位在试用期解劳动合同的法定情形。

《劳动合同法》第 21 条对用人单位在试用期解除劳动合同作了限制性规定。必须是劳动者存在法定过错情形之一，用人单位才可以解除劳动合同。劳动者有下列情形之一的，用人单位可以解除劳动合同：一是在试用期间被证明不符合录用条件的；二是严重违反用人单位的规章制度的；三是严重失职，营私舞弊，给用人单位造成重大损害的；四是劳动者同时与其他用人单位建立劳动关系，对完成本单位的工作任务造成严重影响，或者经用人单位提出，拒不改正的；五是以欺诈、胁迫的手段或者乘人之危，使用人单位在违背真实意思的情况下订立或者变更劳动合同的，致使劳动合同无效的；六是劳动者被依法追究刑事责任的；七是劳动者患病或者非因工负伤，在规定的医疗期满后不能从事原工作，也不能从事由用人单位另行安排的工作的；八是劳动者不能胜任工作，经过培训或者调整工作岗位，仍不能胜任工作的。劳动者在试用期内只要存在上述情形之一，用人单位就可以与劳动者解除劳动合同。如果劳动者不存在上述情形，用人单位不得任意解除劳动合同，否则属于违法辞退劳动者，用人单位要承担相应的法律责任。因此，用人单位在试用期要对劳动者进行认真全面的考核记录。

（2）用人单位在试用期解除劳动合同必须遵循一定的程序。

根据《劳动合同法》第 21 条规定，用人单位在试用期解除劳动合同的，应当向劳动者说明理由。因此，用人单位在试用期解除劳动合同的程序如下。一是用人单位向劳动者书面说明解除的理由。这就要求用人单位将录用条件、不符合录用条件的证据向劳动者提供，同时还要向劳动者解释说明解除劳动合同的原因。比如，用人单位要以劳动者不符合录用条件为由解除劳动合同的，必须有理由、有证据证明劳动者不符合录用的条件。该录用条件应当是在招聘公告中已经公开的录用条件，不能是劳动合同签订后才公开或才制定的条件。《劳动合同法》作如此规定是有其现实意义的，有利于规制用人单位在试用期内随意解除与劳动者的合同，维护劳动者权益，构建和谐稳定的劳动关系。二是劳动者签字，并由用人单位保存。用人单位应当将解除劳动合同的理由的书面文件，交由劳动者签字确认，并由用人单位保存。

2）劳动者在试用期解除劳动合同只需要提前 3 天通知用人单位

根据《劳动合同法》第 36 条规定，用人单位与劳动者协商一致，可以解除劳动合同。第 37 条规定，劳动者在试用期内提前 3 日通知用人单位，可以解除劳动合同。因此，劳动者在试用期解除劳动合同的情形是：第一，与用人单位协商一致解除劳动合同；第二，提前 3 日通知用人单位可以解除劳动合同，不需要用人单位同意。

2.4.2 服务期

1. 服务期的含义

1）服务期的概念

所谓服务期,是指劳动者与用人单位约定的,劳动者因享受用人单位给予的特殊待遇而承诺必须与用人单位持续劳动关系的期限。法律基于公平之理念,允许双方当事人在遵守法律、法规规定的前提下自由约定服务期以平衡双方利益。用人单位在使用劳动者的过程中提供了特殊待遇后与劳动者协商确定的一个附属工作期限。在该期限中,劳动者要遵循诚实信用的原则,严格遵守服务期限,不得任意跳槽,否则要承担相应的违约责任,按照约定向用人单位支付违约金。

2）服务期与劳动合同期限的区别

（1）性质不同。服务期是劳动合同的约定条款,劳动合同期限是劳动合同的必备条款。

（2）设立的目的不同。服务期的设立是用人单位为了限制劳动者单方解除劳动合同,避免职工任意跳槽给自己带来损失,要求接受特殊培训的劳动者必须为其提供一定期限的劳动。劳动合同的期限是为了明确劳动关系双方当事人享有权利和承担义务期间而设定的。

（3）期限的长短不同。服务期可能是在劳动合同期限内,也可能长于劳动合同期限。服务期和劳动合同的期限一致,那么劳动合同履行完毕之时也是服务期终结之时,不会产生任何问题。如果二者不同,依照两种办法来处理。一是服务期比劳动合同的期限短。劳动者在服务期内为用人单位提供劳动,服务期结束后继续履行劳动合同。二是服务期长于劳动合同。劳动合同是用人单位和劳动者约定的一般期限,而服务期是用人单位和劳动者的特别约定,按照同一事项特别规定优先于一般约定的原则,服务期应当优先于劳动合同期限的约定。也就是说劳动合同履行完毕后,双方当事人应当变更劳动合同的期限条款或续订劳动合同,或者重新签订劳动合同,总之,必须保障服务期协议能够得到有效履行。

（4）设立的原因不同。劳动合同的期限是由用人单位和劳动者在签订劳动合同时约定,并不需要用人单位履行特别的义务。而服务期是在用人单位提供了专项培训费用并且对劳动者进行了专项技术培训的情况下,用人单位才能和劳动者约定服务期。

2. 用人单位和劳动者约定服务期的条件

根据《劳动合同法》第 22 条规定,用人单位与劳动者约定服务期是有严格条件的,必须同时具备以下两个条件。

（1）用人单位提供了专项培训费用。依据国家规定,用人单位必须按照本单位工资总额的一定比例提取培训费用。如果用人单位只是把按此比例提取的资金作为劳动者的培训费用,这是履行法定义务,并不能据此和劳动者协商设定服务期。也就是说,用人单位必须是在提供法定的培训经费之外,为劳动者提供了较大数量的经费来进行培训，才能与受训的劳动者约定服务期。

（2）对劳动者进行的是专业技术培训，包括专业知识和职业技能。比如，用人单位从国外引进了一条生产线、一个项目，必须有人会操作，因此，将劳动者派到国外去学习培训，回来后从事该生产线的操作，这种培训，就属于专业技术培训。如果用人单位对劳动者进行的是职业培训，这是用人单位的法定义务，不能要求劳动者与之约定服务期。如《劳动法》第 68 条规定：用人单位应当建立职业培训制度，按照国家规定提取和使用职业培训经费，根据本单位实际，有计划地对劳动者进行职业培训。从事技术工种的劳动者，上岗前必须经过培训。因此，用人单位有义务为本单位的劳动者提供一定的职业培训。在此必须明确的是用人单位对劳动者进行的上岗培训以及就业后的职业培训如上职工夜校，这些培训并不属于专业技术培训，也就不能与劳动者约定服务期。

总之，只要用人单位在国家规定提取的职工培训费用之外，专门花费较大数额的费用送劳动者去进行定向的专业培训，就可以与该劳动者签订协议，约定服务期。用人单位支付的专业技术培训费用包括有支付凭证的培训费用、培训期间的差旅费及因培训而直接产生的其他费用（如教材费）。

3. 劳动者违反服务期约定的违约金支付责任

一般来说，劳动者与用人单位约定了服务期后，就应当遵守约定，在用人单位工作达到约定的期限。如果违反服务期约定，要承担相应的责任，即按照约定向用人单位支付违约金。《劳动合同法》第 22 条明确规定：劳动者违反服务期约定的，应当按照约定向用人单位支付违约金。也就是说，如果劳动者在服务期内违反约定跳槽的，要承担按照约定向用人单位支付违约金。但是，劳动者该支付多少违约金，《劳动合同法》作了明确的限制性规定。

（1）明确规定违约金的数额不得超过用人单位提供的培训费用。这是明确了支付违约金的上限标准。劳动者一旦违背服务期协议，即于服务期届满之前单方面确定不向用人单位提供劳动，那么劳动者就必须向用人单位支付服务期协议约定的违约金。服务期违约金的数量由双方在签订服务期协议时协商确定，但是不能超出用人单位向该劳动者所提供的所有专项培训费用。同时，《劳动合同法实施条例》第 16 条明确规定："劳动合同法第二十二条第二款规定的培训费用，包括用人单位为了对劳动者进行专业技术培训而支付的有凭证的培训费用、培训期间的差旅费用以及因培训产生的用于该劳动者的其他直接费用。"这个规定确定了服务期违约金的上限，用人单位和劳动者约定的数量可以低于用人单位提供的专项培训费用甚至不约定违约金。

（2）明确规定了用人单位要求劳动者支付的违约金不得超过服务期尚未履行部分所应分摊的培训费用。这是规定了具体的计算方式。因为劳动者的服务期总是表现为一段时间的持续，因此，这笔费用，也应当相应地在该时间内进行分摊。劳动者违约后具体支付给用人单位的违约金还要受到一定限制，即实际支付的违约金不能超过服务期未实际履行部分应当分摊的培训费用。试举一例来说明：小王被公司派到美国去接受为期 2 个月的专业技术培训,培训费用为 6 万元,该公司在服务期协定中和小王约定培训结束后小王应当为公司服务 3 年,否则必须支付违约金。小王工作了两年后想解除合同,寻找更好的工作机会,那么他就应当支付给用人单位 2 万元的违约金。计算方法是:培训 3 年,培训费用是 6 万元,那么平摊下来是 1 年 2 万元,小王工作了 2 年,一年没有提供劳动应平摊的培训费用是 2 万元,因此小王应当支付给公司 2 万元违约金。

4. 劳动者在服务期内加薪的规定

《劳动合同法》第 22 条规定:用人单位与劳动者约定服务期的,不影响按照正常的工资调整机制提高劳动者在服务期期间的劳动报酬。这里的工资调整机制是指国家或用人单位根据经济发展的实际情况按照一定的原则和标准逐步提高员工工资待遇的一整套薪酬制度。基于用人单位提供了专项培训经费并对劳动者进行了专业技术培训,劳动者和用人单位可以签订协议约定服务期,在服务期内劳动者应当依据服务期协议按质按量向用人单位提供劳动。只要劳动者依据服务期协议提供了相应的劳动,并且用人单位或者国家有工资调整晋升的机制出台,劳动者完全可以根据工资调整机制调整提高自己的工资报酬。

2.4.3 竞业限制

1. 规定竞业限制条款的意义

1)竞业限制的含义

《劳动合同法》第 23 条所指的竞业限制,是指用人单位的高级管理人员、高级技术人员和其他负有保密义务的人员,在劳动合同终止或解除后的一定期限内,不得到与本单位生产或经营同类产品,从事同类业务的有竞争关系的其他用人单位工作,或者自己开业生产或者经营与本单位同类的产品、从事与本单位同类的业务。《劳动合同法》规定用人单位可以和劳动者约定竞业限制,其目的在于保护用人单位所持有的商业秘密不受侵犯,也为了防止用人单位之间为获取商业秘密而进行恶性竞争。

2)规定竞业限制的意义

(1)保护用人单位所持有的商业秘密。商业秘密是指不能从公开渠道直接获得的,能为权利人带来经济利益,具有实用性,并经权利人采取保密措施的技术信息和经营信息。技术信息和经营信息包括了设计、程序、产品配方、制作工艺、制作方法、管理诀窍、客户名录、货源情报、招投标书的内容等信息。商业秘密往往可以给用人单位的竞争带来很大的优势,具有很强的经济价值,一旦用人单位的商业秘密被掌握该秘密的劳动者带到了有竞争关系的其他用人单位,很显然将对合法持有商业秘密的用人单位造成很大的损失。这种损失是由于员工带走了商业秘密造成的,而商业秘密并不是员工在工作过程中形成的劳动技能,员工带走了用人单位的商业秘密,违背了诚实信用的原则;而且,获得商业秘密的用人单位其获得的手段也是不正当的,进行控制是很有必要的。《劳动合同法》的立法者正是考虑了这些因素,为了保护用人单位的商业秘密,允许用人单位和劳动者就商业秘密约定竞业限制。

(2)防止用人单位为获取商业秘密而进行恶性竞争。这里的恶性竞争是指企图获得其他竞争对手商业秘密的用人单位,不采用正当的手段来进行竞争,而是一门心思放在掌握了有竞争关系单位的商业秘密的员工身上,通过许诺提供给该员工更优厚的待遇和工作条件吸引其离开原用人单位,加入自己单位,从而达到在竞争中占据优势地位的目的。恶性竞争具有很大的危害性,既不利于鼓励用人单位采用合法合理的手段去进行商业竞争,也不能促使用人单位去狠抓技术革新、开拓市场、搞好生产,甚至影响到市场经济的健康发展。

2. 竞业限制的适用

《劳动合同法》第 24 条规定,竞业限制的人员限于用人单位的高级管理人员、高级技术人员和其他负有保密义务的人员。竞业限制的范围、地域、期限由用人单位与劳动者约定,竞业限制的约定不得违反法律、法规的规定。

(1)竞业限制的主体范围。用人单位的竞业禁止协议的签订对方仅限于用人单位的高级管理人员,高级技术人员和其他负有保密义务的人员。实际上限于知悉用人单位商业秘密和核心技术的人员,而不是针对每个劳动者。通常情况下,以下这六类人员可能成为竞业限制所规制的人员:一是高层管理者,往往掌握单位的核心商业秘密;二是技术研发人员,因工作需要可能了解重要的商业秘密或保密信息;三是高级营销人员,直接掌握着大量的客户资源;四是重要岗位的人员,如财务管理、法务管理人员,很有可能知悉单位的关键资料;五是秘书人员,职责是进行会议记录,管理和传发文件,接触商业秘密的可能性非常大;六是重要的信息人员,可能会掌握单位内的各种调查研究数据,这一点在咨询业更为重要。法律将竞业限制的人员限定在用人单位的高级管理人员、高级技术人员和其他负有保密义务的人员这个范围,是因为竞业限制的适用存在一定的负面影响,不能无限制地扩大范围。劳动者,尤其是那些年龄比较大的劳动者,在工作了很长时间后,通常只掌握一门劳动技能,学习新技能的能力不是很强,如果禁止他们到与本单位生产或经营同类产品,从事同类业务的有竞争关系的其他用人单位工作,也不允许他们自己开业生产与用人单位相同类别的产品或者经营与用人单位相同类型的业务,那么其掌握的劳动技能很难发挥作用,很可能影响他们及家人的生活质量。基于此考虑,就必须把竞业限制严格限定于一定的范围。

(2)竞业限制的内容。《劳动合同法》第 24 条明确竞业限制的范围、地域、期限由用人单位与劳动者约定。用人单位与劳动者可以约定的内容是劳动者在多长的时间、多大的地域范围内,不得在哪些类型的用人单位任职,或者不得从事哪些行业的工作和经营。这些内容要双方在平等的基础上进行协商,不得由用人单位一方说了算。

(3)明确了竞业限制的最长期限。竞业禁止协议是有期限的,用人单位不能用竞业禁止协议无期限地限制劳动者的择业权。《劳动合同法》第 24 条规定,在解除或者终止劳动合同后,竞业限制的人员到与本单位生产或者经营同类产品、从事同类业务的有竞争关系的其他用人单位,或者自己开业生产或者经营同类产品、从事同类业务的竞业限制期限,不得超过二年。法律规定的竞业限制的期限最长是解除或者终止劳动合同后两年。也就是说可以等于两年或者少于两年,两年后劳动者就不再受竞业限制约束了。必须强调的是竞业限制期限的起始时间,开始的时间是劳动合同解除或终止之日,结束的时间是约定的竞业限制期届满,是一个时间段。

(4) 竞业限制不得违反国家法律、法规的规定。由于竞业限制是对劳动者就业权的限制,也是对自由竞争的一种限制,因此,竞业限制的实施,必须是以保护合法利益为前提,并不能违反社会公共利益和国家的法律、法规。

(5) 竞业限制的解除权。根据最高人民法院的司法解释,劳动者和用人单位都具有解除权。首先是劳动者可以请求解除竞业限制。《劳动争议司法解释一》第38条规定:"当事人在劳动合同或者保密协议中约定了竞业限制和经济补偿,劳动合同解除或者终止后,因用人单位的原因导致三个月未支付经济补偿,劳动者请求解除竞业限制约定的,人民法院应予支持。"此规定在兼顾用人单位利益和劳动者权益的前提下做了折中规定,当事人在劳动合同或者保密协议中约定了竞业限制和经济补偿,劳动合同解除或者终止后,因用人单位的原因导致三个月未支付经济补偿,劳动者请求解除竞业限制约定的,人民法院应予支持。其次是用人单位在竞业限制期内对竞业限制协议的解除权。第39条规定:"在竞业限制期限内,用人单位请求解除竞业限制协议时,人民法院应予支持。在解除竞业限制协议时,劳动者请求用人单位额外支付劳动者三个月的竞业限制经济补偿的,人民法院应予支持。"此条赋予了用人单位在竞业限制期内对竞业限制协议的自由选择权。由于竞业限制条款是对劳动者就业权的一种限制,因此,用人单位在竞业限制期限届满前有权根据其单位的具体情况决定是否解除竞业限制。当劳动者因履行竞业限制协议而放弃了自己的专业领域,与其他非竞争企业建立了劳动关系,如果用人单位提前解除竞业限制协议,不再支付补偿金,可能会导致劳动者权益受损,因此,从这个角度考虑,该司法解释规定了在解除竞业限制协议时,劳动者可以请求用人单位额外支付劳动者三个月的竞业限制经济补偿,平衡了双方的利益。

3. 竞业限制的经济补偿

竞业限制的经济补偿是指用人单位与劳动者协商一致,劳动者接受竞业限制约束,用人单位于劳动合同解除或终止后的竞业限制期限内按月支付给劳动者的货币。《劳动合同法》第23条规定,对负有保密义务的劳动者,用人单位可以在劳动合同或者保密协议中与劳动者约定竞业限制条款,并约定在解除或者终止劳动合同后,在竞业限制期限内按月给予劳动者经济补偿。劳动者违反竞业限制约定的,应当按照约定向用人单位支付违约金。

1)竞业限制补偿是用人单位向劳动者支付

劳动者本来掌握了一定的劳动技能,但是由于接受了竞业限制,就不能到与本单位生产或经营同类产品,从事同类业务的有竞争关系的其他用人单位上班,也不可以自己开业生产与用人单位相同类别的产品或者经营与用人单位相同类型的业务,毫无疑问劳动者的谋生渠道将受到很大限制，很有可能造成劳动者的经济损失和影响其自身及家人的生活质量。因此用人单位应当向劳动者支付一定的竞业限制经济补偿。

2）用人单位只是在竞业限制服务期内向劳动者支付

竞业限制期限始于劳动合同解除或终止之日，终于竞业限制期届满，只有在这段时间内用人单位才需要向劳动者支付竞业限制补偿。如果要求用人单位在劳动合同履行期间向劳动者支付经济补偿，那对用人单位是很不公平的。劳动合同解除或终止前，劳动合同正在履行中，用人单位是不需向劳动者支付经济补偿的。当然竞业限制期限届满后用人单位也无需向劳动者支付经济补偿，因为此时劳动者的就业渠道没有受到用人单位的任何限制，劳动者也没有任何损失。《劳动争议司法解释一》第37条明确规定，当事人在劳动合同或者保密协议中约定了竞业限制和经济补偿，当事人解除劳动合同时，除另有约定外，用人单位要求劳动者履行竞业限制义务，或者劳动者履行了竞业限制义务后要求用人单位支付经济补偿的，人民法院应予支持。

3）竞业限制补偿的支付是按月进行的

也就是说在竞业限制期内，用人单位每月都要按照约定的数量向劳动者支付经济补偿。不过用人单位的这种支付义务是以劳动者履行竞业限制为前提的，一旦劳动者到与本单位生产或经营同类产品，从事同类业务的有竞争关系的其他用人单位上班，自己开业生产与用人单位相同类别的产品或者经营与用人单位相同类型的业务的话，用人单位就可以抗辩，不支付给劳动者经济补偿。反过来，用人单位不支付给劳动者经济补偿，劳动者也可以不遵守竞业限制。

4）竞业限制协议中未约定解除或者终止劳动合同后给予经济补偿的，用人单位仍然有给付义务

根据《劳动争议司法解释一》第36条规定："当事人在劳动合同或者保密协议中约定了竞业限制，但未约定解除或者终止劳动合同后给予劳动者经济补偿，劳动者履行了竞业限制义务，要求用人单位按照劳动者在劳动合同解除或者终止前十二个月平均工资的30%按月支付经济补偿的，人民法院应予支持。前款规定的月平均工资的30%低于劳动合同履行地最低工资标准的，按照劳动合同履行地最低工资标准支付。"这一规定更有利于保护劳动者的利益。竞业限制协议中未约定解除或者终止劳动合同后给予经济补偿的情况下用人单位进行经济补偿金的条件：一是当事人在劳动合同或者保密协议中约定了竞业限制，但未约定解除或者终止劳动合同后给予劳动者经济补偿；二是劳动者履行了竞业限制义务的。经济补偿金标准是以劳动者解除劳动合同前一年的月平均工资的30%且不低于当地最低工资标准。如果劳动者工资较低，按照劳动合同履行地最低工资标准支付。

4. 劳动者违反竞业限制约定的处理

《劳动合同法》第23条第2款规定：劳动者违反竞业限制约定的，应当按照约定向用人单位支付违约金。

（1）劳动者和用人单位约定的竞业限制协议一旦生效就对双方都有约束力，各自

都应当履行一定的义务。假如用人单位于竞业限制期限内不按月支付经济补偿，劳动者作为抗辩，可以不履行竞业限制的义务，这种不履行不属于违反了竞业限制的约定。

（2）劳动者不履行竞业限制的义务，依据法律规定必须向用人单位支付违约金。一是关于劳动者违反竞业限制的约定，依据《劳动合同法》第 23 条规定，竞业限制的范围、地域、期限由用人单位和劳动者双方共同约定。劳动者是否违反了竞业限制的约定，必须根据双方约定的竞业限制协议来确定。第一步判断是否属于竞业限制的范围，第二步搞清楚是否在竞业限制的地域，最后判断劳动者的所为（到与本单位生产或经营同类产品，从事同类业务的有竞争关系的其他用人单位上班，自己开业生产与用人单位相同类别的产品或者经营与用人单位相同类型的业务）是否在竞业限制的期限内。二是用人单位和劳动者必须在竞业限制协议中约定了违约金。依照法律规定，劳动者和用人单位是可以签订竞业限制协议，并约定违约金的。劳动者在竞业限制期限内违反了义务，如果事先约定了违约金，且该约定是不违反法律的强制性规定的，就按照该约定处理。假如双方事先没有约定违约金的话，那么劳动者就不需要支付违约金了。在这里必须澄清一个误区，如果劳动者确实侵犯了用人单位的商业秘密，但是事前并没有约定违约金，用人单位还是可以根据《反不正当竞争法》的有关规定来追究该劳动者的责任。三是劳动者继续履行竞业限制义务。根据《劳动争议司法解释一》第 40 条的规定，如果劳动者违反竞业限制约定，向用人单位支付违约金后，用人单位要求劳动者按照约定继续履行竞业限制义务的，人民法院应予支持。

2.4.4　限制用人单位与劳动者约定违约金之理由

根据《劳动合同法》第 25 条的规定，除服务期和竞业限制之外，用人单位不得与劳动者约定由劳动者承担违约金。《劳动合同法》作这样的规定是因为：

1. 服务期和竞业限制允许约定违约金是合理性的

因为在约定服务期的情况下，用人单位为劳动者提供专项培训费用，对其进行专业技术培训的，劳动者违反服务期约定的，应当按照约定向用人单位支付违约金。竞业限制人员用人单位在解除或者终止劳动合同后，要在竞业限制期限内按月给予劳动者经济补偿。在这两种情况下，用人单位都有事先的投入，劳动者违反约定，向用人单位支付补偿金是合理的。

2. 规定一般情况下不能约定违约金的是为了保护劳动者的利益

（1）违约金具有担保的性质，担保只适用于财产关系，并不能适用于人身关系。劳动关系具有高度的人身属性，属于人身关系的范畴。签订劳动合同后劳动者向用人单位提供劳动必须出于自愿，是不能强制的。因为劳动力与劳动者的人身密不可分，如果强迫劳动者劳动很显然要侵犯劳动者的人身权利，这是法律所禁止的。假如劳动者不愿在用人单位继续工作，用人单位无论用哪些方法（包括约定很高的违约金）迫使劳动者留下，都不能达到让劳动者自愿提供劳动的目的。

（2）确定违约金的依据是损失，如果是财产性的合同可以于签订合同时预见可能出现的损失，因此可以约定违约金。但是劳动合同签订时如没有办法预见劳动者违约可能给用人单位造成什么损失，也就没有约定违约金的可能。

（3）允许用人单位和劳动者约定违约金，实际上就是要求劳动者提供担保，这样做劳动者有可能迫于经济压力不能跳槽到其他更好的单位去上班，从而限制了劳动者的择业自由，很有可能降低劳动力市场的活力。

2.5 劳动合同的效力

劳动合同的效力是指已经成立的劳动合同是否在当事人之间产生法律约束力。依照《劳动合同法》第16条规定，劳动合同由用人单位与劳动者协商一致，并经双方在劳动合同的文本上签字或者盖章后生效。劳动合同必须符合法律规定的生效要件才可能在当事人之间产生法律约束力。

2.5.1 劳动合同的成立与生效

劳动合同的成立，是指劳动者和用人单位双方就劳动合同的内容达成了合意。劳动合同的生效是指劳动合同发生了当事人所预期的法律效果，表明合同对双方有约束力，双方必须遵守劳动合同的约定。应当说，劳动合同的成立与生效是有一定联系的，但它们也是两个有区别的概念，不能混为一谈。

1. 劳动合同成立与生效的区别

1）判断标准不同

劳动合同的成立与否属于事实判断，着眼点在于判断劳动合同是否存在；而劳动合同的有效与否属于法律价值判断，着眼点在于劳动合同是否符合法律的规定，能否发生法律效力。

2）要件不同

劳动合同的成立，以当事人意思表示一致为核心要件，劳动合同的生效以主体合法、意思表示真实、内容和订立程序合法、不违反法律规定等为要件。

3）是否可以弥补的不同

劳动合同缺少形式要件，当事人可以通过补正而使得劳动合同成立。如补签劳动合同。法律明确了用人单位补签劳动合同的义务，并规定不履行此义务的"二倍工资责任"。对已经成立而无效的劳动合同，有过失的一方不仅要承担民事责任，且还可能会承担行政责任或者刑事责任。

2. 劳动合同成立与生效的关系

一般情况下，劳动合同的成立与生效是一致的，只要劳动合同是依法成立并符合法定的生效要件的，劳动合同成立即生效。《劳动合同法》第16条规定了成立即生效。只要劳动合同依法成立并符合法定生效要件的，劳动合同成立即生效。但在特殊情况下，劳动合同的生效要件比成立要件更严格，也就是说，劳动合同成立后必须在生效要件全部具备后才会生效。

应当明确的是,劳动合同的成立与生效,与劳动关系的成立是不同的,不可混为一谈。因为实践中劳动合同的生效与劳动关系的成立时间上存在不一致,有的情形为劳动者与用人单位先签订劳动合同,过一段时间后用人单位才正式用工;有的情形为用人单位在用工一段时间后才与劳动者签订劳动合同。对此,《劳动合同法》明确规定,用人单位自用工之日起即与劳动者建立劳动关系,实际用工是劳动关系建立的标志,劳动合同的成立并不代表劳动关系的建立。

3. 劳动合同的有效要件

劳动合同要具有法律效力,必须完全具备法定有效要件。劳动合同有效的要件包括:

1)劳动合同的主体适格

劳动合同的主体必须符合法定的主体资格条件,必须是《劳动合同法》适用范围内的劳动者和用人单位。主体不合格,会导致劳动合同无效。

2)意思表示真实

意思表示真实是指劳动合同的当事人双方订立劳动合同的意思表示是真实的。双方意思表示真实要求,当事人是基于平等、自愿和协商一致的基础上签订劳动合同,并且,当事人的内在意志与外部的表示要一致。只有当事人的意思表示真实,才能保证其所实施的缔约行为产生的法律后果符合当事人的预期,不存在欺诈、胁迫和乘人之危导致意思表示不真实的情形。

3)劳动合同内容合法

劳动合同不能违反法律、行政法规的强制性规定。劳动合同的必备条款和约定条款都应当符合劳动合同法及相关法律的规定。

4)劳动合同订立的程序要合法

劳动合同订立的程序,在《劳动合同法》中有明确的规定。一般情况下,劳动合同的订立程序不是劳动合同的有效要件,但如果是在特殊情况下签订劳动合同,如果是与外国人签订劳动合同,就必须经过审批程序。根据原劳动部、公安部联合发布的《外国人在中国就业管理规定》,用人单位聘用外国人,必须取得劳动行政部门签发的许可证书。

2.5.2 劳动合同无效

1. 劳动合同无效的含义

劳动合同无效是指当事人订立的劳动合同不符合法律规定,或者缺少有效要件而全部或者部分不具有法律效力。

2. 劳动合同无效的分类

劳动合同无效分为全部无效和部分无效。全部无效劳动合同是指合同整体无效,它所确定的劳动关系应予以消灭。如果劳动合同全部无效,其所建立的劳动关系不产生当事人所预期的法律效果,应当予以消灭。部分无效是指劳动合同中某一部分条款无效,但并不影响其他条款对合同当事人的拘束力。《劳动合同法》第 27 条规定,劳动合同部分无效,不影响其他部分效力的,其他部分仍然有效。劳动合同内容中某一条款或某一部分无效,如果不影响其余部分的效力,其余部分仍然有效。如果劳动合同部分无效,它所建立的劳动关系可以依法存续,只是部分条款无效。只要部分无效的条款不影响其余条款的效力,其余部分仍然有效。无效的劳动合同从订立之日起就没有法律约束力。

3. 劳动合同无效的法定情形

根据我国《劳动合同法》第 26 条的规定,导致劳动合同无效或者部分无效的法定情形有以下 3 种。

1)以欺诈、胁迫的手段或者乘人之危,使对方在违背真实意思的情况下订立或者变更劳动合同的

以欺诈、胁迫的手段或者乘人之危,使对方在违背真实意思的情况下订立或者变更劳动合同,属于意思表示不自由的情形。所谓意思表示不自由,是指由于外在的原因使行为人处于意志不自由的状态,导致其表示的意思非真实意愿。从主体上看,实施欺诈、胁迫的手段或者乘人之危的,可以是劳动者,也可以是用人单位。但是通常劳动者可能采取欺诈手段,使得用人单位的意思表示不真实,而用人单位则可能以欺诈、胁迫的手段或者乘人之危,使劳动者意思表示不真实。从原因上看,导致意思表示不真实在于对方当事人的欺诈、胁迫或乘人之危。

(1)欺诈、胁迫的认定。欺诈是指劳动合同一方当事人故意告知对方虚假情况,或者故意隐瞒真实情况,诱使或误导对方基于此做出错误的意思表示,与自己签订或者变更劳动合同。欺诈的构成以欺诈者有告知义务为前提,即有告知义务的一方,故意告知对方虚假情况,或者故意隐瞒真实情况,诱使或误导对方基于此做出错误的意思表示。因此,是否构成欺诈,要根据法律对当事人的告知义务的规定为前提。胁迫是指一方当事人以给另一方当事人的生命、身体健康、荣誉、名誉、财产等造成损害为要挟,迫使对方作出违背自己真实意志的意思表示的行为。其法律构成要件为:一是须有胁迫的事实。胁迫的形式既可以表现为语言也可表现为具体的行为;手段既可以是物质的也可以是精神的;胁迫的对象既可以是劳动者本人也可以是足以向劳动者施加影响的利害关系人。二是行为人是故意的,明知会使他人产生恐惧而积极追求这种后果发生,以达到其签订劳动合同的目的。三是胁迫行为与合同订立之间有因果关系。

(2)乘人之危的认定。所谓乘人之危,是指一方当事人乘对方处于危难之际,迫使其作出违背本意而接受于其非常不利的条件而订立的合同。其法律要件为:一是须有一方正处于急迫或者紧急危难的境地。二是须有行为人乘人之危的故意,即行为人明知对方正处于急迫需要或紧急危难的境地却故意加以利用,使对方因此而被迫做出对行为人有利的意思表示。三是须有行为人实施了足以使对方为意思表示的行为。四

是行为人的行为与对方的意思表示之间有因果关系。最后，双方签订的劳动合同对受难方极为不利。欺诈、胁迫、乘人之危等手段违反了订立和变更劳动合同必须遵循的平等自愿、协商一致的原则，使对方在违背真实意思的情况下订立或变更了劳动合同，应当认定为无效。从使用范围上看，意思表示不真实既可发生在劳动合同订立中，也可发生在劳动合同变更中。从法律后果上看，因为意思表示不真实所达成的劳动合同条款如果是在劳动合同中可有核心作用的条款，可能导致劳动合同的整体无效；否则，可能导致劳动合同部分无效。

2）用人单位免除自己的法定责任、排除劳动者权利

在劳动合同法中，劳动者与用人单位的法定权利义务都有明确的规定。所谓用人单位的法定责任，就是指用人单位依照法律规定应当对劳动者承担的义务。免除法定责任是指用人单位在劳动合同中明确免除法律规定的应该由用人单位承担的责任。由于劳动关系的特殊性，法律规定用人单位必须承担法定的责任，以维护劳动者的合法权益。所谓劳动者权利，是指劳动者依据劳动规章制度、集体合同规定所享有的权利。这些权利和义务都是法律强制性规定的，劳动合同约定不能排除法律的规定。如果用人单位凭借优势地位要求劳动者接受其推出的免除自己法定责任，排除劳动者权利的合同条款，就是无效的。

如果这种条款不影响劳动合同其他部分的效力，只是该条款无效；如果该条款影响到劳动合同的其他部分，导致劳动合同的目的不能实现的，则劳动合同整体无效。

3）劳动合同违反法律、行政法规的强制性规定

此处的法律是指全国人大及其常委会颁布的法律；行政法规是指国务院颁布的规章、命令、条例等行政性法规。法律规定可以分为任意性规定和强制性规定，强制性规定是命令当事人应当或者不得为一定的行为，凡是关系国家利益、社会秩序、市场秩序、市场交易安全及直接关系到第三人利益的事项，法律设强行性的规定，以排斥当事人的意思自治。强制性规定在法律条文中的表述为"禁止""不得""必须"或者"应当"等。劳动合同内容不得违反法律、行政法规强制性规定，如用人单位和劳动者约定的不参加社会保险、低于最低工资标准支付劳动者工资、工伤概不负责、劳动合同期内不得结婚或不得怀孕等约定，这样的约定都违反了法律、行政法规强制性规定，应当认定为无效。

4. 劳动合同无效的确认机构

无效劳动合同的效力虽然自始就得不到承认，但并不是任何人都有权宣布劳动合同无效。确认劳动合同是否有效涉及劳动关系双方权利和义务的界定，应当由专门机构对之进行确认。根据《劳动法》《劳动合同法》的规定，确认劳动合同无效或者部分无效的机构是劳动争议仲裁机构和人民法院。劳动争议仲裁委员会和人民法院是劳动法规定的专门处理劳动争议的机构，其处理决定具有法律效力。确认劳动合同无效的程序是，劳动争议当事人提请仲裁后，由劳动争议仲裁委员会确认劳动合同是否无效，对劳动仲裁委员会仲裁裁决不服，提起诉讼的，由人民法院最终认定。《劳动合

同法》第 25 条规定，对劳动合同的无效或者部分无效有争议的，由劳动争议仲裁机构或者人民法院确认。

5. 劳动合同无效的法律后果

劳动合同无效，劳动者与用人单位要按照法律规定承担合同无效的法律责任。主要是：

1）劳动合同的无过错方可选择解除或存续劳动合同

根据《劳动合同法》第 38~39 条的规定，对导致劳动合同无效的无过错方，可以选择解除或存续劳动合同。一是选择解除劳动合同。根据《劳动合同法》第 38 条及第 46 条的规定，因为用人单位的过错导致劳动合同无效的，劳动者可以解除劳动合同，并获得经济补偿金。根据第 39 条的规定，如果是因劳动者的过错导致劳动合同无效的，用人单位可以解除劳动合同，可以不支付经济补偿金。二是选择存续劳动合同。不管是当事人哪一方的过错导致劳动合同无效，都可能存在选择劳动合同存续。如用人单位过错导致劳动合同无效，劳动者不辞职。劳动者的过错导致劳动合同无效的，用人单位不解除劳动合同，在这种情况下，应当按照法律规定对劳动合同无效的条款进行变更，以纠正原来无效的条款；或者重新依法签订劳动合同，代替无效的劳动合同。

2）用人单位支付劳动报酬的义务

按照《劳动合同法》第 28 条的规定，虽然劳动合同被确认无效，但劳动者已付出劳动的，用人单位应当向劳动者支付劳动报酬。由于劳动者已经向用人单位提供了劳动，而劳动力资源的提供是无法恢复原状的。劳动报酬的数额，应当参照用人单位相同或者相近岗位劳动者的劳动报酬确定。

3）过错方的赔偿责任

根据《劳动合同法》第 86 条和第 93 条的规定，劳动合同依法被确认无效，给对方造成损害的，由有过错的一方承担赔偿责任。如果是用人单位的原因致使劳动合同无效的，对劳动者造成损害的，用人单位应当承担赔偿责任。《劳动法》第 97 条也有同样的规定。如果是用人单位的原因导致订立无效劳动合同，或订立部分无效劳动合同，对劳动者造成损害的，应按下列规定赔偿劳动者损失：造成劳动者工资收入损失的，按劳动者本人应得工资收入支付给劳动者，并加付应得工资收入 25%的赔偿费用；造成劳动者劳动保护待遇损失的，应按国家规定补足劳动者的劳动保护津贴和用品；造成劳动者工伤、医疗待遇损失的，除按国家规定为劳动者提供工伤、医疗待遇外，还应支付劳动者相当于医疗费用 25%的赔偿费用；造成女职工和未成年工身体健康损害的，除按国家规定提供治疗期间的医疗待遇外，还应支付相当于其医疗费用 25%的赔偿费用；劳动合同约定的其他赔偿费用。对于上述规定中有关劳动者工资收入损失的赔偿，《劳动合同法》第 85 条有相关规定，应按法律规定予以执行。如果是劳动者的过错导致劳动合同无效而给用人单位造成损失的情况，劳动者应当按照赔偿实际损失原则，承担赔偿责任，赔偿因其过错而对用人单位的生产、经营和工作造成的直接损失。用人单位有权解除劳动合同，并且不需要支付经济补偿金。

导读案例解析

第一，M公司扣押小刘身份证和毕业文凭的行为违反《劳动合同法》。签订劳动合同时，公司要求小刘将身份证和毕业文凭交给公司保管，实际上是扣押小刘证件的行为。《劳动合同法》第9条规定，用人单位招用劳动者时，不得扣押劳动者的居民身份证和其他证件，如劳动者的毕业证、暂住证以及各种职业资格证书等。本案中，用人单位扣押身份证和毕业文凭，该行为违反《劳动合同法》。

第二，试用期8个月违反劳动合同法。《劳动合同法》第18条明确规定，三年以上固定期限的劳动合同试用期不得超过6个月。M公司与小刘的劳动合同中明确劳动合同的期限是5年，试用期8个月，超过了劳动合同法规定的试用期上限，因此违法。

第三，规定小刘试用期解除劳动合同必须得到单位同意违法。因为《劳动合同法》第37条规定，劳动者在试用期内提前3天通知用人单位，可以解除劳动合同。不管单位同意还是不同意。本案中，规定小刘在试用期解除劳动合同要得到单位同意，是违法的。

第四，明确工作时间是实行一周六天工作制，每日8小时违反劳动合同法。因为，在劳动合同中明确工作时间，必须符合我国劳动法的相关规定。《劳动法》第36条明确了我国是实行每日工作时间不超过8小时，每周工作时间不超过40小时的标准工时制度，如果延长工作时间需要与劳动者协商，并支付加班费。本案中，用人单位在劳动合同中明确的工作时间多了一天，并没有与劳动者协商，也没有对加班费的明确规定，因此，M公司该行为违法。

本章阅读参考文献

[1] 最高人民法院民事审判第一庭. 最高人民法院新劳动争议司法解释（一）理解与适用. 北京：人民法院出版社，2021.
[2] 法律出版社法规中心. 中华人民共和国劳动合同法注释本. 北京：法律出版社，2022.
[3] 郭捷. 劳动法与社会保障法. 北京：法律出版社，2016.
[4] 郑尚元. 劳动合同法的制度与理念. 北京：中国政法大学出版社，2008.
[5] 黎建飞. 劳动合同法热点、难点、疑点问题全解. 北京：中国法制出版社，2008.
[6] 倪才龙. 商业秘密保护法. 上海：上海大学出版社，2005.
[7] 谢增毅. 无固定期限劳动合同的价值及其规制途径：《劳动合同法》第14条为中心. 比较法研究，2018（4）.

本章复习思考题

一、名词解释

劳动合同订立　劳动报酬　试用期　服务期　竞业限制　劳动合同无效

二、单项选择题

1. 以下不属于劳动合同法定条款的是（　　）。
   A. 劳动合同的期限　　　　　　B. 劳动报酬
   C. 工作时间　　　　　　　　　D. 服务期
2. 根据《劳动合同法》的规定，试用期最长不得超过（　　）。
   A. 3个月　　　　　　　　　　B. 6个月
   C. 9个月　　　　　　　　　　D. 1年
3. 劳动者违反竞业限制约定的，应当向用人单位支付（　　）。
   A. 损失费　　　　　　　　　　B. 补偿金
   C. 违约金　　　　　　　　　　D. 赔偿金

三、多项选择题

1. 劳动合同订立的原则包括（　　）。
   A. 合法性原则　　　　　　　　B. 公平原则
   C. 平等自愿原则　　　　　　　D. 协商一致原则
   E. 诚实信用原则
2. 关于劳动合同的必备条款和约定条款，以下说法正确的有（　　）。
   A. 必备条款是劳动合同不可缺少的内容
   B. 有无约定条款不影响劳动合同的效力
   C. 劳动合同的约定条款必须由双方协商确定
   D. 缺少任一必备条款的劳动合同一定无效
   E. 劳动合同的必备条款和约定条款都必须符合法律规定
3. 以下关于试用期的表述，错误的有（　　）。
   A. 劳动合同仅约定试用期的，试用期不成立，该期限为劳动合同期限
   B. 用人单位可以与同一劳动者多次约定试用期
   C. 劳动合同1年以上不满3年的，试用期不得超过2个月
   D. 劳动合同期限不满3个月的，不得约定试用期
   E. 三年以上固定期限和无固定期限的劳动合同，试用期不得超过3个月
4. 以下属于劳动合同必备条款的有（　　）。
   A. 劳动合同的期限　　　　　　B. 工作时间
   C. 社会保险　　　　　　　　　D. 休息休假
   E. 劳动报酬

5. 导致劳动合同无效的原因包括（　　）。

A. 以欺诈、胁迫的手段或者乘人之危，使对方在违背真实意愿的情况下订立劳动合同

B. 用人单位在劳动合同中免除自己的法定责任，排除劳动者权利的

C. 劳动合同没有采取书面形式订立的

D. 用人单位在签订劳动合同前未尽告知义务的

E. 劳动合同违反法律行政法规的强制性规定的

四、判断说明题

1. 劳动合同的约定条款是否存在不影响劳动合同的效力。

2. 试用期的长短可以由劳动合同的双方当事人任意约定。

3. 用人单位与劳动者签订劳动合同就建立了劳动关系。

五、简述题

1. 简述劳动合同订立的原则。

2. 如何理解用人单位的先合同义务？

3. 简述试用期的概念特征。

4. 简述用人单位和劳动者约定服务期的条件。

六、论述题

1. 试述劳动合同法中对竞业限制适用的规定。

2. 试述无效劳动合同无效法定情形。

七、案例分析题

张某与一家名叫真情园林公司的用人单位签订了一份为期四年的劳动合同。该合同中规定张某的试用期为8个月，在试用期内张某不得单方提出解除劳动合同。合同还规定，试用期满后，张某要求解除劳动合同时必须提前45天通知公司。还规定公司为了经济效益，要求张某每天必须工作满9小时。

问：分析该劳动合同违反劳动合同法的事项，并说明理由。

第 3 章　劳动合同的履行与变更

本章学习目标
了解：劳动合同变更的原因。
领会：劳动合同履行的原则。
掌握：劳动合同履行的特殊规定。
运用：根据本章所学知识，分析劳动合同变更的法律后果，运用所学知识，分析案例中劳动者被克扣工资时该如何维权。
本章课程思政：劳动合同的履行就是各方在自由平等基础上，守信按约做好自己的事。讲授中引导学生认识契约精神的重要性，所有社会进步的运动，都是一个从身份到契约的运动。没有契约的文明就不是真正的文明。

3.1　劳动合同的履行

所谓劳动合同的履行，是指劳动合同的双方当事人依照劳动合同的约定，全面履行各自义务的过程。劳动合同最显著的特征就在于用人单位与劳动者订立劳动合同的目的是劳动过程的实现，而非劳动成果的交付。因此，劳动合同的履行对于用人单位和劳动者都是至关重要的，用人单位可以利用劳动力不断创造价值，从而劳动者也可以获取劳动报酬。只有劳动合同的双方当事人，按照劳动合同的约定，认真履行自己的义务，才能真正实现劳动的过程。

3.1.1　劳动合同履行的原则

劳动合同履行的原则是指劳动合同的双方当事人按照合同规定，全面履行各自义务的过程中应当共同遵循的基本准则。劳动合同依法订立即具有法律约束力，当事人双方必须履行合同规定的义务。任何第三方不得非法干预劳动合同的履行。履行劳动合同应当遵循以下原则。

1. 亲自履行原则

亲自履行原则是指劳动合同的当事人应当通过自己的行为，完成在劳动合同中约定的义务，不能委托他人代为履行。劳动合同是一种具有较强人身属性的合同，合同双方当事人具有高度的人身信赖关系是劳动合同的特征。劳动关系是具有人身性质的社会关系，作为双向选择产物的劳动合同也体现了特定主体之间的信赖关系，劳动者希望就职于特定的单位，用人单位在根据岗位需要而选定了具备相应技能的劳动者后，也必然要求劳动者亲自完成各项工作任务。因此，劳动合同的履行过程中，任何一方不得擅自将自己的合同义务交由第三方完成，否则就构成违约，需要承担相应的法律责任。由于双方当事人在签订合同时是经过慎重选择，尤其用人单位在选择劳动者时是选择了该劳动者本人的工作能力，使得该合同具有了不可替代的人身信赖关系。因此，劳动者亲自履行义务是必然也是必需的。若劳动者委托第三人履行义务，则劳动关系已经丧失了劳动合同订立时的合意基础。

2. 全面履行原则

所谓全面履行原则，就是劳动合同的双方当事人，必须按照劳动合同全部条款的规定，履行自己应当履行的义务。劳动合同的内容是一个整体，合同条款之间有内在联系不能分割，全面履行的原则，就是要求当事人遵守约定，履行自己的全部义务。之所以作出这样的规定是由于劳动合同是用人单位与劳动者在平等自愿、协商一致的前提下所订立的，合法有效的劳动合同对双方都有拘束力，因此必须得到全面、充分的履行。全面履行要求劳动者按照约定的期限，约定的工作内容、工作时间和工作地点，以及其他约定的事项履行义务；用人单位应当按照约定提供工作场所、劳动安全卫生条件，支付劳动报酬，购买社会保险，培训劳动者，支付各种福利等。双方当事人除按照劳动合同的约定履行义务以外，还应当履行法定的附随义务。具体包括：第一，用人单位对劳动者的保护和发展义务。用人单位应当尽可能地保障工作环境的安全、健康，使劳动者免受人身和财产上的威胁。用人单位还应当为劳动者提供公平的发展机会。另外，根据劳动法，用人单位应当建立职业培训制度，按照国家规定提取和使用职业培训经费，根据本单位实际，有计划地对劳动者进行职业培训。从事技术工种的劳动者，上岗前必须经过培训。第二，劳动者对用人单位的忠实义务。包括合理地利用用人单位提供的办公资源，保护用人单位的利益，遵守保密义务等。

3. 实际履行原则

所谓实际履行原则，是指劳动合同双方当事人要按照劳动合同定的标的履行自己的义务和实现自己的权利，不得以其他标的或方式来代替。实际履行原则要求劳动合同的当事人双方必须按照合同约定的时间、期限、地点，用约定的方式，按质、按量全部履行自己承担的义务，既不能只履行部分义务而将其他义务置之不顾，也不得擅自变更合同，更不得任意不履行合同或者解除合同。[①]用人单位给劳动者提供必要的劳动条件、支付相应的劳动报酬，劳动者要通过提供一定数量和质量的劳动，保证用人单位正常的生产经营活动。劳动合同的实际履行原则是由劳动合同的性质和目的决定的，劳动合同的目的是使劳动者的劳动力与用人单位的生产资料相结合，为用人单位创造利益，而劳动者因付出劳动而得到劳动报酬。如果劳动合同不实际履行的话，

[①] 信春鹰. 中华人民共和国劳动合同法释义. 北京：法律出版社，2007.

一切活动与目标都难以实现，用人单位不能进行生产，当然就不会有产生利润，劳动者不参加劳动，也不会取得报酬，因此劳动合同的实际履行是有重大意义的。

4. 协作履行原则

协作履行原则是指劳动合同当事人双方在履行劳动合同的过程中应当相互协作，共同完成劳动合同所约定的义务。一方面劳动者自觉遵守用人单位的各项规章制度，以主人翁的态度对待各项工作任务，自觉维护用人单位的利益；另一方面，用人单位也必须关心、爱护劳动者，体谅劳动者的各种困难和需要。只有双方协作、互相配合，才能构建和谐稳定的劳动关系，从而顺利实现合同目的。劳动合同的双方当事人要在履行劳动合同的过程中，相互协作、共同完成劳动合同所规定的义务。这一方面要求劳动者应当自觉遵守用人单位的规章制度和劳动纪律，以主人翁的姿态关心用人单位的利益和发展，为用人单位的发展献计出力；另一方面，用人单位也应当关心爱护劳动者，维护劳动者的权益。具体来说，协作履行要求双方做到：第一，按照劳动合同的约定履行自己的义务，并为对方履行义务创造条件；第二，当事人双方应当相互关心，通过各项管理制度，发现问题，及时提出改正的批评和建议，共同协商解决；第三，在发生问题时，双方都应该在法律允许的范围内，尽力协助对方解决问题；第四，发生劳动争议时，要从大局出发，积极争取协商解决，以维护和谐稳定的劳动关系。

总之，劳动者和用人单位在劳动合同签订后，要根据劳动合同的内容，按照劳动合同约定的履行时间、地点、方式和其他要求来履行劳动合同，使劳动合同在现实中得以实现。

3.1.2 劳动合同履行的特殊规定

《劳动合同法》明确规定，依法订立的劳动合同具有约束力。用人单位与劳动者应当履行劳动合同约定的义务。按此规定，用人单位与劳动者都应当依照合同约定全面履行各自的义务，但用人单位出于生产经营需要等原因，会对工作时间、劳动报酬等内容作出临时性的调整。为了避免用人单位滥用优势地位侵害劳动者的权益，《劳动合同法》对劳动合同履行中的问题作出了规定。

1. 关于劳动报酬的支付问题

1）用人单位按时足额支付劳动报酬义务

按时、足额支付劳动报酬，是用人单位最基本的义务，该义务不仅来源于劳动合同的约定，也是法律所明确规定的。《劳动合同法》第 30 条规定，用人单位应当按照劳动合同约定和国家规定，向劳动者及时足额支付劳动报酬。用人单位在向劳动者支付劳动报酬时，应做到以下几点。

（1）按约定支付。劳动报酬是劳动合同的必备条款，向劳动者支付劳动报酬，也是用人单位最主要的合同义务。用人单位和劳动者可以在合同中约定工资的数额、工资支付的时间等，也可以约定工资是支付现金或是将工资汇到指定账户。劳动合同一旦生效，对双方都具有约束力，因此用人单位应当按照合同中约定的数额和方式支付劳动者的工资。劳动关系双方依法解除或终止劳动合同时，用人单位应在解除或终止劳动合同时一次付清劳动者工资。

（2）按国家规定支付。我国制定了许多关于工资的法律法规，对于其中的强制性规范，用人单位必须遵守，劳动者也应当有所了解以更好地保障自己的利益。法律关于工资的强制性规定包括：第一，工资必须以法定货币支付。不得以实物及有价证券替代货币支付。这是国家的强制性规定，目的是保护劳动者的利益。现实中当企业经营出现困难时，经常会将产品强行摊派给职工以冲抵工资，这种做法也是法律严格禁止的。即使劳动者与用人单位约定以法定货币以外的其他形式支付工资，该约定也是无效的。第二，工资支付的时间。工资必须在用人单位与劳动者约定的日期支付。劳动合同中要约定劳动报酬的支付时间，《工资支付暂行规定》还明确，如果约定的支付日期是法定节假日或者休息日，则应提前在最近的工作日支付。按照法律规定，工资至少每月支付一次，实行周、日、小时工资制的可按周、日、小时支付工资。由此可见，用人单位支付劳动者的工资，只可早于约定的日期而不可迟于约定的日期。即便是实行年薪制的企业，也应当至少每月向劳动者支付一次工资。临时劳动实行工资即时清结的原则，对完成一次性临时劳动或某项具体工作的劳动者，用人单位应按有关协议或合同规定在其完成劳动任务后即支付工资。第三，最低工资标准。为了维护劳动者取得劳动报酬的合法权益，保障劳动者个人及其家庭成员的基本生活，我国法律规定，用人单位支付给劳动者的工资不得低于当地的最低工资标准。最低工资是指劳动者在法定工作时间或依法签订的劳动合同约定的工作时间内提供了正常劳动的前提下，用人单位依法应支付的最低劳动报酬。这里应当注意的是，用人单位对正常劳动不应当做狭义的理解，即认为只有劳动者实际工作了才算是正常劳动。这是一种误区，劳动与社会保障部 2004 年发布的《最低工资规定》中明确规定，劳动者依法享受带薪年休假、探亲假、婚丧假、生育（产）假、节育手术假等国家规定的假期间，以及法定工作时间内依法参加社会活动期间，视为提供了正常劳动。依法参加社会活动包括行使选举权，行使人大代表的职权期间等，用人单位都应当向劳动者正常支付工资，并且不得低于最低工资标准。第四，按照法律规定支付加班加点费。根据《劳动法》第 44 条规定，延长工作时间的，支付不低于工资的 150%；休息日安排劳动者工作又不能安排补休的，支付不低于工资的 200%；法定休假日安排劳动者工作的，支付不低于工资的 300%。

（3）及时足额支付劳动报酬。及时支付劳动报酬，就是按照法律规定，劳动者的工资，用人单位至少每月支付一次，实行周、日、小时工资制的可按周、日、小时支付工资。用法律的形式规定工资支付的周期，是为了使劳动者获得劳动报酬的周期不会太长，以保障劳动者的权益。足额支付工资，也是用人单位的义务，只要劳动者履行了劳动合同规定的义务，就应当获得足额的工资。用人单位一般不得代扣工资，有法定事由才可以代扣。有下列情况之一的，用人单位可以代扣劳动者工资：用人单位代扣代缴的个人所得税；用人单位代扣代缴的应由劳动者个人负担的各项社会保险费用；法院判决、裁定中要求代扣的抚养费、赡养费；法律、法规规定可以从劳动者工资中扣除的其他费用。

2）劳动者申请支付令的权利

（1）支付令的含义。

支付令，是人民法院依照债权人要求给付金钱或有价证券的申请，向债权人发出的责令债务人在规定期限内履行债务的法律文书。支付令是我国民事诉讼法中规定的一种方便、快捷的债务清偿程序。就一般的劳动争议而言，必须按照"先仲裁后诉讼"的办法，劳动者不得直接向人民法院起诉。但考虑到拖欠劳动报酬的争议具有特殊性，大多数情况下具有事实清楚、权利义务关系明确的特点，因此为了保护劳动者权益，避免冗长的诉讼程序，《劳动合同法》赋予了劳动者申请支付令的权利。

支付劳动报酬是用人单位的法定义务，如果用人单位违反这一义务，劳动者有权向劳动行政部门和人民法院寻求相应的救济。诉讼由于程序上的严谨性，往往处理时间会比较长，时间成本对于劳动者来说相对高昂，并且诉讼对于证据有很高的要求，如果劳动者平时缺乏法律意识没有保留足够的证据，则诉讼结果对劳动者是十分不利的。鉴于此，为便于劳动者及时快速地保护自己的合法权益，《劳动合同法》第 30 条规定，用人单位拖欠或者未足额支付劳动报酬的，劳动者可以获得救济的方式是依法向当地人民法院申请支付令。

（2）民事诉讼法关于支付令的规定。

《民事诉讼法》第 225 条规定，债权人请求债务人给付金钱、有价证券，符合下列两条件的，可以向有管辖权的基层人民法院申请支付令：一是债权人与债务人没有其他债务纠纷的；二是支付令能够送达债务人的。申请书应当写明请求给付金钱或者有价证券的数量和所根据的事实、证据。按照《民事诉讼法》的规定，劳动者作为债权人提出申请后，人民法院应当在 5 日内通知债权人是否受理。人民法院受理申请后，经审查债权人提供的事实、证据，对债权债务关系明确、合法的，应当在受理之日起 15 日内向用人单位发出支付令；申请不成立的，裁定予以驳回。用人单位应当自收到支付令之日起 15 日内清偿债务，或者向人民法院提出书面异议。用人单位在收到支付令之日起 15 日内不提出异议又不履行支付令的，劳动者可以向人民法院申请执行。

这样对于事实清楚、权利义务关系明确的劳动报酬争议，就有了一条快捷的救济途径。但支付令程序同样也有缺点，其程序启动的简便性也决定了其结束的容易性。劳动者若启动了支付令程序，那么用人单位在收到支付令之日起有一段异议期，为期 15 天。在这 15 天之内，若用人单位没有向人民法院提出与支付令记载的债务有关的合法性与真实性的异议，那么支付令便正式生效，劳动者可以凭此支付令申请法院强制执行。但是如果用人单位提出了异议，法院也无须进行实质性审查，无论该异议是否有理由，支付令程序将被终结，该支付令失效。异议在以下 3 种情况下将被视为无效，一是异议必须以书面形式提出，口头异议无效；二是如果用人单位对债务本身没有异议,只是提出缺乏清偿能力的话,异议无效,不影响支付令的生效;三是如果用人单位不在15天内提出异议,而是直接向法院起诉,同样不妨碍支付令的生效。

如果用人单位在收到支付令后的15日内向法院提出书面异议的,也就意味着当事人双方对案件事实或法律关系存在争议,此时支付令自行失效,该劳动报酬争议必须按照"先仲裁、后诉讼"的程序来加以解决。

3)劳动者追讨工资的其他方法

在劳动关系实践中,劳动者被拖欠工资是比较常见的,除申请支付令之外,劳动者还可以通过以下方式讨要自己的工资。

(1)与用人单位协商。在遭遇欠薪的第一时间,劳动者可以尝试以协商的方式和用人单位进行沟通,弄清楚欠薪的原因是否合理,是否符合法律规定的可以迟延支付的情形。若用人单位欠薪的原因合理合法,或者劳动者能够和用人单位达成谅解,那么双方可以约定支付工资的期限以及各自在此期间的权利义务。《劳动合同法》赋予了劳动者更多的权利以及用人单位更多的义务,有了法律作为后盾,劳资双方的地位更加平衡,劳动者也拥有了更多的谈判资本。尝试通过协商解决欠薪矛盾,是一种成本较低也不容易激化矛盾的方式。此外,工会是维护职工权益的重要组织,劳动者借助工会的力量同用人单位进行协商,可以有效克服自己的弱势地位,更好地维护自己的合法权益。劳动者在被拖欠工资时,要有向工会求助的意识。工会也应当切实担负起自己的职责,向劳动者提供帮助,并监督用人单位全面履行义务。

(2)向劳动行政部门举报。当工资被拖欠后,劳动者可以向当地劳动行政机关举报用人单位的违法行为,劳动行政部门在接到举报后应当进行调查。根据《劳动保障监察条例》的规定,劳动行政部门应当对用人单位支付劳动者工资和执行最低工资标准的情况实施劳动保障检查。用人单位克扣或者无故拖欠劳动者工资报酬的,劳动行政部门应当责令用人单位限期支付劳动者的工资报酬,逾期不支付的,责令用人单位按照应付金额50%以上100%以下的标准计算,向劳动者加付赔偿金。

(3)向本单位劳动争议调解委员会申请调解。我国劳动法规定,劳动争议发生后,当事人可以向本单位劳动争议调解委员会申请调解。但这种方式适用于本单位设立了劳动争议调解委员会的情形。当事人申请调解,应当自知道或应当知道工资被拖欠之日起30日内,以口头或书面形式向调解委员会提出申请,并填写《劳动争议调解申请书》。劳动争议调解委员会接到申请后,应当及时指派调解委员对争议事项进行全面调查核实,召开有争议双方当事人参加的调解会议,听取双方当事人对争议事实和理由的陈述,在查明事实、分清是非的基础上,依照有关劳动法律、法规,以及依法制定的企业规章和劳动合同,公正调解。如果劳动者与用人单位达成了一致的调解协议,则双方应当自觉按照协议履行。应当注意的是,由于劳动争议调解委员会是一个民间组织而非官方机构,目的在于为劳资双方达成谅解提供平台,因此在其主持下达成的调解协议没有法律上的强制效力。因此当事人达成的调解协议只具有合同上的约束力,可以作为证据材料成为仲裁机构和人民法院裁判的依据,一方不得直接依据该协议申请法院强制执行。调解不成或调解协议得不到执行的,当事人可以直接向劳动争议仲裁委员会申请仲裁。

(4)申请仲裁机构仲裁。我国的劳动争议仲裁处理机构是各级劳动争议仲裁委员会,仲裁委员会是国家授权、依法独立处理劳动争议案件的专门机构,隶属于各级劳动行政主管部门。劳动者在遭遇欠薪后,如果调解协商都不成功,可以向劳动仲裁委员会申请仲裁。劳动者也可以不经过调解协商,直接申请劳动争议仲裁。提出仲裁要求的一方应当自劳动争议发生之日起60日内向劳动争议仲裁委员会提出书面申请。劳动争议发生之日是指当事人知道或者应当知道其权利被侵害之日。根据劳动部的有关规定,"知道或者应当知道其权利被侵害之日"是指有证据表明权利人知道自己的权利被侵害的日期,或者根据一般规律推定权利人知道自己的权利被侵害的日期。如果当事人的权利侵害处于一个连续状态时,申请仲裁的时间应当从侵害之日起计算,而不从侵权行为终结之日起计算。劳动者应当特别注意,由于劳动争议的仲裁时效与诉讼时效非常短,而且不会因为劳动者向用人单位讨要工资而中断并重新起算,所以当工资被拖欠而且协商解决不成时,应当及时提起仲裁,以免因为过了时效而失去维护自己权益的机会。劳动者应当增强法律意识,注意保留必要证据以备不时之需。

我国劳动争议机关对劳动争议案件只进行一次裁决,实行"一裁终局",仲裁裁决书一旦向当事人送达,对劳动争议仲裁机关和当事人都发生一定的法律效力,这种法律效力表现为:劳动争议仲裁机关不得自行撤销裁决或变更裁决,也不得另作裁决。但对于裁决中遗漏的事项和笔误、计算错误,应有权补充或变更。当事人不可以向上级劳动争议仲裁机关声明不服,如果当事人一方或者双方对仲裁不服,可以在收到仲裁裁决书15日内向人民法院起诉。劳动仲裁书是国家机关做出的具有强制力的法律文书,当事人可以根据该裁决书向法院申请强制执行。但是该裁决书产生强制力有一个条件,那就是在15天之内双方当事人都没有向法院起诉,这样裁决书才能正式生效。如果在15天内一方或双方当事人向法院起诉,则应当以法院的判决为准。

(5)向人民法院提起诉讼。劳动者不服仲裁裁决,根据《劳动争议调解仲裁法》第47条规定以外的情形所作的仲裁裁决,可以向法院起诉。我国法律规定,原则上劳动争议案件必须经过诉讼才能进入诉讼程序,但存在个别例外的情形。2021年《劳动争议司法解释一》第15条规定:"劳动者以用人单位的工资欠条为证据直接提起诉讼,诉讼请求不涉及劳动关系其他争议的,视为拖欠劳动报酬争议,人民法院按照普通民事纠纷受理。"工资支付是一种特殊的债权债务关系,拖欠工资可以视为债权债务关系纠纷,劳动者可以直接向人民法院起诉,但必须具备的前提条件是劳动者手里有确凿的证据——工资欠条,以及不涉及劳动关系的其他争议。

根据《诉讼费用交纳办法》,劳动争议案件每件只需交纳10元的案件受理费,进一步降低了劳动者的维权成本。人民法院的一审判决做出后,若15日内当事人不上诉则正式产生法律效力。如果当事人在审判中通过人民法院调解达成了一致,则调解书自送达之日起便产生法律效力,可以申请强制执行,但是调解书不得上诉,只能够在符合法律规定的条件下申请重审。若当事人不服一审判决的，可以向上一级人民法院提起上诉。

无论是协商、举报、调解、仲裁还是诉讼与支付令程序，都是合法的讨薪方式。劳动者可以根据自己的实际情况选择合理的方式解决与用人单位之间的工资支付纠纷，避免采用极端的方法，因为法律是保护自己最有力的武器。

2. 用人单位严格执行劳动定额标准

《劳动合同法》第 31 条规定：用人单位应当严格执行劳动定额标准，不得强迫或者变相强迫劳动者加班。用人单位安排加班的，应当按照国家有关规定向劳动者支付加班费。所谓劳动定额标准，是指在一定的生产技术和组织条件下，为生产一定量合格产品或完成一定量的工作所预先规定的劳动消耗标准，或者是在单位时间内预先规定的完成合格产品数量的标准。[①]劳动者完成该劳动定额的，就意味着履行了自身的义务，用人单位就应当依照约定按时、足额支付劳动报酬。但必须强调的是，劳动定额标准应当是科学、合理的，即在正常的情况下，具备一般劳动技能与熟练程度的劳动者所能够达到的标准。制定科学合理的劳动定额标准，对劳动者权益的保护非常重要。如果所确定的劳动定额标准太高，就会造成变相加班。

1）根据标准工作时间确定劳动定额

根据《劳动法》和有关行政法规的规定，对实行计件工作的劳动者，用人单位要根据每天 8 小时、每周 40 小时的标准工作时间合理确定其劳动定额和计件报酬标准。也就是说，计件工作的劳动者的劳动定额，应当以多数劳动者在正常工作的情况下，能够在每天 8 小时以内、每周 40 小时之内的法定工作时间完成的。超出这个标准，应当认定为不合理的劳动定额。

2）对特定行业和人员实行缩短工时制

缩短工时制是规定劳动者每个工作日的工作时间少于标准工作日长度或每周工作天数少于标准工作天数的工作时间制度。实行缩短工时制的劳动定额应当比实行标准工时制的减量。适用这种制度的主要是从事特别艰苦、繁重，工作环境有毒有害、过度紧张的劳动者，如煤矿企业，以及在哺乳期的女员工。如我国法律规定，哺乳不满 1 周岁婴儿的女职工，每日可在工作时间内有 1 小时哺乳时间。

3）对实行不定时工作制的参照标准工时制核定工作量

某些行业或职位的劳动者因为工作内容和工作性质所限，没有办法实行固定的工作时间制度，用人单位应按劳动法的规定，参照标准工时制核定工作量并采用弹性工作时间等适当方式，确保职工的休息休假权利和生产、工作任务的完成。具体有：企业中的高级管理人员、外勤人员、推销人员、部分值班人员和其他因工作无法按标准工作时间衡量的职工；企业中的长途运输人员，出租汽车司机，铁路、港口、仓库的部分装卸人员以及因工作性质特殊，需机动作业的职工；其他因生产特点、工作特殊

---

① 董保华. 十大热点事件透视劳动合同法. 北京：法律出版社，2007.

需要或职责范围的关系,适合实行不定时工作制的职工。

4)对实行综合计算工时工作制的平均日工作时间和平均周工作时间应与法定标准工作时间基本相同

这种工时制分别以周、月、季、年等为周期,综合计算工作时间,但其平均日工作时间和平均周工作时间应与法定标准工作时间基本相同。具体适用的劳动者有:交通、铁路、邮电、水运、航空、渔业等行业中因工作性质特殊,需连续作业的职工;地质及资源勘探、建筑、制盐、制糖、旅游等受季节和自然条件限制的行业的部分职工等。

用人单位可以在此标准上与劳动者约定具体的工时制度,但是无论采取何种工时制度,在一个特定的周期内(周、月、季度、年),劳动者的工作时间都不能超过标准的工作时间。简而言之,劳动合同约定的工作时间不得超过法定的最低标准,用人单位安排劳动者在约定工作时间之外从事劳动的,都属于加班的范畴。

3. 加班加点的条件

《劳动合同法》第 31 条规定:"用人单位应当严格执行劳动定额标准,不得强迫或者变相强迫劳动者加班。用人单位安排加班的,应当按照国家有关规定向劳动者支付加班费。"从该条规定来看,《劳动合同法》对于加班采取了严格限制的态度,用人单位安排劳动者加班的,必须征得劳动者的同意,并且按照相关规定支付加班工资。

1)加班加点要劳动者自愿

所谓加班,是指劳动者在法定节假日和休息日进行工作。所谓加点,是指劳动者在标准工作日的工作时间之外进行工作,即提前上班或推迟下班。《劳动合同法》明确规定用人单位不得变相强迫劳动者加班,如果劳动者不愿意,用人单位不得强迫其加班加点。如过量增加工作量,减少工作人手等,都是变相强迫加班的行为。用人单位延长工时的程序是用人单位将延长的理由、所需劳动者的数量和工作量的计算方法等与劳动者协商,在取得劳动者同意后,再适当延长劳动者的工作时间。

2)加班加点不违反法律规定

根据我国劳动法的规定,对加班加点的限制主要是:第一,延长工时的条件是用人单位生产经营需要;第二,劳动者同意;第三,延长的时间限制。一般每日不得超过 1 个小时,因特殊原因需要延长工作时间的,在保障劳动者身体健康的条件下延长工作时间每日不得超过 3 小时,但是每月不得超过 36 小时。

此外,法律还规定了在特殊情况下,用人单位安排劳动者加班不受程序和长度的限制。如发生自然灾害、事故或者因其他原因,威胁人民的安全健康和国家资产受到严重威胁,需要紧急处理的;生产设备、交通运输线路、公共设施发生故障,影响生产和公众利益,必须及时抢修的;必须利用法定节假日或者公休日的停产期间进行设备检修、保养的;国家机关事业单位为维持国家紧急任务或完成上级安排的紧急任务的;商业、供销企业在旺季完成收购、运输、加工农副产品紧急任务的;符合法律、行政法规规定的其他紧急情形等。在这些情况下,用人单位安排劳动者加班,不受程序和加班时间长度的限制。

3）按照规定发放加班费

根据《劳动法》和国务院发布的《工资支付暂行规定》，加班费的计算有以下方式。

第一，用人单位依法安排劳动者在每天的法定标准工作时间以外延长工作时间的，应当按照不低于劳动合同约定的劳动者本人小时工资标准的150%支付劳动者工资。如劳动者每小时的工资为20元，当日加班两小时，则用人单位至少得支付劳动者60元（20×2×150%）加班费。

第二，用人单位依法安排劳动者在休息日工作且不能安排补休的，应当按照不低于劳动合同约定的劳动者本人日或小时工资标准的200%支付劳动者工资。如劳动者每天工资为100元，该月在休息日加班两天，则用人单位至少得支付劳动者400元（100×2×200%）加班费。

第三，用人单位依法安排劳动者在法定节假日工作的，按照不低于劳动合同规定的劳动者本人日或小时工资标准的300%支付劳动者工资。我国现行的全民法定休假节日包括元旦节（1月1日）、春节（正月初一至初三）、清明节（清明节当天）、劳动节（5月1日）、端午节（端午节当天）、中秋节（中秋节当天）、国庆节（10月1日至3日），共11天。全民法定休假日如遇休息日（星期六、星期天），应当在工作日补假。按照规定，如劳动者被安排在法定节假日元旦节当天加班一日，按日工资100元算，用人单位至少得支付劳动者300元（100×300%）加班费。用人单位不得通过安排补休来代替发放加班工资。

第四，实行计件工资的劳动者，在完成计件定额任务后，由用人单位安排延长工作时间的，应根据上述规定的原则，分别按照不低于本人法定工作时间计件单价的150%、200%、300%支付其工资。

第五，经劳动行政部门批准实行综合计算工时工作制的，其综合计算工作时间超过法定标准工作时间的部分，应视为劳动者的加班时间，并应按上述规定支付劳动者加班费。

4. 劳动者对用人单位违法指令的拒绝权

《劳动合同法》第32条规定："劳动者拒绝用人单位管理人员违章指挥、强令冒险作业的，不视为违反劳动合同。劳动者对危害生命安全和身体健康的劳动条件，有权对用人单位提出批评、检举和控告。"法律赋予劳动者说"不"的权利，一方面是为了维护劳动者的利益，另一方面也是让用人单位接受劳动者的监督，从而维护安全生产。

一般情况下，劳动合同在订立后，用人单位与劳动者之间便建立了劳动用工关系，劳动者成为用人单位的一员，有义务遵守用人单位的规章制度和各项指令，用人单位也享有用工自主权，可以根据需要安排劳动者的工作。在劳动生产经营中，存在许多不安全的因素，用人单位管理人员和劳动者都应当严格遵守安全操作规程，才能保障劳动者的生命安全及生产经营单位的财产安全。我国制定了大量的法律法规和规章来规范生产经营场所中的安全技术条件，劳动合同双方都应严格遵守。用人单位应当对劳动者进行安全知识培训，并依规定指挥劳动者的工作。劳动者应当服从用人单位管理人员的指挥，但是也必须严格遵守安全操作规程。但现实中有的用人单位为了追求经济利益，不惜牺牲生产安全，而从事违章、冒险的生产作业，频繁发生的煤矿安全事故就是最典型的体现。针对这一问题，《劳动合同法》明确规定，用人单位管理人员违章指挥，强令冒险作业的，劳动者有权拒绝，并且不视为违反劳动合同。用人单位不得以此为由扣减劳动者的工资，降低或更换劳动者的工作岗位，更不得以此为由终止劳动合同。劳动者在这种情况下可以立即解除合同，不必事先通知用人单位。法律作这样的规定是为了保障劳动者的安全。

5. 劳动者对危害生命和身体健康的劳动条件有批评、检举和控告的权利

根据我国劳动法的规定，用人单位应当为劳动者提供必要的安全卫生条件，除了严格遵守生产规程，不得违章指挥、强令冒险作业，还应当保证劳动场所和劳动条件的安全。有的企业为了追求经济效益，降低生产成本，不顾劳动者的生命健康安全，让劳动者长期在危险又恶劣的环境中工作，这对于劳动者是极大的危害。根据劳动法及其他法律法规，用人单位必须建立、健全劳动安全卫生制度，严格执行国家的劳动安全卫生规程和标准，标准化、科学化地安排生产作业，对劳动者进行劳动安全卫生教育，积极采取切实有效的措施，防止劳动过程中的事故，减少职业危害。劳动安全卫生的各种设施必须符合国家规定的标准。新建、改建、扩建工程的劳动安全卫生设施必须与主体工程同时设计、同时施工、同时投入生产和使用。用人单位还必须为劳动者提供符合国家规定的劳动安全卫生条件和必要的劳动防护用品，对从事有职业危害作业的劳动者定期进行健康检查。从事特种作业的劳动者也必须经过专门培训并取得特种作业资格。

《劳动合同法》赋予了劳动者面对危害生命安全和身体健康的劳动条件，对用人单位提出批评、检举和控告的权利。这一规定可以有效地保护劳动者的合法权利，遏制用人单位的违法生产活动，避免安全事故的发生。许多劳动者长期在危险恶劣的环境下工作，又不知道应该主张或如何主张自己的权利。其实，批评、检举和控告不仅是法律赋予劳动者的权利，也是劳动者作为一个普通公民在面临危险和侵害时当然享有的权利。在我国，劳动安全卫生的监督检查由卫生部门、安全生产监督管理部门、特种设备安全监督管理部门等有关部门，依照有关的法律、行政法规执行。卫生部门主要负责用人单位职业病防治方面的监督检查，安全生产监督管理部门主要负责用人单位生产经营场所的安全生产条件、设备设施安全和作业场所的职业卫生方面的监督检查，特种设备安全监督管理部门主要负责涉及公众生命安全和身体健康的锅炉、压力容器、电梯、防爆电器等特种设备的安全生产的监督管理。

为了自身的生命健康安全，劳动者不仅应当具有安全生产意识，还应当具有保障自身安全的权利意识和行使权利的知识，避免在自己受到或将受侵害时投诉无门。批评、检举和控告权是劳动者的法律权利，用人单位不得阻止劳动者行使，更不得因为劳动者行使了这些权利而对其进行打击报复，否则将承担法律责任。

6. 用人单位变更仍需继续履行劳动合同的情形

现实生活中，大量的用人单位都表现为企业这样的经济组织，在市场竞争中，企业常常面临破产、兼并、改制、分立等局面，当以上情况发生时，尽管其名称、法定代表人、所有制、股权结构等方面发生了变化，但其作为经济组织的本质并没有变，劳动合同也依然存在继续履行的必要性与可能性，因此，《劳动合同法》第33条、第34条要求变更后的用人单位继续履行与劳动者之间的劳动合同。

（1）用人单位变更名称、法定代表人、主要负责人或者投资人等事项，不影响劳动合同的履行。《劳动合同法》第33条规定，用人单位变更名称、法定代表人、主要负责人或者投资人等事项，不影响劳动合同的履行。企业作为法人，具有独立的法律人格，其名称、成员、负责人的变动，实质上与企业本身无关。

（2）用人单位发生合并或者分立等情况，原劳动合同继续有效，劳动合同由承继其权利和义务的用人单位继续履行。《民法典》第66条明确规定，登记机关应当依法及时公示法人登记的有关信息。第67条规定，法人合并的，其权利和义务由合并后的法人享有和承担。法人分立的，其权利和义务由分立后的法人享有连带债权，承担连带债务，但是债权人和债务人另有约定的除外。现实中有的用人单位为了逃避债务，将资金转移到新成立的法人或其他组织中，从而使得原单位丧失了继续履行劳动合同的能力。用人单位分立的，应当按照权利义务相一致的原则，由继承了原单位权利的新单位继续履行劳动合同，对劳动者负责。因此，《劳动合同法》第34条规定，用人单位发生合并或者分立等情况，原劳动合同继续有效，劳动合同由承继其权利和义务的用人单位继续履行。

3.2 劳动合同的变更

3.2.1 劳动合同变更的意义

劳动合同一经依法订立，即产生法律效力，对双方都具有约束力。但是劳动者与用人单位签订劳动合同时，总会有一些无法预料的社会生活和市场条件因素，如企业的经济效益、整个社会的经济发展等。当订立劳动合同所依据的客观情况发生变化，使得劳动合同难以履行或继续履行会损害合同当事人的利益时，法律允许当事人在协商一致的情况下变更劳动合同。如企业改制、转产或重组，需要变更劳动者的工作岗位和薪酬待遇；劳动者自身人力价值的增长应当得到更多的劳动报酬；国家劳动政策法规发生重大变化需要修改劳动合同，等等。这些情况下，都可能导致劳动合同的变更。

所谓劳动合同的变更，是指劳动关系双方当事人就已经订立的劳动合同的部分条款达成修改、补充协议的法律行为。劳动合同的变更具有重要意义。

1. 有利于完善劳动合同

劳动合同的变更发生在劳动合同订立以后，履行完毕之前，是对原约定的条款作部分修改、补充或删除，使劳动合同能够适应新情况，有利于对劳动合同的完善。

2. 是确保劳动合同全面履行的主要手段

劳动合同订立后，可能会出现新的情况，要让劳动合同得以继续履行，使劳动过程得以实现，需要及时根据新情况对劳动合同作出适当的变更，这样有利于劳动合同的全面履行。劳动合同的变更一般发生在劳动合同生效或者成立后尚未履行或者尚未完全履行期间，变更是在原合同基础上所做的修改，不是签订新的合同，原合同中未被修改的部分效力不变，修改后的部分与原合同具有同等的法律效力，对双方当事人都具有约束力。

3.2.2 劳动合同变更的原因

应当说，双方当事人依法订立的劳动合同，对双方都会产生约束力。双方都应当按照劳动合同履行自己的义务，但是劳动者与用人单位签订劳动合同时，总会有一些无法预料的社会生活和市场条件的因素，如企业的经济效益及整个社会的经济发展等。当订立劳动合同所依据的客观情况发生变化，使得劳动合同难以履行或继续履行会损害合同当事人的利益时，《劳动合同法》允许当事人在一定的条件下变更劳动合同。《劳动合同法》第35条规定："用人单位与劳动者协商一致，可以变更劳动合同约定的内容。变更劳动合同，应当采用书面形式。变更后的劳动合同文本由用人单位和劳动者各执一份。"

1. 劳动者的原因导致劳动合同变更

劳动者在现实生活中可能因为自身各种体状况的变化而要求对正在履行的劳动合同进行调整。如劳动者患病或者非因工负伤，在规定的医疗期满后不能从事原工作的情况下，劳动者可以要求用人单位变更其工作岗位。劳动者在劳动合同期间处于怀孕期、哺乳期，也可能产生工作岗位的变化等。劳动者要求变更劳动报酬，如劳动者自身人力价值有所增长，应当得到更多的劳动报酬等。

2. 用人单位的原因导致劳动合同变更

在现实生活中，大量的用人单位都表现为企业这样的经济组织，在市场竞争中，企业常常面临破产、兼并、改制、分立等局面，如企业改制、转产或重组，需要变更劳动者的工作岗位和薪酬待遇；当以上情况发生时，尽管其名称、法定代表人、所有制、股权结构等方面发生了变化，但其作为经济组织的本质并没有变，劳动合同也依然存在继续履行的必要性与可能性，因此，《劳动合同法》要求变更后的用人单位继续履行与劳动者之间的劳动合同，理论上将这种现象称为劳动合同的承继。用人单位改变工作地点、引进新的生产线等都可能引起用人单位要求变更劳动合同。

3. 客观原因导致劳动合同变更

客观原因主要是指劳动合同订立时所依据的客观情况发生重大变化，致使劳动合同双方当事人在原劳动合同中的权利义务的履行成为不可能或者没有必要。用人单位和劳动者对这种变化根本无法控制。通常有以下两种情况：一是订立劳动合同时依据的法律法规及国家劳动政策法规发生重大变化，与现行的法律法规及国家政策有冲突，需要对劳动合同进行修改；二是不可抗力的发生以及客观经济形势的变化。如发生自然灾害、意外事故、战争等情形，是属于当事人双方不能预见、不能避免的不可抗力。国家政策的改变如最低工资、社会保险货币政策等发生变化，都可能导致劳动合同的变更。

一般来说，劳动合同变更仅仅是指劳动合同内容的变更，由用人单位和劳动者协商一致，对已经订立的劳动合同的内容作部分修改、补充或者删减，劳动合同内容的变更会直接导致当事人双方权利义务关系的变动。值得注意的是，变更是在原合同基础上所做的修改，不是签订新的合同，原合同中未被修改的部分效力不变，修改后的部分与原合同具有同等的法律效力，对双方当事人都具有约束力。

3.2.3 劳动合同变更的规则

根据《劳动合同法》第35条，当事人双方变更劳动合同要遵守以下规定。

1. 双方在平等自愿的基础上协商一致

劳动合同的变更必须经用人单位和劳动者双方同意。用人单位和劳动者均不得单方面变更合同，任何单方的变更都是无效的。用人单位更不得强迫或变相强迫劳动者变更劳动合同。对于工会主席、副主席岗位，用人单位不得随意调动，需要执行《工会法》的规定。

2. 不得违反法律法规的强制规定

国家很多法律法规对工作时间、工资支付的形式、最低工资标准及劳动安全卫生方面作了详细的强制性规定。用人单位和劳动者变更劳动合同时切不可违反这些规定，否则不仅会导致变更的条款无效，甚至有可能受到处罚。

3. 应当必须采用书面形式

订立劳动合同应当采取书面形式，变更合同是对原合同的延伸，自然也应当采取书面形式。这一规定，也是为了避免劳动合同双方当事人因合同的变更问题产生争议。值得注意的是，劳动合同变更的书面形式不是劳动合同变更的有效条件。《劳动争议司法解释一》第43条规定："用人单位与劳动者协商一致变更劳动合同，虽未采用书面的形式，但已经实际履行了口头变更的劳动合同超过一个月，变更后的劳动合同内容不违反法律、行政法规且不违背公序良俗，当事人以未采用书面形式为由主张劳动合同变更无效的，人民法院不予支持。"这一规定既是对劳动者的保护，也是对劳动者的一个提醒，要求劳动者要提高自我保护意识，及时要求用人单位签订书面劳动合同。

4. 变更后的劳动合同双方各执一份

变更后的劳动合同文本由用人单位、劳动者双方各执一份，一旦发生争议，变更后的劳动合同可以作为证据使用。

3.2.4 劳动合同变更的程序与法律后果

1. 劳动合同变更的程序

1）预告变更要求

需要变更劳动合同的一方当事人，应当在规定的时间向对方当事人提出变更劳动合同的要求，说明变更劳动合同的理由、条款、条件，以及请求对方当事人答复的期限。

2）一方作出答复

收到另外一方当事人提出的变更请求后，通常应当在对方要求的期限内作出答复，可以是同意对方的请求，也可以是不同意对方的请求，也可以提出不同的意见要求另行协商。

3）协商签订书面的变更协议

劳动合同的变更必须经用人单位和劳动者双方同意。用人单位和劳动者都不得单方面变更合同，任何单方的变更都是无效的。用人单位更不得强迫或变相强迫劳动者变更劳动合同。为了保护劳动者，防止用人单位滥用其优势地位，《劳动合同法》将劳动合同的变更限定为双方协商一致前提下的变更，双方协商一致后，可以就变更达成书面的协议，并签名盖章。

4）变更后的劳动合同文本双方各执一份

变更后的劳动合同文本由用人单位、劳动者双方各执一份，一旦发生争议，变更后的劳动合同可以作为证据使用。

2. 劳动合同变更的法律后果

劳动合同依法变更后，当事人之间的权利义务，从变更合同的协议所约定之日起发生变更。如果约定的变更日期是在变更的手续全面完成日之前，那么在前一日期至后一日期之间，劳动者应当得到因为劳动合同的变更而增加的利益，如得到补发的工资。

3. 用人单位单方调整劳动者工作岗位的合法性探讨

按照劳动合同法的规定，劳动合同的变更原本应当是双方协商一致后进行变更，而在现实生活中，用人单位会适时地调整劳动者的工作岗位，以实现人力资源的合理配置，应对市场竞争。《劳动合同法》第17条将"工作内容和工作地点"规定为劳动合同的必备条款，要求用人单位与劳动者在缔约时加以明确。工作岗位的调整，势必导致实际情况与合同文本的不一致，因此应当属于劳动合同变更的范畴，所以岗位调整必须按照《劳动合同法》第35条的要求，由双方协商一致，然后采取书面协议的方式来实现。这样看来，用人单位单方调整劳动者工作岗位无疑是违法的。对用人单位单方调整劳动者工作岗位,应当区分不同的情况进行考虑,不应当作这种教条化的处理。

1)劳动者接受用人单位的安排

根据《劳动合同法》第35条的规定,劳动合同的变更要由双方协商一致,并采取书面形式进行。如果用人单位是采取发出调令的方式调整工作岗位,没有与劳动者事先协商,征得劳动者的同意,但劳动者在接到指令后,没有当即表示反对,并接受了新的工作岗位。这种行为,就是对用人单位调职命令的承认,虽然没有用人单位与劳动者之间的协商程序,但双方已经有了默示的合意。从实践中看,这种做法也是普遍存在的,用人单位作为用工者,调整劳动者岗位很多都是以调职命令的形式进行,劳动者服从该命令也就意味着协商一致过程的结束。

2)无书面变更协议是否导致变更无效

工作岗位的调整并没有书面的变更协议,是否会导致变更无效呢?我们认为,尽管《劳动合同法》第35条规定了劳动合同的变更应当采用书面形式,但书面形式不是劳动合同变更的有效要件。因为,第一,法律之所以将变更限定为书面变更,目的在于纠纷发生后的举证便利,如果在没有书面变更协议,但双方都认可变更的情况下,书面变更协议的举证功能自然失去了意义;第二,从法律后果上看,《劳动合同法》并没有对非书面形式的变更规定相应的法律责任,因此第35条中对书面变更的要求,只能是对双方(尤其是用人单位)赋予了补签书面协议的法律义务,违反这个要求,并不必然导致变更无效;第三,从劳动合同的特殊性上看,劳动合同的履行与变更原本就是密切联系的,劳动合同的存续期较长,客观环境不断变化,当事人双方必须及时加以应对,这就决定了劳动合同的变更是一种更为频繁和普遍的现象,如果仅以没有签订书面变更协议为由就否定变更的效力,那无疑是脱离实际的,必然会给用工活动带来不必要的麻烦。

3)劳动合同中附加了用人单位有根据工作需要调动劳动者工作岗位的约定是否有效

由于《劳动法》和《劳动合同法》均要求劳动合同的变更必须采取由用人单位与劳动者协商一致才能进行,因此,有的用人单位便在劳动合同中附加了用人单位有根据工作需要调动劳动者工作岗位的约定。实际上是试图通过合同赋予自身单方调整劳动者工作岗位的权利。而这种约定是否有效,在实践中存在不同的看法。我们认为,对于实现赋予用人单位单方调整劳动者工作岗位的约定是否有效,应当分以下两种情况讨论。

第一,如果该约定的内容比较具体,明确了哪些情形下,用人单位可以调整工作岗位,具有可操作性,那么劳动者在劳动合同上签字,也就意味着对这一约定的承诺,从而也就赋予了用人单位单方调整工作岗位的权利。今后一旦出现约定的情形,用人单位自然可以调整劳动者的工作岗位。由于约定的内容比较具体,我们也可以从文本上审查该约定是否公平,是否显著侵害了劳动者的权利,如果没有,就应当支持用人单位的调职行为。

第二，如果该约定的内容很笼统，只是将单方调整劳动者工作岗位的权利概括地赋予用人单位，那么，按照《劳动合同法》的相关规定，该约定的效力是有问题的。尽管劳动合同是双方协商一致的产物，法律也要求用人单位与劳动者按照合同约定全面履行各自的义务，但为了防止用人单位滥用其优势地位，《劳动合同法》对于劳动合同的约定内容设计了诸多限制。如第26条就规定，用人单位免除自己法定责任、排除劳动者权利的合同内容是无效的。而第35条又赋予了劳动者对合同变更说"不"的权利。如果允许用人单位根据需要调整劳动者工作岗位的约定，其内容过于笼统，并没有将需要调整岗位的情况进行细化，缺乏可执行性，实际上排除了劳动者说"不"的权利，应当属于无效的约定了。但我们认为这一判断也不应过于绝对。既然立法的目的在于防止用人单位滥用优势地位，侵害劳动者权利，对于在劳动合同中实现赋予用人单位单方调整劳动者工作岗位的约定，其只是产生了侵害劳动者权利的危险，而这一危险是否会出现，则需要在具体的案件中进行考察。如果用人单位的调职可能的确是出于生产经营需要，而劳动合同事先也有允许调职的约定，用人单位并没有侵害劳动者的恶意，这种情况下也将该约定认定为无效是不妥的。在双方就岗位变动发生争议的情况下，应由用人单位举证证明其调职具有充分的合理性。如果用人单位能够证明其调职具有合理性，那么该约定就可以称为用人单位单方变更劳动合同，调整劳动者工作岗位的合法依据；如果用人单位不能举证证明其调职具有充分合理性的，双方仍应按原劳动合同履行，则其调职行为不应当获得法院支持。

本章阅读参考文献

[1] 黎建飞. 劳动与社会保障法教程. 6版. 北京：中国人民大学出版社，2023.

[2] 灵琳. 主体变更是否影响劳动合同履行. 劳动保障世界，2008（2）：46.

[3] 朱俊龙. 雇主变更权的法理基础与司法适用. 社会科学家，2021（9）.

[4] 郭捷. 劳动法与社会保障法. 北京：法律出版社，2016.

[5] 邱婕. 劳动合同法十周年回顾系列之六 劳动合同法研究之劳动合同变更. 中国劳动，2018（6）.

[6] 张霞等. 劳动法实施中的疑难问题. 北京：中国人民公安大学出版社，2009.

[7] 李素琴. 劳动合同履行中存在的法律问题及实例分析. 山西省政法管理干部学院学报，2007（4）：72.

[8] 朱文辉. 论竞业限制协议泛化适用的法律规制：以不可避免披露原则的引入为中心，中国劳动关系学院学报，2023（6）.

本章复习思考题

一、名词解释

劳动合同的履行　劳动合同变更　支付令

二、单项选择题

1.《劳动合同法》规定劳动合同变更的形式应当是（　　）。

A. 口头形式　　　　　　　　B. 书面形式

C. 口头或书面形式　　　　　D. 以上三种都错误

2. 按照劳动合同约定和国家规定，用人单位向劳动者支付劳动报酬应当（　　）。

A. 提前足额支付　　　　　　B. 及时分期支付

C. 及时足额支付　　　　　　D. 提前支付

3. 用人单位拖欠或者未足额支付劳动报酬的，劳动者可以依法向人民法院申请（　　）。

A. 支付令　　　　　　　　　B. 法律援助

C. 社会救济　　　　　　　　D. 依法制裁用人单位

三、多项选择题

1. 劳动合同履行的原则包括（　　）。

A. 全面履行原则　　　　　　B. 实际履行原则

C. 亲自履行原则　　　　　　D. 协作履行原则

E. 按约履行原则

2. 关于用人单位支付劳动报酬，以下说法正确的是（　　）。

A. 用人单位应当及时足额支付劳动报酬

B. 支付劳动报酬是用人单位最基本的义务

C. 劳动报酬是劳动合同的必备条款

D. 用人单位支付劳动报酬必须以法定货币支付

E. 劳动报酬支付的时间由用人单位决定

3. 关于加班加点，以下说法正确的是（　　）。

A. 加班加点就是劳动者的工作时超过法律规定的标准工作时间

B. 出现特殊情况，用人单位延长工作时间不受限制

C. 经过劳动者同意的加班，不需要支付加班费

D. 一般情况下，用人单位延长工作时间必须经过与工会和劳动者协商

E. 安排劳动者加班加点必须符合法律规定

四、判断说明题

1. 劳动合同的变更可以采取口头形式。

2. 用人单位录用劳动者之后可以任意调整劳动者工作岗位。

五、简述题

1. 劳动合同履行的原则是什么？
2. 劳动合同变更的规则有哪些？

六、论述题

1. 你认为用人单位单方调整劳动者工作岗位的行为是否有效？
2. 你认为劳动者可以通过哪些途径追讨自己被拖欠的工资？

七、案例分析题

1. 黄某是某销售公司的业务代表，与公司订立了为期五年的劳动合同，在黄某工作一年多后，由于业绩突出，公司决定将其提拔为所在部门的副经理，黄某在该职位工作了六个多月后，觉得约束太多，而且与下属之间的人际关系也很难相处，遂向公司要求调回原岗位工作，在遭到拒绝后，黄某便提起劳动争议仲裁，要求确认调职行为无效，由公司继续履行原劳动合同约定的内容。

问：公司的调职行为是否合法？为什么？

2. 李某是一家酒店的客房部副经理，与酒店签订的劳动合同中有这样的约定，即酒店可以根据实际需要，对李某的工作岗位进行调整，并相应调整其劳动报酬。对此，李某表示服从。后来酒店任命李某为前台主管，并相应降低了李某的工资。李某表示不服，向劳动仲裁机构提出申请，要求继续在原岗位上工作任职。

问：仲裁机构是否应当支持李某的请求？为什么？

第 4 章　劳动合同的解除和终止

本章学习目标
了解：劳动合同解除和终止的含义。
领会：劳动合同解除与终止的不同。
掌握：劳动合同解除和终止的条件，劳动合同解除与终止的法律后果。
运用：根据本章所学知识，分析解决劳动合同解除与终止的法律后果。

本章课程思政：劳动合同的解除与终止，体现了对劳动者的保护，同时也保护用人单位的利益，体现了建设和谐劳动关系的立法目的。

❖导读案例

陈渝因酷爱读书，一边工作，一边通过在职攻读硕士学位，获得了重庆某大学的硕士学位。根据公司的发展需要，2015 年经公司同意，陈渝考取清华大学博士研究生。公司与陈渝在 2015 年 5 月签订了服务期协议，约定陈渝读博期间，公司照样发工资、奖金，并且支付学费和每年 2 万元的科研补助费，陈渝获得博士学位后，必须回公司工作 10 年，若没有满 10 年之前离开公司，陈渝必须支付违约金 100 万元。在读博士的第二年，陈渝已经担任公司重点项目的副总设计师及公司某研究所副所长。2018 年 7 月陈渝获得博士学位回单位工作。2021 年 6 月，陈渝以应邀参加美国一个研究项目为由，书面向公司提出辞职，同时要求解除劳动关系，并于 2021 年 7 月 20 日离开公司。同年 8 月，公司即向当地劳动争议仲裁委员会申请仲裁。要求陈渝按照协议支付违约金 100 万元，以及因为担任主要职务离职给单位造成的损失 500 万元等合计 600 万元的巨额赔偿。

问：1. 陈渝是否应当向公司支付违约金？为什么？
2. 陈渝是否应当支付 100 万元的违约金？为什么？
3. 公司提出的 500 万元赔偿金是否合法？为什么？

4.1 劳动合同的解除

4.1.1 劳动合同解除的概念与分类

1. 劳动合同解除的概念特征

1）劳动合同解除的概念

所谓劳动合同的解除，是指劳动合同生效后，尚未履行或尚未履行完毕之前当事人双方或一方依法提前消灭劳动合同关系的法律行为。劳动合同的解除是劳动合同的提前消灭，在劳动合同订立后，尚未履行完毕前，效力被终止。

2）劳动合同解除的特征

（1）劳动合同解除的前提是有效的劳动合同。被解除的劳动合同是有效的劳动合同，这是解除劳动合同的基础。只有有效的劳动合同才存在被解除的问题，如果劳动合同无效，是自始无效，适用劳动合同无效的规范来解决。

（2）解除的时间是在劳动合同未履行完毕前。在劳动合同订立之前，劳动关系还没有产生，不存在解除的问题。劳动合同履行完毕后，当事人双方的权利义务已经终止，不需要通过解除行为来终止双方的权利义务。

（3）劳动合同解除形式法定。按照法律规定，解除劳动合同有两种形式，一是由双方当事人根据各自主客观情况的变化协商解除劳动合同；二是一方当事人根据法律的规定事由单方解除劳动合同。

（4）劳动合同解除的后果是提前终止双方的权利义务关系。劳动合同解除就是提前终止双方的权利义务关系，使得当事人之间的劳动关系提前消灭。

2. 劳动合同解除的分类

劳动合同的解除，按照不同的标准，有以下几种分类。

1）按照劳动合同解除方式分为单方解除和协议解除

所谓单方解除，是指劳动合同中的一方在享有单方解除权的条件下，依照法定程序对劳动合同进行解除。因此，单方解除是劳动合同一方当事人依法享有的权利，在不需要对方当事人同意的情况下，单方决定就可以解除劳动合同的权利。单方解除权人行使单方解除劳动合同的权利时可以只根据自己一方的行为即依法消灭与对方建立的劳动合同关系。所以，法律对劳动合同中另一方当事人的保护就显得更为重要和迫切，特别是对劳动合同关系中处于相对弱势的劳动者一方的保护就更为重要了。正是基于这个原因，我国劳动合同法对单方解除权规定了许多方面的限制条件。所谓协议解除，又称约定解除，是指劳动合同双方当事人在协商一致的基础上达成协议，解除劳动合同。协议解除劳动合同是法律赋予劳动关系当事人以合意的方式消灭劳动权利义务关系的一种途径。协议解除劳动合同的优点在于这是通过劳动关系当事人双方的合意将劳动权利义务关系予以消灭的，从而回避了单方解除劳动合同这种比较刚性的手段，可以最大限度地避免单方解除劳动合同可能带来的冲突。[①]所以虽然劳动法理论十分强调国家对劳动合同解除和终止的适当干预，但基于传统司法的意思自治原则，劳动合同的双方当事人协议解除劳动合同的做法还是得到各国法律肯定的。

2）按照解除劳动合同依据的不同分为法定解除和约定解除

所谓法定解除，是指劳动者或用人单位在符合劳动法规定合同解除条件的情况下，单方面解除劳动合同。立法之所以规定劳动合同解除条件，旨在限制单方解除劳动合同（尤其是辞退）的任意性，以维护劳动关系的稳定性，保护处在弱势地位的劳动者。因此许多国家的劳动立法，既有许可性条件的规定，又有禁止性条件的规定，以保护劳动者的权益。所谓约定解除，是指劳动者或用人单位在符合集体合同或劳动合同依法约定的合同解除条件下，单方解除劳动合同，又称为约定解除权。它不同于因约定的终止条件成就而终止，当约定的终止条件成就时，劳动合同即时终止，不需要解除权人的解除行为。而在约定解除权时，条件成就时，解除权人仅仅获得了解除权，解除权人须做出解除合同的意思表示，劳动合同才解除，解除权人不行使解除权，劳动合同不能因此而解除。需要说明的是，劳动合同的解除以法定解除为主，约定解除权的范围是非常小的。民法的基本原则是合同自由，只要不违反国家的强制性规定，当事人可以对合同内容任意做出约定，当然可以约定解除权。但是，在劳动合同中，只能在法定的适用于约定解除的范围之内，约定解除权，并且不得与法定的禁止性条件相悖，也不得与辞职的法定许可性条件相冲突。

3）根据导致合同解除是否存在当事人的过错分为有过错解除和无过错解除

所谓有过错解除，是指由于一方当事人的过错行为导致对方当事人行使解除权而解除劳动合同。包括劳动者因用人单位的过错而辞职和用人单位因劳动者的过错而辞退。这里的过错，只限于以严重到足以导致辞退或辞职之程度为准，轻微过错不包括在内。因此，有过错解除的条件具有强制性，一般由立法规定，在世界各国已经成为通例。所谓无过错解除，是指在对方当事人无过错行为或过错行为轻微的情况下单方面解除劳动合同。为了减少或避免合同解除可能给对方当事人造成的损失，立法要求劳动者或用人单位在解除合同前向对方预告，而且还应要求用人单位对辞退或辞职的劳动者都给予一定的经济补偿。[②]

4）按照是否需要劳动合同一方预先通知对方分为单方预告解除和单方即时解除

所谓单方预告解除，是指经过预先通知对方当事人后才可以单方解除劳动合同。所谓单方即时解除，是指在通知到达合同的对方当事人时劳动合同即解除。

5）按照行使单方解除权的主体不同分为劳动者单方解除和用人单位单方解除

所谓劳动者单方解除，又称为辞职，是指劳动者依照法律规定单方解除劳动合同。所谓用人单位单方解除，又称为辞退，是指用人单位依照法律规定单方解除劳动合同

---

① 杨景宇，李飞. 中华人民共和国劳动合同法释义. 北京：中国人事出版社，2007：108.
② 王全兴. 劳动法. 北京：法律出版社，1997：172–174.

的行为。

从上述 5 种分类可以看出,后 4 种都是针对单方解除劳动合同所作出的分类。可见,单方解除劳动合同是一个比较复杂的问题,也是我们研究劳动合同解除制度中的重点和难点问题。

4.1.2 劳动合同解除的条件和程序

1. 劳动合同的协议解除

1)协议解除的含义

《劳动合同法》第 36 条规定:"用人单位与劳动者协商一致,可以解除劳动合同。"根据劳动合同订立的自由原则,用人单位与劳动者协商一致就可以解除劳动合同,而不需要法律规定或者双方事先约定。所谓协议解除,就是指劳动合同的双方当事人在协商一致的基础上达成协议,解除劳动合同。劳动合同是在双方协商一致的基础上订立的,当然也允许其自愿协商解除,而不问解除的理由和原因。协商解除劳动合同是双方当事人意思表示一致的结果。只要一方提出解除的要求,另一方表示同意即可。

协议解除与单方解除的区别主要在于以下两点。第一,条件不同。协议解除必须双方达成一致,而单方解除必须符合法律规定的条件。第二,公权力的介入情况不同。协议解除体现的是当事人的意思自治,只要达成一致,就不问其他理由,受到的限制较少。单方解除法律设定了条件和程序,体现了国家公权力对合同自由的干涉和限制。

2)协议解除的条件

劳动合同依法订立后,就在用人单位与劳动者之间建立了劳动法律关系,具有了法律效力,任何一方不得因后悔或者难以履行而擅自解除劳动合同。但是,为了保障用人单位的用人自主权和劳动者劳动权的实现,法律规定符合特定条件和依据相应的程序,用人单位与劳动者可以在不违背国家利益和社会公共利益的情况下,解除劳动合同。《劳动合同法》第 36 条规定:"用人单位与劳动者协商一致,可以解除劳动合同",这就明确规定了在用人单位与劳动者协商一致的情况下,可以解除劳动合同。但是协商解除劳动合同必须具备一定的条件。第一,被解除的劳动合同是依法成立且有效的劳动合同;没有成立的、无效的劳动合同不能协商解除。第二,解除时间必须在劳动合同依法订立之后、尚未全部履行完毕之前实施。第三,用人单位与劳动者均有权提出解除劳动合同的请求。第四,在双方自愿、平等协商的基础上达成一致意见,可以不受劳动合同中约定的终止条件的限制。

3)协议解除的后果

虽然双方当事人都有权提出协商解除劳动合同的请求,但由不同的当事人提出解除的,其法律后果也不同。根据《劳动合同法》第 46 条第 2 款的规定,用人单位向劳动者提出解除劳动合同并与劳动者协商一致解除劳动合同的,应当向劳动者支付经济补偿。换言之,如果是劳动者向用人单位提出解除劳动合同并与用人单位协商解除劳动合同的,用人单位无须向劳动者支付经济补偿。

2. 劳动者单方解除劳动合同

为了保障劳动者自由选择职业的权利，促进劳动资源的合理分配，劳动合同法允许劳动者自由地单方解除劳动合同，而无须用人单位的同意。但对于不同的情况，《劳动合同法》第37条和第38条分别规定了劳动者单方解除劳动合同的两种不同程序，即预告解除和即时解除。

1）劳动者预告解除劳动合同

劳动者预告解除，也称为劳动者预告辞职，是指劳动者解除劳动合同不需要任何理由，只需要提前一定的期限告知用人单位即可解除劳动合同。根据《劳动合同法》第37条的规定，劳动者在预告解除劳动合同时，无须提出任何理由。法律之所以在当事人双方都无过错的情况下，赋予劳动者无条件的预告解除权，是为了保障在劳动关系中处于弱势的劳动者，使劳动者享有充分自由选择职业的权利。《劳动合同法》规定了劳动者预告解除的两种情形。

一是劳动者试用期内预告解除劳动合同。劳动者在试用期内提前3日通知用人单位解除劳动合同。劳动合同的试用期既是用人单位对劳动者的考察期，也是劳动者选择用人单位的选择期。因此法律对劳动者在试用期内单方解除劳动合同的限制较少，无须提前30日通知用人单位，也不需要采用书面形式，而只要提前3日以任何方式通知用人单位即可。劳动合同法的这一规定改变了原《劳动法》第32条规定的劳动者可以在试用期任何时候提出解除劳动合同的规定，其目的是防止劳动者突然提出解除劳动合同而给用人单位的正常业务开展带来一定的困难。

二是正式劳动合同期间的预告解除。劳动合同期限内提前30日书面通知用人单位解除劳动合同。在劳动合同试用期满后的劳动合同履行中，劳动者要解除劳动合同的，需要提前30日以书面形式通知用人单位。这样用人单位有比较充足的时间安排工作，避免因劳动者解除劳动合同给生产经营带来影响，同时，也兼顾劳动者的利益。

劳动者在预告期内，必须正常地履行劳动义务，到预告期满，再离开单位。一般来说，劳动者在通知用人单位超过30日（试用期超过3日），劳动者就可以向用人单位提出办理解除劳动合同手续的要求，用人单位应当予以办理，不得进行阻挠。

2）劳动者即时解除劳动合同

（1）劳动者即时解除的概念特征。所谓劳动者即时解除，又称为即时辞职，是指在发生法律法规规定的特殊事由时，劳动者无须预告随时通知用人单位即可解除劳动合同或者无须告知用人单位，随时走人而解除劳动合同。《劳动合同法》第38条赋予了劳动者即时解除劳动合同的权利，主要是在用人单位违反劳动合同的约定或者违反法律法规的强制性规定时，赋予劳动者一定的救济方法，以便能够及时地维护劳动者的合法权益。即时辞职是在用人单位毫无准备的情况下发生的，用人单位可能无法及时安排其他劳动者来顶替辞职劳动者的工作，而对生产工作产生不良影响，法律规定劳动者的即时辞职只能发生在用人单位有过错的情况下，而且要明确告知用人单位辞职的理由。劳动者虽然有单方解除权，但是行使这一权利时，还是要履行通知用人单位的义务。但是,当用人单位出现以暴力、威胁或者非法限制人身自由的手段强迫劳动者劳动或者违章指挥、强令冒险作业危及劳动者人身安全等两种法定情形之一的,劳动者无须通知用人单位即可解除劳动合同,可以不辞而别。

与劳动者预告辞职相比,劳动者即时辞职的特征有3点。一是没有预告期。劳动者可以随时通知用人单位辞职,也可以不通知用人单位而自行离职,可以不辞而别。二是必须在法定条件下行使。法律规定了劳动者即时辞职的法定情形,在用人单位有过错的情况下才可以行使。三是劳动者可以要求用人单位支付经济补偿金。

(2)劳动者通知用人单位即时解除劳动合同的法定情形。

第一,用人单位未按照劳动合同约定提供劳动保护或者劳动条件的。劳动保护条件是劳动者进行安全、卫生工作以及保障其人身安全的必备要件。劳动条件是指劳动者在劳动过程中的工作环境等条件。只有在用人单位提供了劳动合同约定的劳动保护或者劳动条件的情况下,劳动者的健康权才能得到保障。《国际劳动公约和建议书》就规定了工时、休息、安全、防护、卫生等方面的劳动条件。不同性质的劳动合同,其劳动条件亦不相同,如建筑、交通运输等高危险的行业,用人单位就应当提供更高要求的相应的保护措施。用人单位违反劳动合同约定提供劳动条件,属于违约行为;而不提供合格的劳动保护条件,则属于违法行为。这些行为都侵犯了劳动者正当合法的劳动权益,甚至会威胁到劳动者的生命、身体健康等。因此,法律规定劳动者具有随时通知用人单位解除劳动合同的权利。

第二,用人单位未及时足额支付劳动报酬的。劳动合同法要求用人单位应当及时足额地支付劳动报酬。在劳动者按劳动合同履行了劳动义务后,用人单位就应向劳动者及时支付足额的劳动报酬。但在实际生活中,用人单位无故拖欠、克扣工资的情况屡见不鲜,劳动者的生活会因为用人单位不及时支付工资而受影响。在这种情况下,一方面可以由劳动行政部门责令其向劳动者支付劳动报酬和经济补偿,另一方面劳动者也可以即时解除劳动合同以维护其合法权益。

第三,用人单位未依法为劳动者缴纳社会保险费的。社会保险,是对劳动者在暂时或永久丧失劳动能力,或者失业及发生其他困难的情况下,运用社会力量给这些劳动者以一定程度的收入损失补偿,使之能继续达到基本生活水平的一种制度。社会保险是国家立法确认并强制单位和劳动者必须依法参加社会保险并缴纳社会保险费。因此,用人单位未为劳动者缴纳社会保险费是违法行为,劳动者可以随时解除劳动合同。

第四,用人单位的规章制度违反法律、法规的规定,损害劳动者权益的。用人单位的规章制度可以规范劳动者的劳动行为,对劳动者的合法权益有重大影响。因此,《劳动合同法》第4条第1款明确规定:"用人单位应当依法建立和完善劳动规章制度,保障劳动者享有劳动权利、履行劳动义务。"为了切实维护劳动者的权益,在用人单位的规章制度违反法律法规规定的情况下,劳动者可以随时解除劳动合同。

第五,用人单位以欺诈、胁迫的手段或者乘人之危,使劳动者在违背真实意思的情况下订立或者变更劳动合同导致劳动合同无效的。根据劳动合同订立的平等自愿原则，劳动合同的订立、变更应完全出于双方当事人的意愿，任何一方不得以欺诈、胁迫的手段或者乘人之危而强迫对方订立、变更劳动合同。《劳动合同法》第38条赋予劳动者这一权利。

第六，用人单位在劳动合同中免除自己的法定责任、排除劳动者权利的。劳动合同订立的公平原则，要求用人单位应当依据社会公认的公平观念与劳动者订立劳动合同。用人单位在劳动合同中免除自己的法定责任、排除劳动者权利，严重损害了处于弱势的劳动者的合法权益，也违背了公平原则的要求。因此，在用人单位免除自己的法定责任、排除劳动者权利的情况下，劳动合同法赋予了劳动者随时解除劳动合同的权利。

第七，用人单位违反法律、行政法规强制性规定的。根据劳动合同订立的合法原则，劳动合同的内容必须符合法律、行政法规的强制性规定，违反法律法规强制性规定的合同条款无效。此时，劳动者也有权随时解除劳动合同。

第八，法律、行政法规规定劳动者可以解除劳动合同的其他情形。由于现实情况千变万化，仅仅是劳动合同法无法穷尽用人单位侵害劳动者合法权益的所有形式，因此规定在其他法律或行政法规规定了劳动者可以解除劳动合同的情形时，亦可适用劳动合同法的相关规定。

劳动者在以上情况下，享有单方解除劳动合同的权利，但在行使这一权利时，仍然要履行通知义务，明确告诉用人单位基于什么理由要解除劳动合同。如果劳动者不履行告知义务，可能对用人单位的正常经营带来影响。

2）劳动者无须通知的即时辞职

劳动者无须通知的即时辞职是指在发生法律法规规定的特殊事由时，劳动者可以随时走人，无须通知用人单位即可解除劳动合同。劳动者可以在以下两种情况发生时不辞而别。

（1）用人单位以暴力、威胁或者非法限制人身自由的手段强迫劳动者劳动的。劳动者的人身权利和自由是各种权利中的基本权利，受到宪法和法律的严格保护。用人单位以暴力、威胁或者非法限制人身自由的手段强迫劳动者劳动的行为，严重侵害了劳动者的基本权利，是非法的，因此劳动者有权随时解除劳动合同，而无须事先告知用人单位。

（2）用人单位违章指挥、强令冒险作业危及劳动者人身安全的。用人单位在行使劳动合同所约定的权利时，必须符合法律法规和规章制度的规定。对于用人单位不顾劳动者的人身安全，违章指挥、强令从事危险作业的劳动者，在没有安全防护措施的情况下，进行冒险作业的，劳动者有权拒绝，并可以即时解除劳动合同，亦无须事先告知用人单位。

3. 用人单位单方解除劳动合同

用人单位单方解除劳动合同，又称为用人单位单方辞退，是指当法律法规规定的情形发生时，用人单位可以单方解除劳动合同的情形。为了更好地维护劳动者的合法权益，我国的劳动合同法对用人单位可以单方解除劳动合同的情形进行了严格的限制，明确了用人单位可以预告解除、即时解除和裁员解除劳动合同的具体情形。同时，《劳动合同法》第43条规定，不管通过哪种方式，用人单位单方解除劳动合同的，应当事先将理由通知工会。

1）用人单位预告解除劳动合同

用人单位预告解除，也称为用人单位预告辞退或非过错性辞退，是指用人单位依照法律规定的期限，提前通知劳动者或者给予劳动者一定的补偿后才能解除劳动合同的行为。劳动合同与劳动者的预告解除不同，首先，劳动者预告解除劳动合同不需要提出任何理由，而用人单位则只有在法律法规规定的情形出现时，才能提出预告解除；其次，在出现用人单位可以预告解除劳动合同的情形时，用人单位既可以选择提前30日以书面形式通知劳动者而解除合同，也可以选择额外支付劳动者一个月工资以解除合同。劳动合同法之所以这样规定主要是为了避免用人单位随意解除劳动合同，从而维护劳动者的合法权益。《劳动合同法》第40条规定，具有以下情形之一的，用人单位可以预告解除劳动合同。

（1）劳动者患病或者非因工负伤，在规定的医疗期满后不能从事原工作，也不能从事由用人单位另行安排的工作的。

该规定的适用，应当具备以下几个条件。一是劳动者必须是患病或者非因工负伤，如果是患职业病或因公负伤的，适用工伤制度的规定。二是医疗期满，如果是在医疗期间，用人单位不得解除劳动合同。所谓医疗期是指职工因患病或非因工负伤停止工作治病休息的时限，不是其伤病治愈所需要的时间。三是医疗期满后，劳动者不能从事原工作，也不能从事用人单位另行安排的工作。用人单位依据这一规定解除劳动合同时，必须先给劳动者安排其他工作，只有在劳动者无法从事时，才能行使解除权。

（2）劳动者不能胜任工作，经过培训或者调整工作岗位，仍不能胜任工作的。

这里的"不能胜任工作"，是指劳动者不能按要求完成劳动合同中约定的任务或同工种、同岗位人员的正常工作量。当劳动者不能胜任工作，不能按照劳动合同的约定付出劳动时，劳动合同就没有继续履行的必要。但判断劳动者"不能胜任"的标准不能由用人单位任意确定，用人单位也不能故意提高定额标准，使劳动者无法完成工作任务，而应当有相关证明并与劳动者所从事的劳动相联系。在确认劳动者不能胜任工作之后，用人单位还应当对劳动者进行培训或者调整工作岗位。只有在经过培训或调整工作岗位后劳动者仍然不能胜任工作的情况下，用人单位才能行使预告解除劳动合同的权利。

（3）劳动合同订立时所依据的客观情况发生重大变化，致使劳动合同无法履行，经用人单位与劳动者协商，未能变更劳动合同内容达成协议的。

客观情况发生重大变化，主要是指发生不可抗力，如自然灾害出现，导致地震、水灾等情况，或出现了致使劳动合同无法履行的客观情况，如企业迁移、合并。在出现上述重大变化后，用人单位首先应当与劳动者协商以变更原劳动合同，只有在双方不能对变更劳动合同内容达成协议时，用人单位才能预告解除劳动合同。

2）用人单位即时解除劳动合同

用人单位即时解除劳动合同，又称为过错性辞退、过错性解雇、即时辞退等，是指用人单位可以不必提前预告而解除劳动合同的行为。与用人单位预告解除劳动合同相比，即时解除对劳动者的影响更大，因而法律对用人单位即时解除劳动合同的情形进行了更加严格的限制，只有在劳动者于工作中存在严重过错的情况下，用人单位才享有此项权利。《劳动合同法》第39条具体规定了以下几种用人单位可以即时解除劳动合同的情形。

（1）劳动者在试用期间被证明不符合录用条件的。

劳动合同的试用期是用人单位对劳动者的考察期间，如果劳动者在此期间被证明不符合录用条件，用人单位可以即时解除劳动合同。但此规定的适用应当具备两个条件：一是劳动者正在试用期内，如果劳动合同约定的试用期已经届满，用人单位不得以此为由解除劳动合同；二是有证据表明劳动者不符合录用的条件。所谓录用条件，必须是法律、法规规定的一般条件以及用人单位在录用劳动者前公布的录用条件，不能包括试用期间以及试用期届满后用人单位自己抬高的录用条件，即录用条件要有合法性和合理性。但在现实生活中，经常发生用人单位在未能证明劳动者不符合录用条件的情况下就解除劳动合同，给劳动者的权益造成了极大的损害。按照法律规定，用人单位应当对劳动者不符合录用条件的事实予以证明，否则劳动者可以拒绝解除劳动合同。

（2）劳动者严重违反用人单位的规章制度的。

适用这一规定解除劳动合同必须具备的条件。一是用人单位的规章制度是合法有效的。用人单位的规章制度是劳动者履行劳动义务的依据，如果劳动者严重违反用人单位的规章制度，用人单位有权即时解除劳动合同。如果规章制度不合法，即使劳动者严重违反用人单位的规章制度，用人单位也不能解除劳动合同。二是劳动者严重违反用人单位的规章制度。是否严重违反，需要根据实际情况予以判断，只有在违章程度严重的情况下，如严重违反操作规程、损坏生产设备、浪费原材料、工作态度不好、服务态度不好等，用人单位才有权解除劳动合同，否则劳动者有权拒绝解除。

（3）劳动者严重失职，营私舞弊，给用人单位造成重大损害的。

根据诚实信用原则的要求，劳动者应坚守工作岗位，严格按照劳动合同的约定完成工作任务，而不得利用职务之便谋取私利，损害单位利益。在劳动者既存在严重失职、营私舞弊的行为，又给用人单位造成重大损害的情况下，用人单位有权解除劳动合同。也就是说要两个条件同时具备，缺一不可。

（4）劳动者同时与其他用人单位建立劳动关系，对完成本单位的工作任务造成严重影响，或者经用人单位提出，拒不改正的。

为了保证劳动合同的正常履行，劳动法规定劳动者只能与一个用人单位建立劳动关系，否则用人单位有权解除劳动合同。如果劳动者与多个用人单位建立劳动关系，可能导致其在精力、时间上存在不足，难以胜任本职工作。但在用人单位解除劳动合同时，除证明劳动者与其他用人单位建立劳动关系外，还需证明已向劳动者提出但其拒不改正。

（5）劳动者以欺诈、胁迫的手段或者乘人之危，使用人单位在违背真实意思的情况下订立或者变更劳动合同的。

根据劳动合同订立的平等自愿原则，不仅用人单位不得以欺诈、胁迫的手段或乘人之危强迫劳动者订立劳动合同，劳动者也不得采取这些手段使用人单位在违背真实意思的情况下订立或者变更劳动合同。劳动者以欺诈、胁迫手段或者乘人之危强迫用人单位订立或者变更劳动合同的，该合同无效，用人单位有权即时解除劳动合同。

（6）劳动者被依法追究刑事责任的。

劳动者被依法追究刑事责任，是指在劳动合同存续期间，劳动者因触犯刑法，被依法追究刑事责任的。劳动者被依法追究刑事责任是指被人民检察院免于起诉的、被人民法院判处刑罚的、被人民法院依据刑法规定免于刑事处分的。如果劳动者被人民法院判处拘役、三年以下有期徒刑缓刑的，用人单位可以解除劳动合同。

3）用人单位裁员解除劳动合同

用人单位裁员解除劳动合同通常称为经济裁员，是指用人单位由于生产经营状况发生变化或其他客观经济状况发生重大变化等经济性原因，与部分劳动者解除劳动合同的情形。经济裁员是用人单位用以改善生产经营状况的一种手段。经济性裁员在本质上属于用人单位对劳动合同的无过错性单方预告解除劳动合同，是法律为了平衡用人单位和劳动者的利益而作出的规定。

（1）用人单位裁员解除劳动合同与用人单位预告解除和即时解除的不同。

一是解除情形不同。裁员解除是以用人单位的生产经营状况变化为前提的；而用人单位预告解除是因为劳动者客观不能履行劳动合同，即时解除是因为劳动者在履行合同过程中存在重大过错。二是解除程序不同。劳动合同法规定了用人单位裁员的特殊程序：需要裁减人员20人以上或者裁减不足20人但占企业职工总数10%以上的，用人单位需提前30日向工会或者全体职工说明情况，听取工会或者职工的意见，其后还要将裁减人员方案向劳动行政部门报告方可裁减人员。而用人单位预告解除和即时解除则无须如此复杂的程序。

（2）经济裁员的要件。

第一，符合法定的情形。《劳动合同法》第41条规定，用人单位经济裁员的法定情形有4种。一是依照企业破产法规定进行重整的。根据企业破产法的规定，企业法人不能清偿到期债务，并且资产不足以清偿全部债务或者明显缺乏清偿能力，或者有明显丧失清偿能力可能的，可以依法进行重整。此时，为了企业的更好发展，用人单位可以进行裁员。二是生产经营发生严重困难的。生产经营发生严重困难，是指用人单位生产经营恶化，并达到当地政府规定的严重困难企业标准的情形。在这种情况下，如果确实需要共同裁员来克服企业困难的，用人单位可以进行裁员。三是企业转产、重大技术革新或者经营方式调整，经变更劳动合同后，仍需裁减人员的。在用人单位转产、重大技术革新或者经营方式调整过程中，可能导致工作岗位的减少。此时，用人单位应当与劳动者协商变更劳动合同，但如果在劳动合同变更之后，仍然需要裁减人员的，用人单位可以按照法定程序进行裁减。四是其他因劳动合同订立时所依据的客观经济情况发生重大变化，致使劳动合同无法履行的。为了让用人单位能够更好地适应客观经济情况的变化，法律赋予了用人单位在由于客观经济情况变化而导致劳动合同无法履行时解除劳动合同的权利。必须是出现了4种情形之一导致劳动合同无法履行，才能进行经济裁员。如果发生了《劳动合同法》第41条所列出的4种情形，但企业与劳动者之间的劳动合同仍然可以继续履行的，企业没有裁员的必要。

第二，裁员的人数必须达到法定标准。由于经济裁员时一次性辞退大批劳动者，容易引发社会问题，因此法律对裁员的法定标准有规定，要求是裁减人员20人以上或者裁减不足20人但占企业职工总数10%以上的，只有符合这一条件，才可以经济裁员。如果裁减的人数不符合这一条件，用人单位就只能通过与劳动者协商解除劳动合同。

第三，听取工会和或者全体职工的意见，并向劳动行政部门报告。《劳动合同法》第41条规定，用人单位继续经济性裁员，需要提前30日向工会或者全体职工说明情况，听取工会或者职工的意见后，裁减人员方案经向劳动行政部门报告，方可裁减人员。

（3）经济性裁员的特殊规定。

为了防止用人单位侵害劳动者的利益，法律对经济性裁员，遵从优先留用和优先录用。一是优先留用。《劳动合同法》第41条规定裁减人员时，应当优先留用与本单位订立较长期限的固定期限劳动合同的人员、与本单位订立无固定期限劳动合同的人员、家庭无其他就业人员并有需要赡养的老人或者抚养未成年人的人员。二是优先录用。《劳动合同法》第41条规定，用人单位依法裁减人员，如果在六个月内重新招用人员的，应当通知被裁减的人员，并在同等条件下优先招用被裁减的人员。

（4）经济性裁员的程序。

为了尽量减轻经济性裁员对劳动者和整个社会的安定团结造成的冲击，《劳动合同法》延续了《劳动法》关于经济性裁员的程序性规定，要求用人单位进行经济裁员必须履行法定程序。第一，必须提前30日向工会或者全体职工说明情况。由于经济性裁员涉及较多劳动者的权益，为便于工会和劳动者了解裁减理由，获得工会和劳动者对经济性裁员行为的理解和认同，用人单位必须提前30日向工会或者全体职工说明情况，并听取工会或者职工的意见。第二，提出裁减人员方案，内容包括：被裁减人员名单，裁减时间及实施步骤，符合法律、法规规定和集体合同约定的被裁减人员经济补偿办法。第三，将裁减人员方案征求工会或者职工的意见，并对方案进行修改和完善；用人单位经向工会或者全体职工说明情况，听取工会或者职工的意见，对原裁减人员方案进行必要修改后，形成正式的裁减人员方案。第四，向当地劳动行政部门报告裁减人员方案；该裁减人员方案需要向劳动行政部门报告，以使劳动行政部门了解裁减情况，必要时采取相应措施，防止出现意外情况，监督经济性裁员合法进行。第五，由用人单位正式公布裁减人员方案，办理解除劳动合同手续，按照有关规定向被裁减人员支付经济补偿金。

4）用人单位预告解除和裁员的禁止性规定

为了保护劳动者中最弱势群体的权益，劳动合同法除规定用人单位可以解除劳动合同的情形外，还专门规定了不得解除劳动合同的情形。根据《劳动合同法》第42条的规定，劳动者有下列情形之一的，用人单位不得预告解除和裁员解除劳动合同。

（1）从事接触职业病危害作业的劳动者未进行离岗前职业健康检查，或者疑似职业病病人在诊断或者医学观察期间的。为了保护劳动者的健康及相关权益，《劳动合同法》和《职业病防治法》都规定，对未进行离岗前职业健康检查的劳动者，或者劳动者在疑似职业病病人诊断或者医学观察期间，用人单位不得解除或者终止劳动合同。

（2）在本单位患职业病或者因工负伤并被确认丧失或者部分丧失劳动能力的。根据《职业病防治法》第2条的规定，职业病是指用人单位的劳动者在职业活动中，因接触粉尘、放射性物质和其他有毒、有害物质等因素而引起的疾病，并明确规定了职业病的种类。因工负伤又称工伤，是指劳动者在工作过程中身体受到伤害。《工伤保险条例》对属于工伤的情形做了明确的规定。劳动者患职业病或者因工负伤并被确认丧失或者部分丧失劳动能力的，用人单位不得对其进行预告解除或裁员解除劳动合同。但如果劳动者仅仅是患职业病或因工负伤，而未丧失或者部分丧失劳动能力的，用人单位有权预告解除和裁员。

（3）患病或者非因工负伤，在规定的医疗期内的。医疗期，是指劳动者根据其在用人单位工作的年限，依法可以享受停工医疗并发给病假工资的期间。《企业职工患病或非因工负伤医疗期规定》对不同劳动者的医疗期进行了详细的规定。在这个期间内，用人单位不得对劳动者进行预告解除和裁员解除劳动合同。

（4）女职工在孕期、产期、哺乳期的。妇女有其与男性不同的生理特点，往往会在劳动中遇到一些特殊困难。为了对她们的特殊利益进行保护，保障其安全和健康，法律规定女职工在孕期、产期、哺乳期内，用人单位不得对其进行预告解除和裁员解除劳动合同。

（5）在本单位连续工作满15年，且距法定退休年龄不足5年的。除特殊职业外，我国法律规定的退休年龄是男60周岁，女55周岁。在本单位连续工作满15年，且距法定退休年龄不足5年的职工，对用人单位做出了相当的贡献，如果随意解除其劳动合同，将使他们面临生活困难等问题。因此，法律规定对这部分劳动者，用人单位不得预告解除和裁员解除劳动合同，从而更好地保障了这些弱势劳动者的劳动权益。

（6）法律、行政法规规定的其他情形。除劳动合同法外，其他法律、行政法规也可能规定有用人单位不得解除劳动合同的情形，为了法律之间的相互协调，这些其他情形也可适用劳动合同法的相关规定，也为以后的立法留下空间。

以上这些情形只是约束了用人单位预告解除和裁员解除劳动合同的权利，但如果出现了法律所规定的用人单位有权即时解除劳动合同的情形，则不受该规定的约束。

4.2 劳动合同的终止

4.2.1 劳动合同终止概述

1. 劳动合同终止的概念

所谓劳动合同终止，是指劳动合同所确立的劳动关系因劳动合同解除以外的法律事实而消灭。由于一定法律事实的出现使劳动关系依法被终结，劳动者和用人单位一般不再执行原劳动合同法中的权利义务，但依约定和诚实信用原则，劳动者和用人单位仍应履行一定的后合同义务，如竞业限制、保守秘密等义务，后文将有述及。

我国《劳动法》和《劳动合同法》对劳动合同的解除与终止都是分别予以规定的，劳动合同的解除并不包含在终止之中。这就涉及对劳动合同解除与终止的两种不同立法体例：并列规定与包容规定。从比较法的视野考察，其他国家和地区大多采用包容理论，如法国、德国、英国。在此笔者无意去探讨两种立法例的优劣，我们所要了解的是我国对劳动合同解除与终止的立法坚持的是并列规定的立场。同时有学者指出，在并列规定的模式下，劳动合同终止的事由基本上为客观事件，而劳动合同的解除则属于法律行为。事件和行为是根据是否与行为人意志有关的客观情况而划分的，事件是不以行为人的意志为转移的客观情况，行为是体现行为人主观意志的客观情形，二者统归于民事法律事实。从《劳动合同法》的规定来看基本上是遵循这一区分事实的，劳动合同的解除需要用人单位和劳动者实施一定的行为才可以产生效力，而劳动合同的终止多是因为期限届满以及用人单位或劳动者一方或双方主体资格的不复存在而产生效力。

我国《劳动合同法》第 44 条前 5 项将常见的劳动合同终止的条件予以列举，第 6 项作为兜底条款以涵盖其他无法详细举例的情形。这一形式既便于司法实践的操作也弥补了列举无法穷尽所有规则的不足，提高了法律的适用性。1995 年施行的《劳动法》第 23 条也对劳动合同的终止做了规定："劳动合同期满或者当事人约定的劳动合同终止条件出现，劳动合同即行终止。"相比而言，《劳动合同法》第 44 条对此做了诸多完善和部分修改，主要表现在增加了劳动合同终止的事由，同时删除了"当事人约定的劳动合同终止条件出现，劳动合同即行终止"的规定，也就是说，用人单位不得与劳动者在合同条款里约定合同终止的条件，这是对《劳动法》第 19 条将"劳动合同的终止条件"作为合同必备条款的重大修改。之所以将劳动合同终止的事由法定化，而不交由当事人决定，主要在于防止用人单位利用其强势地位将对劳动者不利的条件约定为终止条件，从而损害弱势一方劳动者的合法权益。另外在《劳动合同法》

施行前,用人单位利用可以约定合同终止条件,将某些用人单位解除合同的事由作为终止事由,从而规避解除某些合同而要支付经济补偿的义务。因为《劳动部关于贯彻执行〈中华人民共和国劳动法〉若干问题的意见》第 38 条指出:"劳动合同期满或者当事人约定的劳动合同终止条件出现,劳动合同即行终止,用人单位可以不支付劳动者经济补偿金。国家另有规定的,从其规定。"而随着《劳动合同法》的实施,其第 46 条第 5 项明确规定除用人单位维持或提高劳动合同约定条件续订劳动合同而劳动者不同意续订的情形以外,终止固定期限劳动合同仍应支付经济补偿。

2. 劳动合同终止与劳动合同解除的区别

1)发生原因不同

劳动合同终止的原因是出现了《劳动合同法》第 44 条中规定的法定情形,也就是说,引起劳动合同终止的条件是法定原因,只有出现法律规定的情形,当事人之间才可以终止劳动合同,当事人之间不得约定终止的条件。而劳动合同的解除原因可以是法定条件出现,也可以是约定条件的出现。根据《劳动合同法》的规定,除法定许可解除条件之外,劳动合同双方可以在平等自愿协商的基础上约定解除条件。

2)法律后果不同

劳动合同终止一般来说是当事人双方无过错的情况下终止,因此用人单位一般不承担责任,不支付经济补偿金。只有在用人单位有过错的情况下才需要支付经济补偿金。如用人单位被依法宣告破产、用人单位被吊销营业执照或责令关闭撤销、用人单位自己决定提前解散等情况,用人单位要支付经济补偿金。而劳动合同的解除,多是因为劳动者或用人单位主观上有过错造成的,法律规定用人单位要承担支付经济补偿金的情形比较多。比如,用人单位出现第 38 条规定的过错行为导致劳动合同解除的、用人单位依照第 40 条的规定预告解除劳动合同的、依照第 41 条第 1 款的规定解除劳动合同的,都需要向劳动者支付经济补偿金。

4.2.2 劳动合同终止的法定事由

我国《劳动合同法》第 44 条对劳动合同的终止事由作出了规定。

1. 劳动合同期满

劳动合同期限一般是指始于劳动合同依法成立,终于劳动合同终止的这段时间。劳动合同期满是最典型的劳动合同终止情形,劳动合同期满,表示原来在劳动合同中约定的双方的权利义务已经履行完毕,劳动合同已经没有了继续存在的必要。

2. 劳动者开始依法享受基本养老保险待遇

基本养老保险是为保障企业离退休人员的基本生活而由国家强制实施的一种社会保险,它同失业保险、生育保险、医疗保险和工伤保险共同构成我国目前社会保险的五大内容。按照我国法律规定,劳动者享受基本养老保险待遇的条件有以下 3 个方面。

(1)劳动者达到法定退休年龄。劳动者达到退休年龄是享受基本养老保险待遇的基础。关于退休年龄,根据国务院1978年颁发的《关于工人退休、退职的暂行办法》以及2001年劳动和社会保障部办公厅对北京市劳动和社会保障局"关于企业职工'法定退休年龄'涵义"的复函可以分成以下几种情形:一是男年满60周岁,女工人年满50周岁,女干部年满55周岁,连续工龄满10年;二是从事井下、高空、高温、特别繁重体力劳动或者其他有害身体健康的工作,男年满55周岁、女年满45周岁,连续工龄满十年;三是男年满50周岁、女年满45周岁,连续工龄10年,由医院证明,并经劳动鉴定委员会确认,完全丧失劳动能力的;四是因工致残,由医院证明,并经劳动鉴定委员会确认,完全丧失劳动能力的。我国正在逐步实施延迟退休的政策,有副高以上职称和有处级以上职位的女性,可以60岁退休。

(2)劳动者退出劳动领域。所谓退出劳动领域,是指劳动者从劳动岗位上退下来,休息休养,不再与用人单位建立劳动关系。《劳动合同法实施条例》第21条针对此种情况作出了明确规定:"劳动者达到法定退休年龄的,劳动合同终止。"劳动者退出劳动领域的标志就是办理退休手续。

(3)缴费年限已累计满15年。劳动者已连续缴纳养老保险费满15年,才可以享受养老保险待遇。如果出现缴费中断的情况,可以延续缴纳或者一次性缴费至15年,便可享受养老保险待遇。国务院相关文件,对企业职工基本养老保险制度作出了具体规定。

3. 劳动者死亡或被人民法院宣告死亡或宣告失踪

自然人的民事权利能力始于出生,终于死亡,这里的"死亡"包括自然死亡和宣告死亡。宣告死亡是指法院根据利害关系人的申请,依法定的程序推定失踪达到一定期限的公民死亡并予以宣告的制度。死亡是一个法律事件,它的后果是使自然人的民事主体资格归于消灭。宣告失踪是指法院根据利害关系人的申请,依法定的程序宣告下落不明达到一定期限的公民为失踪人的法律制度。劳动者死亡或被宣告死亡、宣告失踪,均会导致劳动合同中劳动者无法履行劳动义务,劳动关系是一种具有强烈人身属性的权利义务关系,劳动合同是用人单位基于对劳动者的认可而签订的,若作为劳动合同的一方当事人的主体资格不复存在,原劳动合同中的相关内容也就无法继续履行,此时劳动合同将依法终止。

4. 用人单位被依法宣告破产

所谓宣告破产,是指当债务人的全部资产不能清偿到期债务时,通过一定的程序将债务人的全部资产供债权人平均受偿,使债务人免除不能清偿的其他债务,并由人民法院宣告破产解散。我国《破产法》第2条第1款规定:"企业法人不能清偿到期债务,并且资产不足以清偿全部债务或者明显缺乏清偿能力的,依照本法规定清理债务。"用人单位一旦被法院宣告破产,即将进入破产清算程序,用人单位的主体资格也将归于消灭。同劳动者死亡或被法院宣告死亡、宣告失踪一样,用人单位被宣告破产,其作为劳动合同一方当事人的主体地位将消失,此时劳动合同的效力依法终止。破产程序终结后,管理人应在10日内持法院终结破产程序的裁定,向破产人的原登记机关办理注销登记，此时用人单位的民事权利能力最终消灭。

5. 用人单位被吊销营业执照、责令关闭、撤销或者用人单位决定提前解散

1）用人单位被吊销营业执照、责令关闭、撤销

根据我国《公司法》《合伙企业法》等规定，用人单位被吊销营业执照的情形有以下几种。一是虚假注册。即用人单位违反相关法律规定提交虚假文件或者采取其他欺骗手段取得企业登记，情节严重的。二是伪造、涂改、出租、出借、转让营业执照，情节严重的。三是企业成立后无正当理由超过6月未开业的，或者开业后自行停业超过6个月的。四是虚假评估、验资。承担资产评估、验资或者验证的机构提供虚假材料或承担资产评估、验资或者验证的机构因过失提供有重大遗漏的报告的，有关主管机构可以依法责令该机构停业，吊销直接责任人员的资格证书，吊销营业执照。五是以用人单位的名义从事危害国家安全、社会公共利益的严重违法行为的，要吊销企业法人的营业执照。用人单位被承担责令关闭，是指合法建立的企业在存续过程中，未能一贯严格遵守有关法律法规，被政府有关部门依法查处。用人单位被撤销是指因为企业未经合法程序建立，或者形式合法但不符合相关法律法规的具体规定，被政府有关部门发现后受到查处。

2）用人单位决定提前解散的

所谓解散，是指"公司因法律或章程规定的解散事由出现而停止营业活动并逐渐终止其法律资格的行为"。《公司法》第181条规定了5种解散公司的情形：一是公司章程规定的营业期限届满或者公司章程规定的其他解散事由出现；二是股东会或者股东大会决议解散；三是因公司合并或者分立需要解散；四是依法被吊销营业执照、责令关闭或者被撤销；五是人民法院依照本法第183条的规定予以解散。依据《公司法》的相关规定，除因分立、合并而解散公司的外，其他事由导致的解散均应在解散事由出现之日起15日内成立清算组开始清算。在清算期间，公司继续存续，但不得开展与清算无关的经营活动；若公司的财产不足以清偿债务的，清算组应当依法向法院申请宣告破产。用人单位无论是被吊销营业执照、责令关闭、撤销还是自己决定提前解散，均会导致其作为劳动合同一方当事人的主体资格消灭，同宣告破产一样，此时劳动合同依法终止。

6. 法律、行政法规规定的其他情形

此处的"法律"应作狭义理解，即仅指全国人民代表大会及其常务委员会制定或修改的法律。《劳动合同法》将终止劳动合同事由的权限仅仅赋予了狭义的"法律"和行政法规，而不包括行政规章、地方性法规以及地方政府规章。换句话说，除了法律和行政法规外，其他任何规范性文件均无权设定终止劳动合同的事由。《劳动争议司法解释一》第48条规定："劳动合同法施行后，因用人单位经营期限届满不再继续经营导致劳动合同不能履行，劳动者要求用人单位支付补偿金的，人民法院应当予以支持。"这一条是对《劳动合同法》第44条第6项"法律、行政法规规定的其他情形"的补充规定。用人单位经营期限届满不再继续经营，是司法解释明确的一种劳动合同

终止的情形，劳动者可以在"用人单位经营期限届满不再继续经营"导致劳动合同不能继续履行的情况下，要求用人单位给予经济补偿。

4.2.3 劳动合同终止的限制

《劳动合同法》仅对"合同期满"而导致劳动合同终止的情形做了例外规定，并未对劳动者与用人单位主体身份的消灭而导致合同终止做出限制性规定。《劳动合同法》第45条指出："劳动合同期满，有本法第四十二条规定情形之一的，劳动合同应当续延至相应的情形消失时终止。但是，本法第四十二条第二项规定丧失或者部分丧失劳动能力劳动者的劳动合同的终止，按照国家有关工伤保险的规定执行。"据此，劳动合同终止的限制主要有以下几种情形。

1. 从事接触职业病危害作业的劳动者未进行离岗前职业健康检查，或疑似职业病人在诊断或医学观察期间的，不得终止劳动合同

劳动者享有在一个健康的环境中工作的权利，对于接触职业病危害作业的劳动者，用人单位须采取积极措施加以预防。2018年修正的《职业病防治法》第35条明确指出："对从事接触职业病危害的作业的劳动者，用人单位应当按照国务院卫生行政部门的规定组织上岗前、在岗期间和离岗时的职业健康检查，并将检查结果书面告知劳动者。职业健康检查费用由用人单位承担。用人单位不得安排未经上岗前职业健康检查的劳动者从事接触职业病危害的作业；不得安排有职业禁忌的劳动者从事其所禁忌的作业；对在职业健康检查中发现有与所从事的职业相关的健康损害的劳动者，应当调离原工作岗位，并妥善安置；对未进行离岗前职业健康检查的劳动者不得解除或者终止与其订立的劳动合同。"第55条还规定："用人单位应当及时安排对疑似职业病病人进行诊断；在疑似职业病病人诊断或者医学观察期间，不得解除或者终止与其订立的劳动合同。"总之，用人单位须对接触职业病危害作业的劳动者进行离职前健康检查或对疑似职业病人经过了诊断或医学观察期后并且确定没有患上职业病的，才能终止劳动合同。

2. 在本单位患职业病或因工负伤并被确认丧失或部分丧失劳动能力，根据伤残等级确定是否终止劳动合同

根据《工伤保险条例》的规定，劳动功能障碍分为十个伤残等级，最重的为一级伤残，最轻的为十级伤残。法律依据伤残情况的不同作出了不同的规定。

（1）若职工因工致残并被劳动能力鉴定委员会鉴定为一级至四级伤残的，劳动者退出工作岗位，但保留与用人单位的劳动关系，并享受一次性伤残补助金、伤残津贴等待遇，即此时劳动合同并未终止。

（2）职工因工致残并被鉴定为五级、六级伤残的，保留与用人单位的劳动关系，由用人单位安排适当工作并享受一次性伤残补助金、伤残津贴等待遇。若职工本人提出解除或终止劳动关系的，可以解除或终止劳动关系，并由用人单位支付一次性工伤医疗补助金和伤残就业补助金。即在此种情形下，原则上劳动合同不终止，但工伤职工自己提出解除或终止的不在此限。

（3）若被鉴定为七级至十级伤残，并且劳动合同期满的，劳动合同终止，或职工本人提出解除劳动合同的，可以允许，并由用人单位支付一次性工伤医疗补助金和残疾就业补助金。

3. 患病或非因工负伤，在规定的医疗期内，劳动合同期满不得终止劳动合同

根据原劳动部颁行的《企业职工患病或非因工负伤医疗期规定》，医疗期是指职工因患病或非因工负伤停止工作治病休息的时限，并且在此期限内不得解除劳动合同。该《规定》第3条指出，应根据职工本人实际参加工作年限和在本单位工作年限，给予3个月到24个月的医疗期。具体来说：

（1）实际工作年限10年以下，在本单位工作年限5年以下的为3个月；5年以上的为6个月；

（2）实际工作年限10年以上，在本单位工作年限5年以下的为6个月；5年以上10年以下的为9个月；10年以上15年以下的为12个月；15年以上20年以下的为18个月；20年以上的为24个月。第4条进一步指出："医疗期三个月的按六个月内累计病休时间计算；六个月的按十二个月内累计病休时间计算；九个月的按十五个月内累计病休时间计算；十二个月的按十八个月内累计病休时间计算；十八个月的按二十四个月内累计病休时间计算；二十四个月的按三十个月内累计病休时间计算。"在实践中，一些企业和地方劳动部门反映最长24个月的医疗期过短，在执行时遇到一定困难，故劳动部又发文《关于贯彻〈企业职工患病或非因工负伤医疗期规定〉的通知》，指出医疗期应从病休第一天开始累计计算；对某些特殊疾病（如癌症、精神病、瘫痪等）在24个月内尚不能痊愈的，经企业和劳动主管部门批准，可适当延长医疗期。对于被认定为患有难以治疗的疾病的，医疗期满后，由劳动鉴定委员会参照工伤与职业病致残程度鉴定标准进行劳动能力的鉴定。若被鉴定为一级至四级伤残的，应当退出劳动岗位，解除劳动关系，并办理退休、退职手续，享受退休、退职待遇。

4. 女职工在孕期、产期、哺乳期，劳动合同期满不得终止劳动合同

为了保护女职工在"三期"内的合法权益，禁止在此期限内解除或因合同期满而终止劳动合同。国务院早在1988年的《女职工劳动保护规定》的第8条和第9条就对女职工的产假和哺乳期进行了规定；而在1995年劳动部印发的《关于贯彻执行〈劳动法〉若干问题的意见》第34条明确指出："除劳动法第二十五条规定的情形外，劳动者在医疗期、孕期、产期和哺乳期内，劳动合同期限届满时，用人单位不得终止劳动合同。劳动合同的期限应自动延续至医疗期、孕期、产期和哺乳期期满为止。"2018年修正的《妇女权益保障法》第27条规定："任何单位不得因结婚、怀孕、产假、哺乳等情形，降低女职工的工资，辞退女职工，单方解除劳动（聘用）合同或者服务协议。但是，女职工要求终止劳动（聘用）合同或者服务协议的除外。"这一规定再次重申女职工在此期限内用人单位不得单方解除或终止合同或服务协议。

5. 在本单位连续工作满 15 年且距法定退休年龄不足 5 年，劳动合同期满不得终止劳动合同

在这种情况下，劳动者年龄较大，对单位、对社会做出了较多贡献，并且一旦解除或终止与此类劳动者的劳动合同将使其难以重新就业，故立法对年龄偏大的劳动者给予了特殊保护，规定对连续工作满 15 年且距法定退休年龄不足 5 年的劳动者，不得解除或因合同期满而终止劳动合同。

《劳动合同法》第 14 条对劳动者在用人单位连续工作满 10 年且距法定退休年龄不足 10 年的，用人单位应与其订立无固定期限劳动合同，这也是对年龄偏大劳动者的一种特殊保护。法律之所以作出这些倾斜性的规定，一方面是对年龄偏大劳动者所作贡献的承认，另一方面也是用人单位理应承担的社会责任。

4.3 劳动合同解除和终止的法律后果

4.3.1 劳动合同解除的法律后果

劳动合同解除的后果，是指劳动合同的解除所导致的法律后果，即劳动合同的解除对双方当事人附随产生的法律规定的权利义务。[①]无论是双方协商解除还是当事人单方解除劳动合同，都会产生相应的法律后果，但解除的方式不同，产生的法律后果也不相同。

1. 用人单位的义务

1）支付经济补偿

（1）经济补偿金的含义。经济补偿金是指劳动合同解除或者终止后，用人单位依照法律规定向劳动者支付约定数额的金钱。支付经济补偿金是由法律强制性规定的，只要法律规定的情形出现，用人单位就要依法支付。除用人单位即时解除和劳动者预告解除以及劳动者提出并协商解除劳动合同的情形外，劳动合同解除一般都要求用人单位支付经济补偿。

（2）用人单位应当支付经济补偿金的情形。《劳动合同法》第 46 条规定了用人单位应当支付经济补偿的 5 种具体情形。一是劳动者依照《劳动合同法》第 38 条的规定即时解除劳动合同的。劳动者可以即时通知就解除劳动合同，是因为用人单位有违法违约行为的，存在法定过错。用人单位的法定过错包括未按照劳动合同约定提供劳动保护或者劳动条件的；用人单位未及时足额支付劳动报酬的；用人单位未依法为劳动者缴纳社会保险费的；用人单位的规章制度违反法律、法规的规定，损害劳动者权益的；用人单位以欺诈、胁迫的手段或者乘人之危，使劳动者在违背真实意思的情况下订立或者变更劳动合同导致劳动合同无效的；用人单位在劳动合同中免除自己的法

---

① 王全兴. 劳动法学. 北京：中国法制出版社，2001：209.

定责任、排除劳动者权利的；用人单位违反法律、行政法规强制性规定的；以及法律行政法规规定劳动者可以解除劳动合同的其他情形。由于用人单位有过错，劳动者可以要求支付经济补偿金。二是用人单位向劳动者提出解除劳动合同并与劳动者协商一致解除劳动合同的。这一规定有利于促进劳动力的流动。在用人单位提出协商解除劳动合同时，如果不需要向劳动者支付经济补偿，那么很多劳动者就不会同意解除，从而限制了劳动力资源的合理配置。但是，如果是劳动者主动提出协商解除劳动合同的，则不得要求用人单位支付经济补偿。三是在出现劳动者不能实际履行劳动合同约定义务的情形时，用人单位预告解除劳动合同的。这里所说的劳动者不能实际履行劳动合同的情形，是指《劳动合同法》第40条所规定的用人单位可以预告解除劳动合同的三种情形，即出现劳动者患病或者非因工负伤，在规定的医疗期满后不能从事原工作，也不能从事由用人单位另行安排的工作的；劳动者不能胜任工作，经过培训或者调整工作岗位，仍不能胜任工作的；劳动合同订立时所依据的客观情况发生重大变化，致使劳动合同无法履行，经用人单位与劳动者协商，未能就变更劳动合同内容达成协议的。在这三种情形之下，劳动者和用人单位双方都不存在重大过错，但法律为了保护处于弱势的劳动者的利益，平衡双方的权利义务，规定在这些情形下解除劳动合同，用人单位要支付经济补偿金。四是用人单位因生产经营状况发生变化而裁员解除劳动合同的。这种情形与上述第三种情形相同，劳动者和用人单位都不存在过错，而是由于客观原因的变化造成劳动合同的履行并无实际意义。法律为了更好地保障劳动者的权益，规定了用人单位向劳动者支付经济补偿的义务。五是法律、行政法规规定的其他情形。

（3）支付经济补偿金的标准。

《劳动合同法》第47条对支付经济补偿的标准作出了明确规定：经济补偿按劳动者在本单位工作的年限，每满1年支付1个月工资的标准支付。6个月以上不满1年的，按1年计算；不满6个月的，支付半个月工资的经济补偿。劳动者月工资高于用人单位所在地直辖市、设区的市级人民政府公布的本地区上年度职工月平均工资3倍的，向其支付经济补偿的标准按职工月平均工资3倍的数额支付，向其支付的年限最高不超过12年。《违反和解除劳动合同的经济补偿办法》第10条规定："用人单位解除劳动合同后，未按规定给予劳动者经济补偿的，除全额发给经济补偿金外，还须按该经济补偿金数额的25%支付额外经济补偿金。"

《劳动争议司法解释一》第46条明确规定："劳动者非因本人原因从原用人单位被安排到新用人单位工作，原用人单位未支付经济补偿，劳动者依照劳动合同法第38条规定与新用人单位解除劳动合同，或者新用人单位向劳动者提出解除、终止劳动合同，在计算支付经济补偿或赔偿金的工作年限时，劳动者请求把在原用人单位的工作年限合并计算为新用人单位工作年限的，人民法院应予支持。用人单位符合下列情形之一的，应当认定属于'劳动者非因本人原因从原用人单位被安排到新用人单位工作'：（一）劳动者仍在原工作场所、工作岗位工作，劳动合同主体由原用人单位变更为新用人单位;(二)用人单位以组织委派或任命形式对劳动者进行工作调动;(三)因用人单位合并、分立等原因导致劳动者工作调动;(四)用人单位及其关联企业与劳动者轮流订立劳动合同;(五)其他合理情形。"该条是对《劳动合同法实施条例》第 10 条规定的延伸,是为了规制用人单位利用调动或利用不同用工主体交替与劳动者订立劳动合同,以少算劳动者的工作年限,达到少支付经济补偿的目的。在本条规定的五项具体情形下,劳动者请求把在原用人单位的工作年限合并计算为新用人单位工作年限的,人民法院应予支持。

2)支付医疗补助费

根据《违反和解除劳动合同的经济补偿办法》第 6 条规定,劳动者患病或者非因工负伤,经劳动鉴定委员会确认不能从事原工作,也不能从事用人单位另行安排的工作而解除劳动合同的,用人单位给劳动者支付经济补偿金的同时,还应发给不低于 6 个月工资的医疗补助费。患重病和绝症的还应增加医疗补助费,患重病的增加部分不低于医疗补助费的 25%,患绝症的增加部分不低于医疗补助费的 100%。

3)支付经济赔偿金

根据《劳动合同法》第 48 条规定,用人单位违反劳动合同法的规定解除劳动合同时,即用人单位无单方解除权而解除劳动合同时,劳动者要求继续履行劳动合同的,用人单位应当继续履行;劳动者不要求继续履行劳动合同或者劳动合同已经不能继续履行的,用人单位应当按照上述经济补偿标准的 2 倍向劳动者支付赔偿金。《劳动争议司法解释一》第 47 条明确规定:"建立了工会组织的用人单位解除劳动合同符合劳动合同法第 39 条、第 40 条规定,但未按照劳动合同法第 43 条规定事先通知工会,劳动者以用人单位违法解除劳动合同为由请求用人单位支付赔偿金的,人民法院应予支持,但起诉前用人单位已经补正有关程序的除外。"此条规定明确了在单位已经建立了工会组织的情况下,用人单位依照劳动合同法第 39 条、第 40 条规定单方解除劳动合同,未通知工会的属违法解雇行为。劳动者要求用人单位支付赔偿金,人民法院要支持。

4)附随义务

(1)附随义务的含义。附随义务是指除了合同约定的义务外,为维护相对人的利益,依据诚实信用原则,于个别情况下要求一方当事人作为或不作为的义务。[①]

(2)劳动合同法对附随义务的规定。《劳动合同法》第 50 条规定了劳动合同解除后用人单位的附随义务。一是用人单位应当在解除劳动合同时出具解除劳动合同的证明。法律规定用人单位的此项义务主要是为了保障劳动者的就业权利以及保证劳动力的正常流动。《劳动合同法》第 91 条规定:"用人单位招用与其他用人单位尚未解除或者终止劳动合同的劳动者,给其他用人单位造成损失的,应当承担连带责任。"因此,如果用人单位在解除劳动合同后不出具解除劳动合同的证明,就会使其他用人单

---

① 葛立朝,朱建农. 合同法. 杭州:浙江大学出版社,2008:90.

位因害怕承担连带责任而不敢招录劳动者，不仅损害劳动者的就业权利，更不利于劳动资源的合理利用。二是用人单位应当在解除劳动合同后的15天内为劳动者办理档案和社会保险关系转移手续。劳动者的劳动档案在实践中是极其重要的，如果没有劳动档案就不能正常就业，因此在劳动合同解除后应当及时为劳动者办理档案转移手续。我国社会保险征缴是由用人单位代行缴纳的，如果没有转移社会保险关系，新用人单位就无法为劳动者缴纳社会保险费，从而损害了劳动者的合法权益。因此，法律规定用人单位在解除劳动合同后15天内应当为劳动者办理社会保险关系转移手续。三是用人单位对已经解除的劳动合同文本，至少保存两年备查。劳动合同是确定双方当事人权利义务的契约，也是解决双方争议的依据，为了避免以后双方发生争议后无证可查，法律规定用人单位对已经解除的劳动合同文本至少保存两年。

2. 劳动者的义务

1）支付违约金和赔偿金

《劳动合同法》对于劳动者向用人单位支付违约金或赔偿金的情况进行了严格的限制。违约金仅限于劳动合同约定了服务期或者竞业禁止两种情况。对于违约金的问题前文已有所介绍，这里不再重复。《劳动合同法》第90条规定："劳动者违反本法规定解除劳动合同，或者违反劳动合同约定的保密义务或者竞业限制，给用人单位造成损失的，应当承担赔偿责任。"例如，不存在劳动者即时解除劳动合同的情形时，劳动者未通知用人单位而直接解除劳动合同，从而给用人单位造成损失的，应当承担赔偿责任。

2）劳动者的附随义务

劳动者的附随义务主要有以下几点。一是办理工作交接。根据诚实信用原则，《劳动合同法》第50条第2款规定："劳动者应当按照双方约定，办理工作交接。"法律之所以这样规定，主要是避免因劳动合同的解除而给用人单位造成不必要的损失。二是保密义务和竞业限制。竞业限制，又称竞业禁止，是指用人单位限制负有保守用人单位商业秘密的劳动者，在劳动合同终止或解除后到另一用人单位或自己建立的单位，从事与用人单位具有竞争关系的工作。根据《劳动合同法》第24条的规定，负有竞业限制义务的人员，即用人单位的高级管理人员、高级技术人员和其他负有保密义务的人员，在解除劳动合同之后，根据其与用人单位的约定，不得到与用人单位生产或者经营同类产品、从事同类业务的有竞争关系的其他用人单位，或者自己开业生产或者经营同类产品、从事同类业务。但该竞业禁止的期限不得超过劳动合同解除后两年。《劳动争议司法释一》第40条规定："劳动者违反竞业限制约定，向用人单位支付违约金后，用人单位要求劳动者按照约定继续履行竞业限制义务的，人民法院应予支持。"按此规定，劳动者违反竞业限制约定并向用人单位支付违约金后，如果用人单位要求劳动者按照约定继续履行竞业限制义务的，劳动者应当继续履行竞业限制的义务。

4.3.2　解除劳动合同的损害赔偿的计算标准

1. 解除劳动合同的损害赔偿

在实践中常常出现用人单位或劳动者违法解除劳动合同的情形，如用人单位与处在"三期"内的女职工或在医疗期内的职工解除劳动合同，劳动者"不辞而别"并给用人单位造成了损失等，这就涉及损害赔偿的问题。

适用损害赔偿的前提是"违法"解除劳动合同，即用人单位和劳动者的解除行为具有违法性。这里的"法"主要是指《劳动合同法》有关劳动合同解除与终止的强制性规定。如果解除行为具有合法性，就不存在损害赔偿的问题，而只可能涉及经济补偿金问题。

在确定解除劳动合同的损害赔偿金要注意正确区分损害赔偿金、违约金与经济补偿金的关系。三者在《劳动合同法》中均有规定，易引起混淆。适用违约金必须满足两个基础性的条件：在合同中约定了违约条款和出现了违约行为。《劳动合同法》只允许用人单位与劳动者就专项培训服务期与竞业限制约定违约金条款，其他任何事项均不得约定为由劳动者承担违约金责任的条款。在违约金条款中通常有违约金数额的约定，但在损害赔偿金中却不存在事先有关损害赔偿数额的约定，而是依照法律的规定或者实际损失来计算。如前所述，赔偿金与经济补偿金的区别在于：一是前者是由于违法解除行为而引起的，后者是合法解除行为才可能产生；二是前者的支付具有双向性，即它既适用于用人单位违法解除劳动合同的情形，也适用于劳动者的违法解除行为；而后者具有单向性，它是专属于用人单位的义务，劳动者无须向用人单位支付经济补偿金。

损害赔偿金与经济补偿金能否并用的问题。在《劳动合同法实施条例》出台前，存有较大的争议。一种观点主张二者可以并用，其理由是经济补偿金是弥补损失，而赔偿金与违法行为相联系，具有惩罚的性质；另一种观点认为，按照立法的本意，经济补偿金和赔偿金一个适用于合法解除一个适用于违法解除，二者有不同的适用范围，不应并用。《劳动合同法实施条例》第 25 条明确规定："用人单位违反劳动合同法的规定解除或者终止劳动合同，依照劳动合同法第 87 条的规定支付了赔偿金的，不再支付经济补偿。赔偿金的计算年限自用工之日起计算。"

2. 用人单位解除劳动合同的损害赔偿金的计算

《劳动合同法》第 48 条规定："用人单位违反本法规定解除或者终止劳动合同，劳动者要求继续履行劳动合同的，用人单位应当继续履行；劳动者不要求继续履行劳动合同或者劳动合同已经不能继续履行的，用人单位应当依照本法第八十七条规定支付赔偿金。"而依照《劳动合同法》第 87 条的规定，用人单位违法解除或终止劳动合同的，其向劳动者支付的赔偿金是经济补偿金的 2 倍。在理解第 48 条时，应注意以下几点：首先，用人单位解除或终止劳动合同的行为具有违法性，具体指违反《劳动合同法》第 39 条至第 45 条的强制性和禁止性规定；其次，劳动者享有继续履行合同或要求用人单位支付赔偿金的选择权，劳动者不愿意继续履行合同或已不能继续履行合同的，用人单位应支付 2 倍于经济补偿金的赔偿金。

因此，当我们计算赔偿金的时候，应该先计算在合法解除劳动合同时所应支付的经济补偿金的数额，然后乘以 2 就可以得到违法解除劳动合同的赔偿金了。用数学公式可以这样表示：用人单位违法解除劳动合同的赔偿金＝经济补偿金×2。

经济补偿金是以劳动者在用人单位的工作年限为基础而计算的，工作年限每满一年就支付劳动者一个月的工资，6 个月以上不满一年的，按一年计算，不满 6 个月的，支付半个月的工资。这里的"以上""年满"包括本数，而"不满"则不包括本数，比如一位劳动者在用人单位的工作时间恰好是 6 个月，若符合给付经济补偿金的情形，用人单位应支付一个月的工资作为经济补偿金；相反，即使差一天满 6 个月，用人单位仍只需支付半个月的工资作为经济补偿金。相较《违法和解除劳动合同的经济补偿办法》第 5 条笼统地只按"满一年"计算，《劳动合同法》在计算方式上作了细化，将 6 个月以上不满一年和不满 6 个月的作了不同对待，这样显得更加科学和公平了。对于高薪劳动者（月工资高于所在地上年度职工月平均工资三倍的），《劳动合同法》对其经济补偿的标准按职工月平均工资三倍的数额支付，且支付的最高年限不超过 12 年。以上所说的月工资是指在终止劳动合同前劳动者 12 个月的平均工资，劳动者在劳动合同解除或者终止前 12 个月的平均工资低于当地最低工资标准的，按照当地最低工资标准计算；劳动者工作不满 12 个月的，按照实际工作的月数计算平均工资。

用人单位在解除或终止劳动合同后未依法支付经济补偿金的，首先由劳动行政部门责令期限予以支付，逾期仍不支付的，用人单位除最终要支付应付经济补偿金外，还应支付加付赔偿金，其标准是应付经济补偿金的 50%以上 100%以下，具体比例应根据用人单位的违法性质和程度予以自由裁量。

3. 劳动者解除劳动合同的损害赔偿

《劳动合同法》第 90 条指出："劳动者违反本法规定解除劳动合同，或者违反劳动合同中约定的保密义务或者竞业限制，给用人单位造成损失的，应当承担赔偿责任。"在理解本条时需注意以下 3 点：首先，劳动者解除劳动合同具有违法性，具体是指违反《劳动合同法》第 37 条、第 38 条的相关规定，或者劳动者有违反合同中有关保密义务或竞业限制的约定；其次，劳动者的违法解除合同行为或违约行为给用人单位造成了损失，若没有造成损失，劳动者亦不需承担赔偿责任；最后，劳动者违法解除合同的行为与用人单位的损失之间具有因果关系。除《劳动合同法》第 90 条的规定以外，《劳动法》第 102 条、《关于贯彻执行〈劳动法〉若干问题的意见》第 33 条均有相似规定。

在此，《劳动合同法》并没有对造成损失后所应赔偿的范围加以明确，不过 1995 年劳动部颁行的《违反〈劳动法〉有关劳动合同规定的赔偿办法》第 4 条的规定可以给司法实践一些参考。按照该《违反〈劳动法〉有关劳动合同规定的赔偿办法》

劳动者应赔偿给用人单位的损失包括以下几种。第一，招收录用劳动者所支付的费用。第二，用人单位为劳动者支付的培训费用，但双方另有约定的按约定处理。值得注意的是，《劳动合同法》第 22 条仅允许对"专项培训费用"约定违约金并且其数额不得超过服务期尚未履行部分所应分摊的培训费用。因此，双方的约定不得违反《劳动合同法》第 22 条的强制性规定。第三，对生产、经营和工作造成的直接经济损失。第四，劳动合同约定的其他赔偿费用，这里同样需要注意不得违反《劳动合同法》的强制性规定，如违约金的规定。

劳动者违反保密义务的约定既是一种不诚信的行为，在给用人单位造成损失的前提下，也要依法承担赔偿责任。依据《违反〈劳动法〉有关劳动合同规定的赔偿办法》第 5 条的规定，劳动者违反劳动合同中约定的保密事项，对用人单位造成经济损失的，如果损失是可以计算出来的，按计算出来的损失赔偿并且应承担用人单位合理支付的调查费用；若损失难以计算的，则赔偿因侵权行为所获得的利润并承担用人单位所支付的合理调查费用。对于竞业限制，法律规定可以由用人单位和劳动者约定违约金，因此若出现违反竞业限制义务的情况，可以按合同约定予以赔偿。

4. 用人单位与劳动者的连带赔偿责任

此处的连带责任是新用人单位与劳动者对原用人单位的连带责任，连带责任是一种对外不分份额的责任，新用人单位与劳动者作为一个整体对原用人单位承担责任，原用人单位有权请求新用人单位与劳动者之中的一个或全部赔偿其损失，新用人单位与劳动者之一赔偿全部损失后，其对外的债务归于消灭。《劳动合同法》第 91 条规定："用人单位招用与其他用人单位尚未解除或者终止劳动合同的劳动者，给其他用人单位造成损失的，应当承担连带赔偿责任。"根据劳动部《关于实行劳动合同制度若干问题的通知》第 17 条的规定："用人单位招用职工时应查验终止、解除劳动合同证明，以及其他能证明该职工与任何用人单位不存在劳动关系的凭证，方可与其签订劳动合同。"因此新用人单位与劳动者对原用人单位承担连带赔偿责任的前提至少有两个：一是新用人单位负有查验劳动者与原用人单位终止、解除劳动合同凭证的义务；二是新用人单位未履行该项义务给原用人单位造成了损失的后果。

劳动部《违反〈劳动法〉有关劳动合同规定的赔偿办法》第 6 条不仅规定了新用人单位与劳动者对原用人单位的连带赔偿责任，还明确了新用人单位的赔偿份额以及连带责任的赔偿范围。首先，新用人单位的赔偿份额不低于对原用人单位造成经济损失的 70%，这样可以更为有利地保护原用人单位的利益，以免因劳动者无力赔偿而得不到及时的救济，同时也是督促新用人单位认真履行其查验义务；其次，在赔偿范围上包括对生产、经营、工作所造成的直接经济损失和侵犯商业秘密所造成的损失。对因侵犯商业秘密所造成的损失，如果可以计算损失的，赔偿可以计算的损失以及合理的调查费用；无法计算损失的，赔偿因侵权行为所获的利润以及合理的调查费用。

4.3.3 劳动合同终止的法律后果

1. 劳动合同双方权利义务的终止

劳动合同终止导致劳动者与用人单位之间的劳动关系消灭，劳动合同失去法律效力，劳动者与用人单位之间不再有权利义务关系。

2. 用人单位在劳动合同终止后的相关义务

1）支付经济补偿金的义务

在《劳动合同法》实行前，因劳动合同终止的，用人单位一般不予支付经济补偿金，如劳动部《关于贯彻执行〈劳动法〉若干问题的意见》第38条就指出："劳动合同期满或当事人约定的劳动合同终止条件出现，劳动合同即行终止，用人单位可以不支付劳动者经济补偿金。国家另有规定的，可以从其规定。"我国《劳动合同法》第46条明确了用人单位对三种终止劳动合同的情形应予支付经济补偿金：合同期满，除用人单位维持或提高劳动合同约定条件续订劳动合同，劳动者不同意续订的外，应向劳动者支付经济补偿金；用人单位被依法宣告破产的；用人单位被吊销营业执照、责令关闭、撤销或用人单位决定提前解散的。另外，2021年《劳动争议司法解释一》第37条规定："当事人在劳动合同或者保密协议中约定了竞业限制和经济补偿，当事人解除劳动合同时，除另有约定外，用人单位要求劳动者履行竞业限制义务，或者劳动者履行了竞业限制义务后要求用人单位支付经济补偿的，人民法院应予支持。"还明确了："劳动合同法施行后，因用人单位经营期限届满不再继续经营导致劳动合同不能继续履行，劳动者请求用人单位支付经济补偿的，人民法院应予支持。"按照这一规定，用人单位经营期限届满不再继续经营，导致劳动合同不能继续履行的情况下，应当向劳动者支付经济补偿。依照《劳动合同法》第50条第2款，经济补偿金在劳动者办结工作交接时支付。

2）出具终止劳动合同证明的义务

劳动合同终止的，用人单位负有出具终止合同证明的义务，依照《劳动合同法实施条例》第24条的规定，该证明的内容包括劳动合同期限、终止劳动合同的日期、工作岗位和工作年限。用人单位出具的终止劳动合同的证明主要在以下两个方面具有重要的现实意义。首先，是办理失业保险和享受失业保险待遇的依据。根据《失业保险条例》第16条第2款的规定，城镇企事业单位的失业人员应持单位终止或解除劳动关系的证明，及时到指定的社会保险经办机构办理失业登记，失业保险金自办理失业登记之日起计算；其次，便于劳动者寻找到新的工作。《劳动法》第99条和《劳动合同法》第91条均指出，新用人单位招用与原用人单位尚未解除或终止劳动合同的劳动者，给原用人单位造成损失的，新用人单位须与劳动者对原用人单位承担连带赔偿责任。实践中，新用人单位在招用员工时通常都会查看劳动者是否有原用人单位开具的离职证明文件，以免承担连带责任。用人单位不履行该项义务的，由劳动行政部门责令改正；给劳动者造成损害的，还应依法承担赔偿责任。

3）办理劳动者人事档案和社会保险关系转移手续的义务

人事档案在劳动者调职、寻找新工作等方面具有重要的意义,是全面考核、评价劳动者的依据。根据《企业职工档案管理工作规定》第 18 条的规定:"企业职工调动、辞职、解除劳动合同或被开除、辞退等,应由职工所在单位在一个月内将其档案转交其新的工作单位或其户口所在地的街道劳动(组织人事)部门。职工被劳教、劳改,原所在单位今后还准备录用的,其档案由原所在单位保管。"此次《劳动合同法》将其明确规定为用人单位的一项法定义务,并且使原本在"一个月内"办理完毕的,现在须在"十五日内"办理完结。依照《劳动合同法》第 84 条第 3 款,在劳动合同终止后,若用人单位扣押劳动者档案的,由劳动行政部门责令期限退还给劳动者并处以罚款;若由此给劳动者造成损害的,还应承担赔偿责任。《劳动合同法》第 49 条指出:"国家采取措施建立健全劳动者社会保险关系跨地区转移接续制度",由于我国目前还未能实现社会保险的全国统筹,因此办理好劳动者社会保险关系的跨地区转移手续就显得十分重要。用人单位须在终止劳动合同的十五日内办理好劳动者社会保险关系的转移手续。

4）对终止劳动合同文本保存 2 年以上备查的义务

劳动合同文本是劳动者与用人单位之间履行各自义务的书面凭证,具有证据的作用。之所以这样规定,在于劳动合同终止后双方若发生纠纷可以诉诸或参照劳动合同文本的内容,有据可查。

5）违法终止劳动合同的损害赔偿责任

若用人单位违反《劳动合同法》关于终止劳动合同的规定,劳动者要求继续履行劳动合同的,用人单位应当履行;劳动者不要求继续履行或已不能继续履行的,用人单位应按经济补偿的 2 倍支付给劳动者赔偿金。

3. 劳动者在劳动合同终止后的相关义务

1）依约办理工作交接手续的义务

此项义务是依诚实信用原则所产生的一项附随义务,在劳动合同终止后,劳动者应当依照与用人单位的约定办理好自己手头上的工作交接手续,比如单位的财物用品、档案、印章等应妥善交给相关部门。在实践中,为了防止和减少一些劳动者在未办理好相关工作交接手续就离职的情形,《劳动合同法》第 50 条第 2 款明确了在办理完工作交接手续时用人单位才支付经济补偿金,以此平衡双方的利益。当然,如果劳动者办理了工作交接但用人单位却拒不支付经济补偿金的,用人单位还可能另行承担应付经济补偿金数额 50%以上 100%以下的赔偿金。

2）保密义务和竞业限制义务

竞业限制是指用人单位与负有保密义务的劳动者约定的在劳动合同终止后的一定期限内,劳动者自己不得生产、经营与用人单位有竞争关系的同类产品或业务,也不得到与用人单位有竞争关系的其他单位任职。竞业限制有严格的条件制约,包括竞业限制的人员限于单位的高级管理人员、高级技术人员和其他负有保密义务的人员;

期限最长不得超过 2 年；约定的竞业限制的地域、范围不得违反法律、行政法规的规定；竞业限制要按月给劳动者支付经济补偿等。若劳动者与用人单位在劳动合同中约定了保密义务和竞业限制义务的，劳动者在合同终止后应当履行该项义务；若劳动者违反该项义务，并给用人单位造成损失的，应当承担赔偿责任。2021 年《劳动争议司法解释一》第 37 条规定："当事人在劳动合同或者保密协议中约定了竞业限制和经济补偿，当事人解除劳动合同时，除另有约定外，用人单位要求劳动者履行竞业限制义务，或者劳动者履行了竞业限制义务后要求用人单位支付经济补偿的，人民法院应予支持。"这一条将竞业限制条款的有效性与违法解除劳动合同相分离，劳动合同的解除不影响竞业限制协议的效力，对用人单位的商业秘密保护更为有利。该解释第 40 条还规定，劳动者违反竞业限制约定，向用人单位支付违约金后，用人单位要求劳动者按照约定继续履行竞业限制义务的，人民法院应予支持。劳动者在此情况下应当继续履行竞业限制的义务。

本章阅读参考文献

[1] 最高人民法院民事审判第一庭. 最高人民法院新劳动争议司法解释（一）理解与适用. 北京：人民法院出版社，2021.
[2] 法律出版社法规中心. 中华人民共和国劳动合同法注释本. 北京：法律出版社，2022.
[3] 黎建飞. 劳动与社会保障法教程. 北京：中国人民大学出版社，2023.
[4] 王全兴，黄昆. 中国劳动法. 北京：中国政法大学出版社，2008.
[5] 郭捷. 劳动法与社会保障法. 北京：法律出版社，2016.
[6] 胡彩霄. 劳动法精要. 北京：中国政法大学出版社，2007.
[7] 黎建飞. 劳动合同法热点、难点、疑点问题全解. 北京：中国法制出版社，2008.
[8] 董保华. 十大热点事件透视劳动合同法. 北京：法律出版社，2007.
[9] 张霞等. 劳动法实施中的疑难问题. 北京：中国人民公安大学出版社，2009.
[10] 周国良. 劳动合同终止和解除（一）—（三）. 中国劳动，2008（2-4）.
[11] 王蓓. 继续履行劳动合同制度的运行问题与对策建议. 四川师范大学学报（社会科学版），2023（1）.

本章复习思考题

一、名词解释

劳动合同解除　劳动合同终止　非过错性辞退　过错性辞退　预告辞职　即时辞职

二、单项选择题

1. 以下属于用人单位可以单方解除劳动合同的法定情形是（　　　）。

   A. 职工患病并在规定的医疗期

   B. 女职工在孕期、产期、哺乳期

   C. 职工患职业病丧失部分劳动能力

   D. 劳动者严重失职、营私舞弊、给用人单位造成重大损害的

2. 劳动者在试用期解除劳动合同，需要（　　　）。

   A. 提前 3 天通知用人单位　　　　B. 提前 7 天通知用人单位

   C. 提前 10 天通知用人单位　　　 D. 提前 30 天通知用人单位

3. 企业经济裁员，以下属于可以裁减的人员是（　　　）。

   A. 职工非因工负伤，在规定的医疗期内的

   B. 女职工在孕期、产期、哺乳期的

   C. 在本单位连续工作满十年

   D. 在本单位患职业病或者因工负伤并被确认丧失或者部分丧失劳动能力的

三、多项选择题

1. 下列属于劳动合同终止的情形的是（　　　）。

   A. 劳动合同期满的

   B. 劳动者开始依法享受基本养老保险待遇的

   C. 劳动者死亡，或者被人民法院宣告死亡或者宣告失踪的

   D. 用人单位被依法宣告破产的

   E. 用人单位被吊销营业执照、责令关闭、撤销的

2. 劳动者可以单方解除劳动合同的情形包括（　　　）。

   A. 用人单位未按照劳动合同约定提供劳动保护或者劳动条件的

   B. 用人单位未及时足额支付劳动报酬的

   C. 用人单位未依法为劳动者缴纳社会保险费的

   D. 用人单位的规章制度违反法律、法规的规定，损害劳动者权益的

   E. 用人单位免除自己的法定责任、排除劳动者权利的

3. 关于劳动者即时辞职，以下说法正确的是（　　　）。

   A. 劳动者即时辞职是没有预告期的

   B. 必须是在用人单位有法定过错的情况下行使

   C. 劳动者即时辞职用人单位要支付经济补偿金

   D. 劳动者即时辞职虽然没有预告期，但必须通知用人单位

   E. 劳动者即时辞职在某些法定情形下，可以不通知用人单位不辞而别

4. 根据是否通知用人单位，劳动者即时辞职可以分为（　　　）。

   A. 随时通知辞职　　　　　　　　B. 预告性辞职

   C. 无须通知的辞职　　　　　　　D. 协议解除

E. 即时辞退

四、判断分析题

1. 劳动者即时解除劳动合同都必须通知用人单位。
2. 劳动者预告解除劳动合同必须提前 30 天通知用人单位。
3. 用人单位即时解除劳动合同必须是劳动者有过错。
4. 用人单位有权根据自己的生产经营状况自主决定进行经济裁员。

五、简述题

1. 劳动合同解除的概念特征。
2. 劳动者有权即时解除劳动合同的情形有哪些？
3. 用人单位有权预告解除劳动合同的情形有哪些？
4. 用人单位即时解除劳动合同的情形有哪些？
5. 用人单位经济裁员的程序是什么？

六、论述题

1. 用人单位预告解除和裁员的禁止性规定是什么？
2. 劳动合同终止的法定情形是什么？

七、案例分析题

1. 2019 年 10 月李某与 A 公司签订了为期 2 年的劳动合同。在 2020 年 11 月，李某嫌工资过低，以口头形式向 A 公司的部门主管提出解除劳动合同，A 公司未予答复。过了一个月，李某即跳槽到 B 公司上班，并与 B 公司签订了劳动合同。A 公司知晓此事后，即给李某发了一封电子邮件，希望李某能重回 A 公司工作，但李某未予回应。随后 A 公司又与现在李某所在的 B 公司进行了书面联系，希望 B 公司能够放人，让李某重回 A 公司。但 B 公司以 A 公司和李某的纠纷与自己无关，即使有问题也应由 A 公司与李某双方解决为由，不解除与李某的劳动合同并不予放人。据查证，李某离开 A 公司后，其负责的一个项目开发被迫延期，并最终导致 A 公司因延期而向项目委托方支付了违约金 10 万元。现 A 公司向劳动争议仲裁委员会提起仲裁，要求李某与 B 公司承担 10 万元的连带赔偿责任。

（1）李某与 A 公司的劳动合同是否解除？

（2）若劳动仲裁委员会支持 A 公司的主张，则 B 公司至少应承担多少赔偿额？

2. 2015 年 1 月郭某入职于某公司，劳动合同期限从 2015 年 1 月 1 日至 2020 年 6 月 30 日。劳动合同到期后，公司未及时与郭某终止劳动关系，郭某仍在公司工作。至 2023 年 1 月 5 日公司向郭某提出，合同于 2020 年 6 月 30 日已经到期终止了，现终止双方的劳动关系。在经济补偿金的支付年限上双方发生了争议，协商未果，郭某向劳动争议仲裁委员会提起仲裁。

（1）郭某与某公司的劳动关系是属于解除还是终止？

（2）某公司应该支付郭某几个月的工资作为经济补偿金？

第 5 章 集 体 合 同

本章学习目标
了解：订立集体合同的意义、集体合同的分类。
领会：集体合同与劳动合同的区别；协商代表的确认规则。
掌握：集体合同的概念特征、集体合同的订立程序；集体合同的效力。
运用：根据本章所学知识，分析解决集体合同争议。
本章课程思政：明确认识集体合同订立的主要目的在于保护劳动者的利益，体现了坚持以人民为中心的发展思想；帮助学生领会坚持以人民为中心的发展观。在集体合同订立中，要相互尊重，平等协商，诚实守信，公平合作，这也是社会主义核心价值观的体现，引导学生树立正确的价值观。

❖ **导读案例**

2019 年 10 月 10 日，甲公司与工会经过协商签订了集体合同，规定职工的月工资从原来的不低于 1 100 元改为 1 500 元。2019 年 10 月 20 日，甲公司将集体合同文本送劳动行政部门审查，但劳动行政部门一直未予答复。2019 年 11 月 25 日，甲公司招聘王某为销售人员，双方签订了为期 4 年的合同，月工资为 1 500 元＋销售提成。2021 年 3 月起，因为王某业绩不佳，公司从 2021 年 5 月起，降低了王某的工资，只发给王某每月 800 元工资。王某就此事与公司协商未果，2021 年 8 月，王某向劳动争议仲裁委员会申请仲裁。
问：（1）甲公司的集体合同是否生效？为什么？
（2）甲公司发给王某每月 800 元工资的做法是否合法？为什么？

5.1 集体合同的概述

5.1.1 集体合同的概念特征

1. 集体合同的含义

集体合同，又称集体协议、团体协约或联合工作合同。在我国，集体合同是指工会或劳动者代表以全体劳动者的名义与用人单位或其组织之间就劳动者的劳动条件与劳动待遇等事项在平等协商谈判的基础上达成的书面协议。它萌芽于 18 世纪末资本主义自由竞争时期，主要是工人通过集体的力量与雇佣者达成更有利于保护劳动者利益的劳动协约，是工人对个人劳动契约中严苛的劳动条件进行反抗的产物。

集体合同制度在我国正式出现的标志是 1994 年通过的《劳动法》，该法以专章的形式规定了劳动合同和集体合同。此后，劳动和社会保障部还颁布了《集体合同规定》和《工资集体协商办法》，这些部门规章是我国集体合同制度的进一步完善。此次《劳动合同法》在第五章第一节以专门一节的法律条文规定集体合同，这也必将极大地促进集体合同制度在中国的发展完善，从而更好地保护劳动者的合法权益，构建与发展和谐稳定的劳动关系。

2. 集体合同制度的意义

1）集体合同制度有利于协调劳动关系，避免劳资双方矛盾激化

集体合同制度通过工会或劳动者代表与用人单位之间的集体协商实现劳资双方的对话与沟通。通过这个对话机制，双方可以了解彼此的利益需求，并在此基础上达到最大的一致。劳动者与用人单位之间的这种集体协商可以有效地避免企业与职工之间的矛盾和对立，使双方的利益冲突能够以和平的方式解决，而不是使用过激的手段。集体协商的双方当事人将协商成果以集体合同文本的形式固定下来之后，还可以有效地协调劳动关系，促进生产的稳定发展。

2）集体合同能够更好地维护职工的合法权益，提高劳动者的生活水平

虽然法律为劳动关系的各个方面都制定了比较完善的标准，其目的也是保护劳动者的权益。但是由于种种原因，法律规定也难以适应变化不断的劳动关系。集体协商的方式使得劳动者可以通过集体合同来让职工在法定标准之上获得更多的利益，比如劳动安全卫生条件的改善、劳动报酬的定期提高、休息休假时间的增加、补充保险的完善等。集体协商是维护劳动者利益的重要手段，可以通过订立集体合同来不断改善自己的工作和生活水平。集体合同还可以弥补在劳动合同订立中，劳动者个体谈判力量的不足，起到帮助和救济个体劳动合同的实际效果，起到保护劳动者的作用。

3）集体合同有利于树立工会组织在职工中的威信，促进职工的团结

如果一个单位的工会组织不认真履行自己的职责，职工对工会会缺乏认同感，影响工会组织的威信。由于集体合同主要是由工会代表劳动者同用人单位就有关事项进行协商后缔结的，所以工会只要切实履行自己的职责，在集体合同中为职工争取更多的利益，就一定会受到全体职工的拥护，得到职工的支持与认同，职工也会自发地团结在工会周围，当他们的权益受到侵害时，也愿意求助于工会。工会威信的提高，有利于协调劳动者与用人单位的关系，实现劳资双方利益的最大化，最终达到促进企业的生产发展、提高生产效率的目的。

4）对法律和劳动合同的未尽之处进行补充

现实生活中的劳动关系复杂多变，而法律的原则性规定往往不能涵盖所有可能的情形，随着社会的进步，法律也会落后于现实。定期订立的集体合同则是有针对性地

对劳动关系进行调整，它可以有效地弥补法律的空白。同时，劳动者的弱势地位使得用人单位往往不与劳动者签订书面劳动合同或者签订非常简单且不包括所有法定内容的劳动合同。为了避免用人单位通过这种方式来损害劳动者的合法权益，《劳动合同法》规定，如果劳动合同在某个方面约定不明确的，就要参照集体合同的规定执行。而且，集体合同的劳动标准和劳动条件可以高于法定最低标准，使得劳动者能够获得高于法定最低标准的利益。

3. 集体合同的特征

1）集体合同主体特定

集体合同的主体一方是用人单位或用人单位团体，另一方是工会或劳动者代表。工会作为集体合同的一方当事人，必须站在劳动者一边，代表劳动者的意志和利益，为劳动者争取权利和利益。未建立工会的企业，由上级工会指导劳动者民主推举代表与用人单位签订集体合同。所推举的协商代表也同样是站在劳动者的立场上，为劳动者争取权利与利益。用人单位一方的协商代表，由用人单位法定代表人指派，首席代表由单位法定代表人担任或由其书面委托的其他管理人员担任。

2）集体合同的内容特定

由于集体合同签订的目的不在于确定职工与本单位间的劳动关系，而是双方就与劳动关系相关的事项进行协商，目的在于进一步确保劳动者基本劳动权利和劳动条件，以充分调动劳动者的潜力，协调稳定劳动关系。因此，集体合同的内容是涉及劳动者的集体劳动条件，包括劳动报酬、工作时间、福利待遇等内容。

3）集体合同对当事人约束的不均衡

个人劳动合同对当事人双方具有同样的约束力。而集体合同主要是规定用人单位对劳动者应当承担的责任，对劳动者一方的义务不作规定或规定很少。由于用人单位与劳动者地位不平等，通过集体合同增加用人单位的义务，就是为了修正这种地位的不平等，使个人劳动关系更加公平。用人单位违反集体合同义务需承担法律上的责任，因此集体合同对用人单位具有法律约束力。而本单位职工如未能履行集体合同中的义务，则法律并没有明确规定相应的责任，职工主要是受道德上的约束。

4）集体合同形式的要式性

集体合同为要式合同，即其生效需要具备法定的形式和程序。《劳动合同法》和《集体合同规定》都有明确要求，集体合同必须采取书面形式订立并且订立后应当报送劳动行政部门，劳动行政部门自收到集体合同文本之日起15日内未提出异议的，集体合同即行生效。

5）集体合同具有劳动基准法的效能

集体合同的内容多涉及高于劳动基准法的规定，它规定用人单位在不低于国家劳动标准的基础上，向劳动者提供劳动条件与生活条件。集体合同一旦签订，对签订集体合同的单个用人单位或用人单位团体所代表的全体用人单位，以及工会所代表的全体劳动者，都具有约束力。我国《劳动法》第35条规定："依法签订的集体合同对企业和企业全体职工具有约束力。职工个人与企业订立的劳动合同中劳动条件和劳动报酬等标准不得低于集体合同的规定。"《集体合同规定》第 6 条明确:"集体合同或专项集体合同,对用人单位和本单位的全体职工具有法律约束力。用人单位与职工个人签订的劳动合同约定的劳动条件和劳动报酬等标准,不得低于集体合同或专项集体合同的规定。"

4. 集体合同与劳动合同的联系与区别

1) 集体合同与劳动合同的联系

(1) 都是属于调整劳动关系的制度;劳动合同是基础,集体合同是为了更好地平衡协调劳动关系。

(2) 当事人的意思表示自由受到一定的限制。不管是集体合同还是劳动合同,都有国家公权力的介入,国家通过立法对集体合同和劳动合同的内容、形式、订立的程序等进行规定,使得当事人的意思自治受到限制。

2) 集体合同与劳动合同的区别

(1) 合同主体不同。劳动合同是单个的劳动者同用人单位订立的,即使用人单位在大量招录员工时同多个劳动者同时签订劳动合同,每一个合同也只对特定的劳动者有效。集体合同则是工会或职工代表代表全体职工与用人单位订立的,它的主体是用人单位的全体劳动者而不是特定的某个劳动者。对于行业性集体合同和区域性集体合同而言,其主体更是包括了某个行业或者某个行政区域内的全体劳动者和用人单位。

(2) 目的不同。单个劳动者与用人单位签订劳动合同主要是为了确立劳动关系,明确双方的权利义务关系。而集体合同则是为了更好地维护全体劳动者的利益,与用人单位在已有劳动关系的基础上,为劳动关系设定一些具体的标准,从而进一步协调和稳定劳动关系。一般来讲,集体合同是全体职工在法律对劳动关系规定的最低标准的基础上,与用人单位寻求一种更高的利益标准,以此来改善劳动者的工作条件和提高生活水平。

(3) 合同内容不同。劳动合同的内容是根据《劳动合同法》规定,涉及劳动合同期限、工作内容、工作地点、工作时间、休息休假、劳动报酬等劳动关系的各方面,主要涉及劳动者的劳动条件和标准问题。集体合同的内容主要是关于全体职工的劳动报酬、工作时间、休息休假、劳动安全卫生、保险福利等事项的协议,涉及全体劳动者的权利义务,具有整体性和广泛性。另外集体合同也可以只涉及劳动关系的某个方面,如工资标准,而劳动合同的内容则比较全面。

(4) 合同效力不同。从效力的层次上看,集体合同的效力高于劳动合同。我国《劳动合同法》第 54 条明确规定,依法订立的集体合同对企业和企业的全体职工具有约束力。劳动合同中有关劳动报酬和劳动标准的规定不得低于集体合同,否则按集体合同的标准执行。从效力的范围来看,劳动合同的效力仅限于缔结合同的单个劳动者和用人单位。而集体合同的效力则及于用人单位的全体劳动者。对于行业性和区域性集体合同来说,某个行业和区域的全体劳动者和用人单位都要受到集体合同的约束。不论这些用人单位和工会是否参加了行业性或者区域性的集体协商。

(5) 合同签订的程序不同。集体合同具有比较严格的订立程序和生效条件。集体合同要先协商，形成的草案要经过职工大会或职工代表大会的通过，并报送劳动行政部门审查。审查通过后应当在相应范围内公布。劳动合同的订立就是用人单位与劳动者之间协商签订，双方在劳动合同上签字就成立，不需要经过其他程序。

5.1.2 集体合同的分类

1. 根据内容的不同将集体合同分为综合性的集体合同和专项性的集体合同

这是我国 2004 年《集体合同规定》对集体合同采用的一种分类方法。综合性的集体合同的内容十分广泛，包括劳动条件、争议的处理、责任的承担等各个方面。而专项性的集体合同是指双方仅就集体协商的某项内容达成一致的协议。其内容比较单一，仅是集体劳动条件中的一项。《劳动合同法》第 52 条规定："企业职工一方与用人单位可以订立劳动安全卫生、女职工权益保护、工资调整机制等专项集体合同。"按此规定，列举了 3 种专项集体合同，即劳动安全卫生专项集体合同、女职工权益保护专项集体合同、工资调整机制专项集体合同。实践中，专项集体合同不仅仅限于以上 3 种，劳动关系的当事人可以根据实际需要订立其他专项集体合同，一个用人单位往往可以与本单位职工签订多个专项集体合同。

2. 根据调整的不同范围可将集体合同分为全国性集体合同、区域性集体合同、行业性集体合同和企业集体合同

全国性集体合同是指全国性的工会组织与全国性的雇主组织之间签订的集体合同。全国性集体合同通常有利于执行和贯彻国家的相关政策。区域性集体合同是指区域性工会组织代表该区域的员工与该区域的雇主团体之间签订的集体合同。行业性集体合同是指由行业工会联合会代表全行业员工与该行业的雇主团体签订的集体合同。企业集体合同是指企业工会或者劳动者代表与企业之间签订的集体合同。关于行业性集体合同和区域性集体合同的适用，《劳动合同法》第 53 条规定，在县级以下区域内，建筑业、采矿业、餐饮服务业等行业可以由工会与企业方面代表订立行业性集体合同，或者订立区域性集体合同。行业性、区域性集体合同对当地本行业、本区域的用人单位具有约束力。因此，是否参加集体协商并不影响用人单位遵守该行业性、区域性集体合同的义务。只要是本行业、本区域的劳动者，都可以援引该集体合同的规定来维护自己的权益。

3. 根据是否具有强制力可将集体合同分为自由集体合同和强制性集体合同

自由集体合同是劳动者和用人单位依据法律的相关规定自愿订立的协议。强制性集体合同则通常是指仲裁机构就集体劳动过程中发生的争议及相关问题形成的必须执行的裁决，其裁决书记载内容从某种意义上来说就是一个强制性集体合同。

4. 根据期限的不同可将集体合同分为定期集体合同和不定期集体合同

与个人劳动合同相同，法律通常对集体合同的期限也作出了相应规定。一般来说集体合同都为定期合同，如我国就规定集体合同或专项集体合同期限一般为1至3年。而有的国家则没有规定集体合同终止的时间。

5.2 集体合同的订立与效力

5.2.1 集体合同的订立

集体合同的订立是指用人单位代表与本单位职工代表依据法律、法规、规章的规定就报酬、休假、福利等劳动条件和对集体合同争议的处理、责任的承担等与劳动关系有关的问题通过协商一致达成协议的法律行为。集体合同的签订是在基本原则的指导下，用人单位代表与职工代表根据相关法律规定的程序进行协商订立的，因此集体合同的订立涉及以下问题。

1. 订立集体合同的原则

《集体合同规定》第5条规定：签订集体合同需要遵守法律、法规、规章及国家有关规定；相互尊重，平等协商；诚实守信，公平合作；兼顾双方合法权益；不得采取过激行为。集体合同的协商签订必须以上面的基本原则作为指导，并将其精神实质贯彻合同的始终。

1) 遵守法律、法规、规章及国家有关规定的原则

订立集体合同，必须符合法律、法规、规章及国家有关规定，应当按照法定程序、形式和内容协商签订集体合同。要遵守法律、法规、规章及国家有关规定，做到程序合法、内容合法。程序合法是当事人双方在集体合同的起草、协商、签字等环节上，都应当按照法律规定来进行。内容合法是指当事人在集体合同中确立的各个条款必须符合法律规定。无论是签订的主体、签订的程序，还是集体合同的内容都不得违反法律、法规、规章及国家有关规定，否则将导致合同部分或者全部无效。

2) 互相尊重，平等协商原则

签订集体合同的双方当事人必需互相尊重，平等协商。用人单位和本单位职工订立集体合同应以平等自愿为基础，签订合同的过程中双方也应互相尊重，用人单位不得以其经济地位的优势胁迫职工方订立不平等条约，职工方也不得采取任何过激的行为。

3) 诚实信用，公平合作的原则

诚信是劳动合同的订立原则，也是集体合同的订立原则。签订集体合同双方当事人都应该恪守诺言，相互信任，在平等的基础上达成一致。遵守诚实信用，公平合作的原则，不得提供任何虚假的信息和资料，不得以欺诈的手段与他方订立合同。

4) 兼顾双方合法权益原则

集体合同的签订应该兼顾双方的合法权益，其内容既要保证劳动者的权利，也要考虑到企业的现实情况，实现双方当事人利益的双赢。这就要求双方充分理解对方的意见和要求，不能只顾自己的眼前利益，更不能损害他方的利益。

5）不得采取过激行为的原则

各方代表在协商过程中，各自立场不同，可能会有意见分歧，但不能采取过激行为，如关闭工厂、罢工甚至毁坏生产设备，实际上是要求各方代表态度平和，友好沟通，避免出现过激的对抗和冲突，这对各方都是有利的。

2. 订立集体合同的程序

1）确定集体合同协商代表

根据《劳动合同法》第 51 条及《集体合同规定》的要求，用人单位一方的协商代表，由用人单位法定代表人指派，首席代表由单位法定代表人担任或由其书面委托的其他管理人员担任，且首席代表不得由本单位以外的人担任。本单位职工一方的协商代表由本单位工会选派。未建立工会的，由本单位职工民主推荐，并经本单位半数以上职工同意。集体协商的双方代表数应当均等，每方至少 3 人，并且双方要各自确定一名首席代表。职工一方的首席代表由本单位工会主席担任。工会主席可以书面委托其他协商代表代理首席代表。工会主席空缺的，首席代表由工会主要负责人担任。未建立工会的，职工一方的首席代表从协商代表中民主推举产生。

2）以书面形式发出集体协商请求

任何一方均可就签订集体合同或专项集体合同以及相关事宜，以书面形式向对方提出进行集体协商的要求。一方提出进行集体协商要求的，另一方应当在收到集体协商要求之日起 20 日内以书面形式给予回应，无正当理由不得拒绝进行集体协商。

3）协商代表做谈判前的准备

订立集体合同前双方代表应该熟悉与集体协商内容有关的法律、法规、规章和制度；了解与集体协商内容有关的情况和资料，收集用人单位和职工对协商意向所持的意见；拟定集体协商议题，集体协商议题可由提出协商一方起草，也可由双方指派代表共同起草；确定集体协商的时间、地点等事项；共同确定一名非协商代表担任集体协商记录员。记录员应保持中立、公正，并为集体协商双方保密。

4）召开集体协商会议

集体协商一般是采取召开集体协商会议的形式进行，集体协商会议的主持人由双方的首席代表轮流主持。《集体合同规定》第 34 条规定，集体协商会议的程序是：第一，宣布议程和会议纪律；第二，一方首席代表提出协商的具体内容和要求，另一方首席代表就对方的要求作出回应；第三，协商双方就商谈事项发表各自意见，开展充分讨论；第四，双方首席代表归纳意见。达成一致的，应当形成集体合同草案或专项集体合同草案，由双方首席代表签字。如果最后集体协商未达成一致意见或出现事先未预料的问题时，经双方协商，可以中止协商。中止期限及下次协商时间、地点、内容等由双方商定。

5）职工代表或者全体职工通过草案

由于最终形成的集体合同要对用人单位和全体职工发生约束力，所以《集体合同规定》明确要求经双方协商代表协商一致的集体合同草案或专项集体合同草案应当提交职工代表大会或者全体职工讨论。职工代表大会或者全体职工讨论集体合同草案或专项集体合同草案，应当有三分之二以上职工代表或者职工出席，且须经全体职工代表半数以上或者全体职工半数以上同意，集体合同草案或专项集体合同草案方获通过。草案经过职工代表大会或者职工大会通过后，再由双方首席代表签字，集体合同即告成立。

6）集体合同的审查

（1）报送审查的期限。集体合同草案提交职工代表大会或者全体职工讨论通过后，由双方首席代表签字，在双方首席代表签字之日起 10 日内，由用人单位一方将文本一式三份报送劳动保障行政部门审查。

（2）审查机关与管辖范围。集体合同或专项集体合同审查实行属地管辖，具体管辖范围由省级劳动保障行政部门规定。中央管辖的企业以及跨省、自治区、直辖市的用人单位的集体合同应当报送劳动保障部或劳动保障部指定的省级劳动保障行政部门。县级以上劳动行政部门负责审查本行政区域的集体合同和专项集体合同。

（3）审查内容。劳动保障行政部门应当对报送的集体合同或专项集体合同的下列事项进行合法性审查：一是集体协商双方的主体资格是否符合法律、法规和规章规定；二是集体协商程序是否违反法律、法规、规章规定；三是集体合同或专项集体合同内容是否与国家规定相抵触；四是审查意见书与审查期限。劳动保障行政部门在收到集体合同后要进行登记，然后进行审查，如果对集体合同或专项集体合同有异议的，应当自收到文本之日起 15 日内将《审查意见书》送达双方协商代表。《审查意见书》应当载明的内容有四项，即：集体合同或专项集体合同当事人双方的名称、地址；劳动保障行政部门收到集体合同或专项集体合同的时间；审查意见；作出审查意见的时间等四个方面。《审查意见书》还应当加盖劳动保障行政部门印章。用人单位与本单位职工就劳动保障行政部门提出异议的事项经集体协商重新签订集体合同或专项集体合同的，用人单位一方应当根据《集体合同规定》第 42 条的规定，将文本报送劳动保障行政部门审查。

7）集体的生效与公布

劳动保障行政部门自收到文本之日起 15 日内未提出异议的，集体合同或专项集体合同即行生效。生效的集体合同或专项集体合同，应当自其生效之日起由协商代表及时以适当的形式向本方全体人员公布。

值得注意的是，为了防止协商代表的利益受到侵害，《集体合同规定》专门规定了集体协商代表保护。第 27 条规定：企业内部的协商代表参加集体协商视为提供了正常劳动。第 28 条规定：职工一方协商代表在其履行协商代表职责期间劳动合同期满的，劳动合同期限自动延长至完成履行协商代表职责之时，除出现下列情形之一的，用人单位不得与其解除劳动合同：① 严重违反劳动纪律或用人单位依法制定的规章制度的；② 严重失职、营私舞弊，对用人单位利益造成重大损害的；③ 被依法追究刑事责任的。职工一方协商代表履行协商代表职责期间，用人单位无正当理由不得调整其工作岗位。

5.2.2 集体合同的内容

根据《集体合同规定》和《劳动合同法》的规定，集体合同的内容应是用人单位和本单位职工就与劳动关系相关的问题形成的权利和义务。《集体合同规定》第二章列举了集体合同的相关内容，但并不强制必须在集体合同中约定所有列举的事项，可以就其中的一项或几项进行协商。另外，法律还规定对双方认为应当协商的其他内容也可以进行约定。因此集体合同的内容并不局限于明文列举的项目，但必须与劳动关系相关且不得违背法律、法规、规章的规定。具体来看集体合同可以包括以下内容。

1. 劳动报酬

主要包括：用人单位工资水平、工资分配制度、工资标准和工资分配形式；工资支付办法；加班、加点工资及津贴、补贴标准和奖金分配办法；工资调整办法；试用期及病、事假等期间的工资待遇；特殊情况下职工工资（生活费）支付办法；其他劳动报酬分配办法。

2. 工作时间

工作时间主要包括：工时制度；加班加点办法；特殊工种的工作时间；劳动定额标准。

3. 休息休假

休息休假主要包括：日休息时间；周休息日时间安排；年休假办法；不能实行标准工时职工的休息休假；其他假期。

4. 劳动安全与卫生

劳动安全卫生主要包括：劳动安全卫生责任制；劳动条件和安全技术措施；安全操作规程；劳保用品发放标准；定期健康检查和职业健康体检。

5. 补充保险和福利

我国现在以社会保险为主，在缴纳保险费后，职工通常可以享受到养老保险、医疗保险、失业保险、工伤保险和女职工的生育险。集体合同中可以补充保险的种类、范围，还可就基本福利制度和福利设施，文化、教育、娱乐等设施进行约定。

补充保险和福利主要包括：补充保险的种类、范围；基本福利制度和福利设施；医疗期延长及其待遇；职工亲属福利制度。

6. 女职工和未成年工特殊保护

女职工和未成年工的特殊保护主要包括：女职工和未成年工禁忌从事的劳动；女职工的经期、孕期、产期和哺乳期的劳动保护；女职工、未成年工定期健康检查；未成年工的使用和登记制度。

7. 职业技能培训

职业技能培训主要包括：职业技能培训项目规划及年度计划；职业技能培训费用

的提取和使用;保障和改善职业技能培训的措施。

8. 劳动合同管理

主要是有关劳动合同签订的时间,劳动合同变更、解除、续订的一般原则;无固定期限劳动合同的终止条件;确定劳动合同期限的条件;试用期的条件和期限等内容。

劳动合同管理主要包括:劳动合同签订时间;确定劳动合同期限的条件;劳动合同变更、解除、续订的一般原则及无固定期限劳动合同的终止条件;试用期的条件和期限。

9. 奖惩

奖惩主要包括:劳动纪律;考核奖惩制度;奖惩程序。

10. 裁员

裁员主要包括:裁员的方案;裁员的程序;裁员的实施办法和补偿标准。

11. 集体合同期限

根据我国《集体合同规定》的要求,集体合同的期限为1至3年。因此,双方当事人有关集体合同期限的约定不能低于1年,也不能超过3年。需要在集体合同中明确期限。

12. 变更、解除集体合同的程序

双方协商一致就可以变更或解除集体合同,但双方也可就变更和解除集体合同的事由或协商程序进行约定。

13. 履行集体合同发生争议时的协商处理办法

集体合同履行争议的处理首先由双方协商,集体协商过程中发生争议,双方当事人不能协商解决的,当事人一方或双方可以书面向劳动保障行政部门提出协调处理申请;未提出申请的,劳动保障行政部门认为必要时也可以进行协调处理。当事人对争议处理的约定不能违背以上规定。另外,可就处理争议的协商程序的相关内容进行约定。

14. 违反集体合同的责任

违反集体合同的责任主要包括:一方违反集体合同时应承担的责任类型和责任方式、违反合同的免责情况等。

15. 双方认为应当谈判的其他内容

双方认为应当协商的其他内容可以是录用、调动和辞退职工的程序、参加企业管理办法等和劳动关系有关的内容,但其约定不得违反相关法律、法规和规章。

5.2.3 集体合同的效力

集体合同的效力即集体合同所具有的法律约束力。

1. 集体合同对人的效力

对人的效力是指集体合同对什么人有约束力。依法签订的集体合同对用人单位及其团体所代表的全体用人单位,对工会组织及其所代表的全体劳动者和本单位的全体职工具有法律约束力。《劳动合同法》第54条第2款规定,依法订立的集体合同对用人单位和劳动者具有约束力。所以集体合同的效力及于用人单位的全体劳动者，不论他何时被录用，是否参加了工会，也不论他在职工大会或职工代表大会审议集体合同草案中持什么态度。只要劳动者与用人单位之间存在劳动关系，就可以享受集体合同的待遇。在合法权益受到侵犯时也可以援用集体合同的规定来向劳动争议仲裁机构和人民法院寻求救济。

对于集体合同签订后新录用的职工来说，由于集体合同是由工会代表全体劳动者同用人单位缔结的，而所谓"全体劳动者"本身就是一个动态的概念，它的构成人员可能随时会出现变化，不断有人加入企业或退出企业。这种变化并不会影响集体合同对全体劳动者的效力。同样的道理，集体合同签订后企业法定代表人或管理层的其他人事变动也不影响集体合同的效力。

对于没有加入工会的职工来说，集体合同也同样有效。根据《工会法》的规定，工会的性质是职工自愿结合的工人阶级的群众组织。工会的职责是维护职工合法权益。工会应当通过平等协商和集体合同制度，协调劳动关系，维护企业职工劳动权益。工会必须密切联系职工，听取和反映职工的意见和要求，关心职工的生活，帮助职工解决困难，全心全意为职工服务。综上所述，工会的性质决定了劳动者有加入工会或者不加入工会的自由。但工会的职责是维护全体职工的合法权益而不仅仅是维护会员的权益。在集体协商的过程中，工会始终是代表全体职工同用人单位谈判从而争取到更多的利益。用人单位内部的任何一名职工都有权享受集体合同所规定的权益。

总之，集体合同的效力十分广泛，用人单位雇佣的任何劳动者，包括在签订集体合同之前被录用的和签订集体合同之后被录用；包括工会成员与非工会成员；还包括支持集体合同的劳动者和反对集体合同的劳动者，都可以享受集体合同规定的权利并且要受到集体合同的约束。

2. 集体合同的空间效力

集体合同的空间效力是指集体合同在什么地域、产业范围发生效力。空间效力是根据集体合同的性质决定的。如果是全国性的集体合同，在全国范围内发生法律效力；区域性集体合同，在该区域内发生法律效力；行业集体合同在该行业内部发生法律效力；企业集体合同在本企业内部发生法律效力。

3. 集体合同的时间效力

时间效力是指集体合同何时生效、何时终止以及有无溯及力和余后效力的问题。集体合同的时间效力有3种表现形式。一是当期效力。指集体合同在其存续期间内具有约束力。我国劳动立法对集体合同的生效做出了明确的规定，《集体合同规定》第47条规定："劳动保障行政部门自收到文本之日起15日内未提出异议的，集体合同或专项集体合同即行生效。"明确了生效的时间，第38条明确："集体合同或专项集体合同期限一般为1至3年，期满或双方约定的终止条件出现，即行终止。"因此我国的集体合同是有固定期限的，而且只在存续期有效。二是溯及效力即对生效前已经签订的劳动合同是否具有约束力。有约束力的即为有溯及力，不产生约束力的即为无溯及力，集体合同一般是不具有溯及力的。但是，有的国家规定，当事人有特别的理由，并经集体合同管理机关认可，允许集体合同有约束力。三是余后效力，是指集体合同终止后对依法订立并仍然生效的劳动合同继续产生约束力的状况。规定余后效力是为了避免出现在集体合同终止后，新的集体合同未产生而出现无规则状态。我国劳动立法没有对集体合同的余后效力作出规定。

5.3 集体合同的履行、变更、解除和终止

5.3.1 集体合同的履行

1. 集体合同履行的含义

集体合同履行是指集体合同的缔约双方按照约定履行自己的义务。只有当集体合同得到完全的履行，才能实现订立集体合同的目的，达到双方当事人订立合同时确立的目标。

2. 集体合同的履行原则

与劳动合同的履行一样，集体合同也有履行的基本准则。集体合同的履行也要遵守全面履行原则和协作履行原则。

1）全面履行原则

全面履行原则是指集体合同当事人应严格按照合同约定的具体条件，全面履行合同约定的义务。例如，企业在集体合同的有效期内，应保证劳动者个人劳动合同的劳动条件和劳动报酬不低于集体合同的约定；工会应敦促劳动者保持和平劳动状态等。我国《集体合同规定》第16条规定，在集体合同规定的期限内，双方代表可对集体合同履行情况进行检查。为了确保集体合同得到全面履行，集体合同双方当事人可以建立集体合同履行定期监督检查制度，以便及时发现集体合同履行中存在的问题，及时予以纠正。

2）协作履行原则

协作履行原则是指集体合同双方当事人要本着诚实、合作的态度履行集体合同约定义务。虽然集体合同更多的是对用人单位的约束，双方存在一定的利益冲突，但在根本利益上有一致性。劳动者提供的劳动决定着企业的质量和效率，对企业的经济效益和长期发展产生直接的影响。劳动者待遇的提高，依赖企业经济效益提升，如果企业经营管理不善，经济效益下降，也必然影响劳动者的待遇。因此，集体合同的双方应当各尽其责，相互协作，履行好集体合同，才能实现双方的共同利益。

5.3.2 集体合同的变更、解除和终止

1. 集体合同变更或解除的概念

所谓集体合同的变更，是指集体合同没有履行或没有完全履行之前，因订立集体

合同所依据的主客观条件发生了变化,当事人依照法律规定的条件和程序,对原集体合同中的某些内容进行修改。所谓集体合同的解除,是指集体合同没有履行或没有完全履行之前,因订立集体合同所依据的主客观条件发生了变化,致使集体合同履行成为不可能或不必要,当事人依照法律规定的条件和程序,终止集体合同。由于依法订立的集体合同,具有法律约束力,不得随意变更或解除,如果要变更或解除集体合同,必须符合法定的条件和程序。

2. 集体合同变更或解除的条件

《集体合同规定》第39条、第40条明确了变更或解除集体合同的条件。

1)双方协商代表协商一致

集体合同签订后,如果经双方当事人重新协商一致,集体合同是可以变更或解除的。法律允许双方当事人经协商一致变更或解除集体合同,是为了使工会和企业双方能够根据客观情况的变化及时调整合同关系,使集体合同更加适应客观实际的需要,使集体合同更好地发挥作用。双方当事人在协商一致的条件下变更或解除集体合同,同样要按照集体合同的签订程序,在广泛征求群众意见的基础上,经职工(代表)大会讨论通过并报劳动行政部门登记审核,才能生效。这是保证集体合同的变更或解除合法性的重要条件。如果经过双方谈判一致变更集体合同相关内容的,在对原集体合同进行变更和修订后,仍应在7日内报送劳动行政部门审查。如果是解除集体合同的,也应在7日内向审查集体合同的劳动行政部门提交书面说明。

2)用人单位因被兼并、解散、破产等原因,致使集体合同或专项集体合同无法履行的

企业出现了被兼并、解散、破产等事件,原来签订集体合同的企业法人不存在了,这就使集体合同的履行失去了客观基础。在这种情况下,可以根据实际情况解除或变更集体合同。

3)不可抗力等原因致使集体合同或专项集体合同无法履行或部分无法履行的

不可抗力是指人力无法预料,或者能够预料却无法避免的情形,例如水灾、旱灾、地震、火灾、战争、瘟疫等。如果在集体合同的履行中,出现不可抗力的情形,导致集体合同的一方难以履行集体合同之义务的,允许根据实际情况变更或解除集体合同。另外,当事人一方虽无过失但无法防止的外因,也是变更或解除集体合同的条件。如企业为了改善劳动条件与第三方签订了有关订购劳动保护设备的合同,但第三方因故中断或延误履行合同,影响了劳动保护设备的更新,在这种条件下,允许变更原订的集体合同。

4)集体合同或专项集体合同约定的变更或解除条件出现的

只要集体合同双方代表协商确定的,双方可以在集体合同中约定集体合同变更或解除的条件出现,集体合同就应当进行变更或解除。

5)法律、法规、规章规定的其他情形

国家的法律、法规和政策是订立集体合同的重要依据之一,如果在集体合同订立

之后，国家法律法规和政策发生了变化，如国家有关劳动报酬、劳动安全和卫生、休息休假、劳动保险和福利等方面的法规和政策发生了变化，继续执行原集体合同可能导致与现行法律、法规和政策相抵触，必然要引起集体合同的变更或解除。所以，国家法律、法规和政策的变化是变更或解除集体合同的条件。

3. 集体合同变更或解除的程序

根据《集体合同规定》第41条，变更或解除集体合同或专项集体合同适用本规定的集体协商程序。因此，变更或解除集体合同，其程序与集体合同的订立程序相同。集体合同规定第42条规定，集体合同或专项集体合同签订或变更后，应当自双方首席代表签字之日起10日内，由用人单位一方将文本一式三份报送劳动保障行政部门审查。劳动保障行政部门对报送的集体合同或专项集体合同应当办理登记手续。因此，集体合同的变更和解除，除了必须符合一定的条件外，还必须经过一定的法定程序。不同合同变更或解除形式，其变更或解除的程序也不相同。

1）双方协议变更或解除集体合同的程序

双方变更或解除集体合同，其程序基本与集体合同的订立程序相同。第一，一方提出建议，向对方说明需要变更的条款、变更或解除集体合同的理由等。一方提出变更或解除集体合同的建议后，另一方必须在集体合同或有关法律规定的期限内作出答复。第二，双方协商。如果一方提出变更或解除集体合同的建议后，另一方也有相同的愿望，双方可以就变更或解除集体合同的具体内容和条件等进行协商谈判，在此基础上达成一致性的书面协议。第三，将协议书提交职工（代表）大会讨论通过，并报送劳动行政部门，经审查确认后，协议成立，原集体合同或原集体合同的有关条款即行终止。

2）单方变更或解除集体合同的程序

集体合同的双方当事人在一般情况下是不能单方变更或解除集体合同的，但在符合法定条件的情况下，是可以变更或解除的。如在企业破产、发生不可抗力事件等条件下，允许当事人单方变更或解除集体合同。享有单方变更或解除集体合同的一方，可直接行使其权利。

需分别不同情况履行下列手续：一是企业破产的，应提供人民法院宣告企业破产的裁定书副本；二是当事人因不可抗力事件发生而需要变更或解除集体合同时，应提供有关证明；三是因对方违约，集体合同的履行成为不必要时，无过错一方要求变更或解除合同，应及时通知对方，并向劳动行政部门提出申请。单方变更或解除集体合同的当事人，在行使权利的过程中与对方发生争议时，可提请劳动争议仲裁委员会仲裁或人民法院判决。

4. 集体合同终止

集体合同终止是指集体合同的效力消灭。根据《集体合同规定》第38条，因此，集体合同终止的原因有两个：一是集体合同期满。根据集体合同规定，集体合同或专项集体合同的期限一般是1～3年，集体合同中注明的有效期满，集体合同即行终止；

二是集体合同约定终止的条件出现。按照集体合同规定,当事人在进行集体合同协商时,可以约定集体合同或者专项集体合同终止的条件,一旦出现约定终止的情形,集体合同即终止。

5.4 集体合同的争议

5.4.1 集体合同争议的概念

1. 集体合同争议的基本概念

集体合同争议是指集体合同当事人在集体合同签订或履行过程中发生的争议。争议的内容往往涉及全体职工的利益。《劳动合同法》第56条规定,用人单位违反集体合同,侵犯职工劳动权益的,工会可以依法要求用人单位承担责任;因履行集体合同发生争议,经协商解决不成的,工会可以依法申请仲裁、提起诉讼。本条是关于集体合同争议的新规定。集体合同争议实际上是一种特殊的劳动合同争议,它是指工会或职工代表与用人单位或雇主以及雇主团体在举行集体协商,签订集体合同,以及履行集体合同等事项上产生的争议。所以集体合同争议实际上包括了履行合同时的争议和举行集体协商、签订集体合同的争议等多种情况。

2. 集体合同争议与集团合同争议的区别

集体合同争议与集团合同争议不是一个概念。后者是指多个劳动者因为有共同的争议事项而与用人单位所产生的争议。它们二者有明显的区别,首先从争议的当事人来看,集体合同争议当事人的劳动者一方是工会或者职工代表,而集团合同争议当事人的劳动者一方是特定的一些职工。其次从争议的内容来看,集体合同争议涉及的是集体合同的签订、履行等,而集团合同争议所涉及的是劳动合同中所约定的权利义务。

集体合同担负着保护劳动者合法权益的责任,而且它的涉及面广,影响重大。因此,有集体合同而产生的争议必须得到迅速、妥善的处理,否则很容易激化矛盾,导致比较严重的后果。为此,法律对于集体合同争议的处理也有比较特别的规定。

5.4.2 集体合同争议的处理

集体合同争议是指集体合同当事人在集体合同签订或者履行的过程中发生的权利义务的争议。集体合同争议属于劳动争议的一种,集体合同争议的一方为用人单位,另一方为全体劳动者,一般由工会代表,争议内容往往涉及全体职工的利益。

1. 签订集体合同争议的处理

签订集体合同争议是指集体合同当事人在协商签订集体合同时发生的分歧。《劳动法》和《集体合同规定》对争议处理的管辖、程序等问题作了规定。

1）争议处理的申请

《劳动法》第 84 条规定，因签订集体合同发生争议，当事人协商解决不成的，当地人民政府劳动行政部门可以组织有关各方协调处理。《集体合同规定》第 49 条规定，集体协商过程中发生争议，双方当事人不能协商解决的，当事人一方或双方可以书面向劳动保障行政部门提出协调处理申请；未提出申请的，劳动保障行政部门认为必时也可以进行协调处理。根据以上规定，争议处理可以由当事人提出，也可由劳动保障行政部门依权进行协调处理。

2）争议处理的管辖

《集体合同规定》第 51 条规定，集体协商争议处理实行属地管辖，具体管辖范围由省级劳动保障行政部门规定。中央管辖的企业以及跨省、自治区、直辖市用人单位因集体协商发生的争议，由劳动保障部指定的省级劳动保障行政部门组织同级工会和企业组织等三方面的人员协调处理，必要时，劳动保障部也可以组织有关方面协调处理。可见签订集体合同争议的处理采取的是属地管辖原则，具体处理部门由有权的劳动保障行政部门进行规定。

3）争议处理的程序

处理集体协商争议的程序是：受理协调处理申请；调查了解争议的情况；研究制定协调处理争议的方案；对争议进行协调处理；制作《协调处理协议书》。协议书应当载明协调处理申请、争议的事实和协调处理结果等内容，双方没有达成一致的事项也应当载明。

4）争议处理的期限

《集体合同规定》第 52 条规定，协调处理集体协商争议，应当自受理协调处理申请之日起 30 日内结束协调处理工作。期满未结束的，可以适当延长协调期限，但延长期限不得超过 15 日。即对签订集体合同争议的处理时间从受理申请之日起最长不得超过 45 日。

5）争议处理的法律后果

申请由劳动保障行政部门进行争议处理或由劳动保障行政部门自行进行协调处理的在处理争议后应制作《协调处理协议书》，并载明协调处理申请、争议的事实和协调结果。《协调处理协议书》由集体协商争议协调处理人员和争议双方首席代表签字盖章后生效。争议双方均应遵守生效后的《协调处理协议书》。

2. 履行集体合同争议的处理

履行集体合同的争议是指当事人对合同是否已经履行或是否已经按约定的方式履行产生的分歧。《劳动合同法》和《集体合同规定》均对履行集体合同争议的处理方式进行了规定。《劳动合同法》第 56 条规定，用人单位违反集体合同，侵犯职工劳动权益的，工会可以依法要求用人单位承担责任；因履行集体合同发生争议，经协商解决不成的，工会可以依法申请仲裁、提起诉讼。《集体合同规定》第 55 条规定，因履行集体合同发生的争议，当事人协商解决不成的，可以依法向劳动争议仲裁委员会申请仲裁。按此规定,履行集体合同争议的处理程序如下。

1)由当事人双方进行协商

在双方因履行集体合同发生争议后,应当协商解决。当事人协商是申请仲裁和提起诉讼的前置程序。主要是由工会代表劳动者同用人单位进行协商,克服单个劳动者相对于用人单位的弱势地位。

2)不能达成一致的情况下由工会自由选择向劳动争议仲裁机构提起仲裁或直接向人民法院提起诉讼

《劳动合同法》第56条规定:"因履行集体合同发生争议,经协商解决不成的,工会可以依法申请仲裁、提起诉讼。"《劳动合同法》改变了传统的劳动争议"先仲裁后起诉"的处理原则,赋予了工会选择救济途径的权利,即可以自由选择向劳动争议仲裁机构提起仲裁或直接向人民法院提起诉讼。如提起仲裁受理该争议的仲裁机构应当按照仲裁规则进行处理,工会直接向人民法院起诉,由人民法院的民事审判庭依照《民事诉讼法》规定的程序进行审理。劳动合同法的规定打破了劳动争议"先仲裁后起诉"的原则,改变了《劳动法》和《集体合同规定》等已有法律、法规和规章的规定。《劳动合同法》第56条之所以改变集体合同纠纷的处理程序,是基于这样的原因:按照《劳动合同法》颁布之前的法律规定,工会向仲裁机构提请仲裁的,如果用人单位对仲裁结果不服而向人民法院起诉的,即意味着仲裁程序白白浪费了大量时间、精力和物力,而集体合同的特点要求纠纷必须得到迅速解决,否则可能会产生更加严重的后果。法律赋予工会这样的权利是为了加快集体合同纠纷的解决,实现劳动关系的和谐稳定。

3. 企业违反集体合同规定承担的法律责任

《劳动合同法》第56条规定:用人单位违反集体合同,侵犯职工劳动权益的,工会可以依法要求用人单位承担责任;用人单位违反集体合同规定,侵犯劳动者合法权益的,主要是指用人单位在用工的过程中,未履行集体合同规定的义务,如企业规章制度或者单个的劳动合同的订立、履行、变更、解除等与集体合同相悖。根据职工权益受损的情况,承担相应的责任。工会应当代表劳动者同用人单位协商解决,协商不成的,工会可以向劳动争议仲裁机构提请仲裁或直接向人民法院提起诉讼。当然受到侵害的劳动者本人也可以依据集体合同的规定向劳动争议仲裁机构提请仲裁,对裁决不服的,可以向人民法院提起诉讼。但是单个的劳动者相对于用人单位往往处于弱势地位,而且个人一般也难以承担仲裁和诉讼所消耗的时间与金钱。因此,劳动者因为用人单位违反集体合同而受到损害的,可以要求工会帮助并代表自己向用人单位提出协商请求、提请仲裁或诉讼。根据《工会法》,企业、事业单位、社会组织违反集体合同,侵犯职工劳动权益的,工会可以依法要求企业、事业单位、社会组织予以改正并承担责任;因履行集体合同发生争议,经协商解决不成的,工会可以向劳动争议仲裁机构提请仲裁,或者向人民法院提起诉讼。工会的基本职责是维护职工的合法权益,因此工会有责任为受侵害的劳动者主张权利。从劳动者的角度来说,通过工会来维护自己合法权益的方式可以省去大量的时间和金钱,同时也有利于更好地解决纠纷。

本章阅读参考文献

［1］程延园. 集体谈判制度研究. 北京：中国人民大学出版社，2004.
［2］王全兴，黄昆. 中国劳动法. 3版. 北京：中国政法大学出版社，2008.
［3］郭捷. 劳动法与社会保障法. 北京：法律出版社，2016.
［4］郑尚元. 劳动合同法的制度与理念. 北京：中国政法大学出版社，2008.
［5］邱婕.《劳动合同法》十周年回顾系列之十《劳动合同法》研究之集体合同. 中国劳动，2018（10）.
［6］吴文芳. 德国集体合同"法规性效力"与"债权性效力"之研究. 法商研究，2010（2）.
［7］杨云芳，等. 集体合同权利争议的分析与研究. 法学杂志，2010（2）.
［8］陈洁. 劳动者的集体合同问题研究:富士康事件的启示. 绍兴文理学院学报，2010（5）.

本章复习思考题

一、名词解释

集体合同　专项性的集体合同　集体合同的订立　集体合同的变更　集体合同的解除

二、单项选择题

1. 协调处理集体协商争议，应当自受理协调处理申请之日起30日内结束协调处理工作。期满未结束的，可以适当延长协调期限，但延长期限不得超过（　　）。

    A. 10日　　　　　　　　　　B. 15日
    C. 20日　　　　　　　　　　D. 25日

2. 集体协商过程中发生争议，双方当事人不能协商解决的，当事人一方或双方可以书面向（　　）。

    A. 当地人民政府信访机构提出协调处理申请

    B. 人民法院起诉

    C. 劳动争议仲裁委员会提出申请

    D. 劳动保障行政部门提出协调处理申请

3. 劳动行政部门自接到集体合同文本之日起（　　）。

    A. 10日内无异议的，集体合同即行生效

    B. 15日内无异议的，集体合同即行生效

    C. 20日内无异议的，集体合同即行生效

    D. 25日内无异议的，集体合同即行生效

4. 按照我国现行法的规定,集体合同的期限一般是（　　）。

A. 1～2 年 B. 1～3 年

C. 1～4 年 D. 1～5 年

5. 企业职工一方可以同用人单位订立劳动安全卫生、工资调整机制、女职工权益保护等集体,这种集体合同被称为（　　）。

A. 行业集体合同 B. 单项集体合同

C. 区域集体合同 D. 专项集体合同

三、多项选择题

1. 集体合同的内容包括（　　）。

A. 劳动报酬 B. 工作时间

C. 休息休假 D. 女职工特殊保护

E. 劳动安全卫生

2. 以下属于集体协商代表职责的有（　　）。

A. 参加集体协商

B. 提供与集体协商有关的情况和资料

C. 代表本方参加集体协商争议的处理

D. 监督集体合同或专项集体合同的履行

E. 接受本方人员质询,及时向本方人员公布协商情况并征求意见

3. 根据调整的不同范围可将集体合同分为（　　）。

A. 全国性集体合同 B. 区域性集体合同

C. 行业性集体合同 D. 专项集体合同

E. 企业集体合同

4. 集体合同和劳动合同的不同点包括（　　）。

A. 合同目的不同 B. 合同主体不同

C. 合同内容不同 D. 合同效力不同

E. 合同签订的程序不同

四、判断分析题

1. 集体合同对劳动合同无任何约束力。

2. 签订劳动合同的主体和集体合同的主体是完全一样的。

五、简述题

1. 简述集体合同的概念特征。

2. 简述集体合同订立的程序。

六、论述题

1. 试论集体合同与劳动合同的联系和区别。

2. 试述集体合同的效力。

七、案例分析题

2018年8月甲厂欲与职工订立集体合同,厂里有关负责人在没有通知工会的情况下指定了5人作为职工代表协商订立了集体合同。集体合同中就相关劳动条件等问题做了约定。其中对劳动报酬约定为该厂每月支付给职工的工资最低标准为2 200元。2021年9月乙进入该厂。甲厂和乙约定试用期三个月,每月支付工资1 200元。三个月乙成为正式员工后发现集体合同规定的职工最低工资为2 200元,于是要求甲厂补足其在试用期少得的工资。甲厂则以乙在试用期不适用集体合同中有关最低工资的约定为由进行抗辩。

问:

(1) 该集体合同是否有效?为什么?

(2) 假设该集体合同有效,乙职工的请求能否得到支持?为什么?

第6章 劳务派遣

本章学习目标
了解：劳务派遣的意义。
领会：劳务派遣法律关系。
掌握：劳务派遣的概念特征、劳务派遣的适用、劳务派遣协议、劳务派遣的法律责任。
运用：根据本章所学知识，分析解决劳务派遣纠纷。
本章课程思政：明确认识劳务派遣这种新型的用工模式中保护劳动者利益的重要性，用工模式在发展变化中，需要我们树立正确的发展观，及时把握事物的发展变化，采取适当的措施应对。引导学生树立坚持以人民为中心的发展观。

6.1 劳务派遣概述

6.1.1 劳务派遣的概念特征

1. 劳务派遣的概念

劳务派遣，也称人力派遣、人力租赁等，是指劳动力派遣单位依据同用工单位之间的劳务派遣协议，将与自己订立劳动合同的劳动者派遣到用工单位，由用工单位指挥和监督劳动者进行劳动。劳务派遣与一般用工形式的最大区别在于劳动的雇佣同劳动力的使用相分离。雇佣劳动者的用人单位并不实际使用劳动力，不直接享受劳动者的劳动成果；而实际用工单位与劳动者之间则不存在劳动合同。

在劳务派遣这种用工形式当中，存在三方主体——用人单位（劳务派遣单位）、用工单位（被派遣单位）、劳务派遣工（被派遣劳动者）。劳务派遣的实现包括以下几个步骤：首先由劳务派遣工同劳务派遣单位（《劳动合同法》将其定位为用人单位）签订劳动合同，其次用工单位向用人单位提出用工要求，并签订劳务派遣协议，最后用人单位根据劳务派遣协议的规定指派劳动者前往用工单位，由用工单位指挥劳动者进行工作。用人单位通过从用工单位处收取管理费来获得收益。这种"有关系没劳动，有劳动没关系"的特殊形态使得劳务派遣比一般的用工形式更加复杂，因而法律有必要单独进行规定。

近些年来,劳务派遣作为解决就业、节省生产成本的重要方法,广泛应用于各个行业和领域当中,但过去法律对劳务派遣没有做出过比较系统的规定,这也导致了许多问题的出现。此次《劳动合同法》对劳务派遣制度做出了比较专门的和系统的规定,有利于解决劳务派遣活动中出现的问题,理顺各方关系,保护劳务派遣工的合法权益。

2. 劳务派遣的特征

1)主体为用人单位、用工单位和被派遣劳动者三方

主体为三方是劳务派遣不同于传统劳动关系的重要特征,其突破了传统劳动关系两方主体的固有模式。在传统劳动关系中,只有雇主与劳动者两方主体,劳动者向雇主提供劳动力,雇主支付劳动者劳动报酬等,并有要求劳动者付出劳动力的请求权。双方的权利义务是雇主与劳动者两者间单纯的一对一的法律关系,无第三方的介入。故发生劳动纠纷时,双方(劳动者与雇主)只需将对方列为被诉主体,最终承担义务的是双方中的其中一方。但在劳务派遣关系中的主体为三方,即劳务派遣单位(用人单位)、被派遣劳动者和用工单位,劳务派遣单位与被派遣劳动者签订劳动合同,双方之间的关系为劳动关系,劳务派遣单位承担向被派遣劳动者支付工资、缴纳社会保险、提供福利待遇等义务,由于劳务派遣单位只雇佣但不使用,故可称为形式上的劳动关系;而劳务派遣单位与用工单位订立劳务派遣协议,约定被派遣劳动者的雇佣和使用问题,二者作为平等的民事主体,相互之间形成民事合同关系;而被派遣劳动者在用工单位的指挥管理下付出劳动力,但其二者的劳动关系,由于用工单位只使用不雇佣,故为实际劳动关系。

2)有两个合同存在

在劳务派遣中,签订两个合同,一是劳务派遣单位和被派遣劳动者签订劳动合同,该合同确定了劳务派遣单位和被派遣劳动者之间的劳动关系,劳务派遣单位承担支付被派遣劳动者工资、缴纳社会保险、保障被派遣劳动者无工作期间的最低工资收入等的义务。二是劳务派遣单位和用工单位签订的劳务派遣协议,劳务派遣协议主要是约定派遣岗位及人员数量、派遣期限、劳动报酬和社会保险费的数额与支付方式以及违反协议的责任。劳务派遣协议的性质属于民事合同,但其也为用工单位要求被派遣劳动者按照用工单位的要求履行劳动义务的行为提供了依据。

3)劳动力的雇佣与使用相分离

在传统的劳动关系中雇佣与使用是一体的不可分离的,用人单位雇佣劳动者后就对劳动者享有劳动给付的请求权。但是劳务派遣却突破了这一既定模式,发展出了劳动力雇佣与使用相分离的新型用工形式,劳务派遣单位是被派遣劳动者的雇主,也是劳动合同的相对人,但是被派遣劳动者实际给付劳动的对象却是用工单位,用工单位与被派遣者劳动者之间虽无劳动关系,但是却享有劳动给付的请求权,由上述可知劳务派遣形成了雇佣但不使用,使用却不雇佣,即劳动力的雇佣与使用相分离的模式。

3. 劳务派遣的意义

近些年来劳务派遣在我国有了迅速发展,这种特殊的用工形式广泛存在于各地区

各行业当中，这说明劳务派遣适合市场经济的发展要求，能够促进生产的进步。

1）促进劳动者的就业

劳务派遣单位可以有效地吸纳城市失业人口和转移到城市的农村剩余劳动力，并将这些劳动力集中起来，满足各个用人单位的用工需求。而从劳动者的角度来看，劳动者通过和劳务派遣单位订立劳动合同，接受用人单位的派遣也可以比较方便地实现就业，省去了自己找工作的麻烦。从总体上讲，劳务派遣可以根据各地用工需求来合理分派劳动者，避免出现供需矛盾和劳务输出的盲目性。

2）降低用工单位的用工成本

用工单位接受劳务派遣工，除了向劳务派遣单位支付管理费，只需要为劳务派遣工支出必要的工资和社会保险费用。由于用工单位与劳务派遣工之间没有订立劳动合同、不存在劳动关系，所以用工单位也就避免了因解除劳动合同而支付经济补偿金的风险。因此用人单位就可以在生产需要时接纳劳务派遣工，在不需要的时候将其退回劳务派遣单位。

3）为企业提供辅助性工作，使企业专心从事生产经营

一个企业的主要工作就是生产商品或者提供服务，但生产活动的顺利进行还需要做一些辅助性的工作，如食堂、绿化、清洁、安保等。而企业对这些辅助性工作并不擅长，专门雇佣职工来从事这些工作也会浪费大量的财力和物力。因此通过劳务派遣将这些辅助性工作交给更加擅长的劳动者，就可以让企业专心从事生产经营活动，提高工作效率。

4）劳务派遣可以适用于季节性的生产活动

现实生活中，有些用人单位生产活动的季节性很强，如制糖企业、冰淇淋企业等。这些企业往往在忙时需要大量的劳动力从事生产，而在闲时又需要减少职工数量，节省工资开支。而劳务派遣可以有效地解决这种短期用工要求，满足企业用工的灵活性和季节性。

由于长期以来由于我国对劳务派遣没有比较完善的法律规定，所以劳务派遣活动也出现了许多问题，这些问题引起了社会公众和立法者的注意。《劳动合同法》以专门章节规定劳务派遣制度就是为了实现有法可依，保护劳务派遣工的合法权益。

4. 劳务派遣的立法概况

劳务派遣是随着社会经济发展变化而出现的一种新的劳动用工方式，在许多行业已经表现出了极强的适用性。以劳务派遣形式用工主要集中在建筑业、制造业和电信、银行、医院、邮政、家政、电力、铁路运输等服务行业，一方面用工单位可以根据自身特点、行业要求、业务发展趋势的变化，通过劳务派遣雇用合适的人员，得到最好的人力资源；另一方面，劳务派遣机构则根据社会需求有针对性地招揽人才，与劳动者签订劳动合同、建立劳动关系，进行必要的培训，将其派遣到用工单位工作，并为劳动者提供社会保险、后勤保障等综合服务，对于用工单位来说，劳务派遣存在简化管理程序、分担风险和责任、提高用工效率、降低成本费用等优点，能够实现机动灵

活合理合法用工；对于劳动者而言，依靠劳务派遣机构提供的广泛的就业信息获得了更多的就业选择机会。因此，近年来，劳务派遣发展迅速，涉及的行业越来越多，规模也不断扩大。同时，劳务派遣中也出现了一些问题，如同工不同酬、责任分担不清等，一定程度上损害了劳动者的权益。

在《劳动合同法》颁布之前，我国关于劳务派遣的法律法规十分欠缺，对劳务派遣的规定只是分散在各地方政府部门为了解决管理问题而制定的各种规范当中。例如北京市劳动和社会保障局在1999年印发的《北京市劳务派遣组织管理暂行办法》中规定，劳务派遣组织应与招用的下岗职工签订劳动合同，建立劳动关系。实际上各地对劳务派遣的认识并不明确，劳动者、劳务派遣单位、用工单位之间的关系如何，后两者谁是法律意义上的用人单位，也存在不少争议。这种认识混乱的最终受害人还是劳动者，现实生活中如果劳务派遣工发生工伤，劳务派遣单位和用工单位经常会因此而相互推诿，不愿意承担法定义务。

为了保护被派遣劳动者的合法权益，规范派遣行为，促进劳务派遣行业的健康发展，《劳动合同法》第五章第二节对劳务派遣首次作了专节的规定，明确了劳务派遣单位的设立条件、劳务派遣的范围以及派遣单位与用工单位之间的义务和责任。2012年12月28日，十一届全国人大常委会第三十次会议通过了《关于修改〈劳动合同法〉的决定》，提高了经营劳务派遣业务的注册资本，对劳务派遣的相关规定进行了细化。为了进一步细化新修改的《劳动合同法》，2013年6月20日，人力资源和社会保障部公布了《劳务派遣行政许可实施办法》，该办法分为总则、劳务派遣行政许可、监督检查、法律责任、附则5章35条，主要对劳务派遣单位的行政许可问题进行了规范，自2013年7月1日起施行。2013年12月20日，人力资源和社会保障部公布了《劳务派遣暂行规定》，对劳务派遣用工比例、辅助性岗位的确定程序等重要内容作出规定，同时对劳动合同、劳务派遣协议的订立、履行、解除和终止以及相应的法律责任等加以明确，自2014年3月1日起施行。

6.1.2 劳务派遣的适用

1. 规定劳务派遣适用工作岗位的意义

1）规范这种新的用工模式，避免对劳动用工制度的冲突

因为，劳务派遣不同于传统劳动形式，是一种新型的劳动力资源使用方式，虽然其本身在灵活用工、促进再就业等方面发挥积极的作用，但如果规制不当，将会造成劳务派遣的滥用等非正常现象，严重冲击劳动用工制度和劳动法律制度。有的企业为了使用劳动者的黄金年龄，压低工资，规避解除劳动合同的经济补偿和订立无固定期限劳动合同的义务，在除企业管理层之外的各个岗位广泛使用劳务派遣工。在一些企业当中，劳务派遣工远远多于同用工单位订立劳动合同的正式员工。这种恶意的用工行为是非常不合理的，法律如果不对这一现象进行制止，劳务派遣就可能在不久的将来成为企业用工的常态。

2)保护劳动者的利益

要支付劳动报酬、依法为劳动者缴纳社会保险费用、在解除劳动合同时要支付经济补偿。如果劳务派遣单位和用工单位约定由用工单位负责支付工资、社会保险费的,用人单位还要对这些费用的支付承担连带责任。

劳务派遣的主体是由三方(劳务派遣单位、被派遣劳动者和用工单位)所构成的复杂劳动关系,若不对其加以限制,放任自流将会造成许多劳动纠纷,而在劳动纠纷中受到伤害的往往是处于弱势地位的劳动者,滥用劳务派遣不仅侵犯了派遣工的合法权益,也剥夺了正式员工的工作岗位。这显然有悖于社会公平正义,不利于构建与发展和谐稳定的劳动关系。故我国《劳动合同法》对劳务派遣工作岗位做出了规制。

2. 劳务派遣适用的岗位

对劳务派遣的适用岗位有三种,《劳动合同法》第66条明确规定,劳务派遣一般在临时性、辅助性或者替代性的工作岗位上实施。前款规定的临时性工作岗位是指存续时间不超过6个月的岗位;辅助性工作岗位是指为主营业务岗位提供服务的非主营业务岗位;替代性工作岗位是指用工单位的劳动者因脱产学习、休假等原因无法工作的一定期间内,可以由其他劳动者替代工作的岗位。临时性的岗位,一般是企业因为临时需要而设立的工作岗位或季节性行业的工作岗位,一般用工时间比较短,不超过6个月,不值得由用工单位专门安排正式员工来担任。辅助性岗位是指用工单位非主要性、重要性的劳动岗位,在生产制造过程中是属于辅助性的简易劳动岗位,如后勤服务、安全保卫等部门的用工。这些工作可以由专门的劳务派遣工来承担,保证企业能够专心从事生产活动。替代工作岗位是用人单位的正式员工因为脱产学习、休假等原因而暂时离开工作岗位时,有其他劳动者替代其工作岗位,以保障生产的正常进行。

《劳动合同法》还对劳务派遣用工的数量进行了限制。第66条明确,用工单位应当严格控制劳务派遣用工数量,不得超过其用工总量的一定比例,具体比例由国务院劳动行政部门规定。这一规定是对劳务派遣用工的限制。2014年3月1日实施的《劳务派遣暂行规定》第4条明确,用工单位应当严格控制劳务派遣用工数量,使用的被派遣劳动者数量不得超过其用工总量的10%。前款所称用工总量是指用工单位订立劳动合同人数与使用的被派遣劳动者人数之和。计算劳务派遣用工比例的用工单位是指依照劳动合同法和劳动合同法实施条例可以与劳动者订立劳动合同的用人单位。

6.2 劳务派遣关系的主体与内容

6.2.1 劳务派遣关系的主体

劳务派遣主要涉及劳动者、劳务派遣单位和用工单位三方主体,它是一种非常特殊的用工形式。

1. 劳务派遣单位

劳务派遣单位是与劳动者签订劳动合同,建立劳动关系,并把劳动者派到用人单位工作的主体。

1)派遣单位是用人单位

《劳动合同法》第 58 条规定,劳务派遣单位是本法所称用人单位。应当承担用人单位对劳动者的各种义务。《劳动合同法》的这一规定是比较合理的。从理论上讲,劳动者与用人单位之间是劳动关系的两方主体。这种劳动关系的建立则是双方通过签订劳动合同来实现的。在劳务派遣这种用工形式中,劳动者虽然在用工单位实际工作,但其与用工单位之间并没有订立劳动合同,因此不存在劳动关系。劳动者是受到劳务派遣单位的指派而来到用工单位,当用工单位不再需要派遣工时,劳动者就会回到劳务派遣单位,等待再次指派。在劳动合同存续期间,劳动者可能会服务于许多用工单位,但他同劳务派遣单位之间的关系始终存在,并且要受到这个用人单位的监督管理。规定劳务派遣单位是法律意义上的用人单位,也有利于为流动性比较强的劳务派遣工缴纳社会保险费用。既然是用人单位,那劳务派遣单位就要承担法律规定的一切义务。这些义务在《劳动法》以及《劳动合同法》等法律法规中已经有了比较明确的规定,比如劳务派遣单位应当依法与劳动者签订书面劳动合同、按时足额支付劳动报酬、依法为劳动者缴纳社会保险费用、在解除劳动合同时要支付经济补偿。如果劳务派遣单位和用工单位约定由用工单位负责支付工资、社会保险费的,用人单位还要对这些费用的支付承担连带责任。

2)设立劳务派遣单位应具备的条件

《劳动合同法》第 57 条对劳务派遣单位的设立做出了专门的规定。

第一,注册资本不得少于人民币 200 万元。我国法律对公司注册资本和股东首次出资的控制,主要是为了保证公司具有一定的责任能力,以便保护债权人的合法权益。而劳务派遣单位潜在的债权人就是劳动者,派遣单位在违反劳动合同等侵犯劳动者权益的情况下要对劳动者支付一定数额的赔偿,如果劳务派遣单位没有一定的注册资本作为基础,那么大量劳动者向派遣单位索赔时,单位就没有能力承担责任,劳动者的合法权益就无法维护。同时考虑到劳动关系和劳务派遣的特殊性,《劳动合同法》对劳务派遣单位的注册资本做出了较高的规定,原《劳动合同法》是规定不得少于人民币 50 万元,现行《劳动合同法》规定不得少于 200 万元。这个规定大大提高了劳务派遣单位的设立门槛,确保劳务派遣单位都具有比较强的承担责任能力,这样劳动者向其索赔时就有足够的资金来支付赔偿。这个规定也有利于发展和稳定劳动者与派遣单位之间的劳动关系。

第二,有与开展义务相适应的固定的经营场所和设施。劳务派遣单位在申请经营劳务派遣业务时,就要向有关部门提供经营场所的使用证明及开展业务的办公实施设备,信息管理系统的清单。

第三,有符合法律、行政法规规定的劳务派遣管理制度。我国法律法规对劳务派遣作出了相关规定，劳务派遣单位应当严格遵守，并在此基础上制定出劳务派遣的相关管理制度，包括劳动合同、劳动报酬、社会保险、工作时间、休息休假、劳动纪律等与劳动者切身利益相关的规章制度，劳务派遣协议的样本等。

第四，法律、行政法规规定的其他条件。这是一个兜底条款，防止出现遗漏，适应法律的变化。按照规定，经营劳务派遣业务，要首先获得《劳务派遣经营许可证》，没有获得许可，不得经营劳务派遣业务。《劳务派遣行政许可实施办法》第 6 条规定，"经营劳务派遣业务，应当向所在地有许可管辖权的人力资源社会保障行政部门（以下称许可机关）依法申请行政许可。未经许可，任何单位和个人不得经营劳务派遣业务。"

《劳动合同法》第一次以法律形式统一了劳务派遣单位的设立条件，提高了设立门槛。劳动行政部门可以依法对劳务派遣单位进行有效的监管。劳务派遣工在受到工伤、被解除合同以及用人单位违约等情况下的赔偿也有了比较充足的保证。

3）用工单位

用工单位是接受以劳务派遣形式用工的单位，即使用被派遣劳动者的主体。用工单位虽然不是劳动合同的缔约人，却是劳动力的使用人和劳动合同的履约人。基于劳动关系是劳动力使用关系的实质，用工单位较之派遣单位，更容易被人认为是用人单位。

4）被派遣劳动者

被派遣劳动者是指具有劳动权利能力和劳动行为能力，并与派遣单位签订劳动合同的自然人。本书第 1 章中所列的劳动合同法上的劳动者都可以作为劳务派遣中劳动者，在此不对劳动者进行阐述。

2. 劳务派遣中三方关系

这三方的关系如果没有清晰明确的界定，就很容易出现各种纠纷，劳务派遣单位与用工单位也会相互推卸责任，最终受害的还是劳动者。这三方的关系可以从以下 3 个方面来理解。

1）*劳动者与劳务派遣单位之间是劳动关系*

派遣单位和被派遣劳动者之间是劳动者和用人单位之间的关系。《劳动合同法》第 58 条规定，劳务派遣单位是本法所称用人单位，应当履行用人单位对劳动者的义务。这是法律对这两者关系的明确界定。这种劳动关系体现在很多方面，如劳务派遣单位与劳动者订立劳动合同，对劳动者进行管理，包括处分、辞退等，并且还要按月支付报酬，为劳动者缴纳社会保险费用等。

2）*劳务派遣单位与用工单位之间是民事关系*

民事关系是指平等民事主体之间形成的，以权利义务为内容的法律关系。这种民事关系首先体现在派遣单位和用工单位的地位是平等的，不存在任何的管理和指挥关系。这一点同劳动关系是不同的，劳动者一旦进入用人单位工作，就要受到用人单位的管理和监督，在用人单位的指挥下进行工作，劳动者一般不能拒绝用人单位正常的工作安排。其次，《劳动合同法》第 59 条规定，劳务派遣单位派遣劳动者应当与接受劳务派遣工的单位，即用工单位订立劳务派遣协议。即双方的关系体现为在协商一致的基础上所订立的协议，这一点也符合民事关系的特征。

3）劳动者与用工单位之间是劳务关系

这种劳务关系主要体现为用工单位对劳务派遣工的劳动过程进行指挥和监督，劳动者要遵守用工单位的规章制度等。但劳动者同用工单位之间并没有订立劳动合同，因而不是劳动关系。

6.2.2 劳务派遣的内容

1. 派遣单位的权利义务

1）派遣单位的法定权利

第一，享有法律规定的用人单位的权利。因为派遣单位与劳动者之间签订了劳动合同，是劳动合同中的用人单位，享有法律上赋予用人单位的全部权利。第二，有权向用人单位收取劳务费。作为劳务派遣中的用人单位，因为派遣单位进行招工和派遣服务，需要成本，可依法向用工单位收取费用。

2）派遣单位的法定义务

（1）对劳动者的义务。根据《劳动合同法》和《劳务派遣暂行规定》，劳务派遣单位对劳动者的义务有以下几点。一是与被派遣劳动者签订劳动合同。劳动合同中除应当明确《劳动合同法》第17条规定的事项外，还应当载明被派遣劳动者的用工单位以及派遣期限、工作岗位等情况。为了稳定劳务派遣关系，避免企业滥用劳务派遣侵犯劳动者的合法权益，要求劳务派遣企业必须与劳动者订立两年以上的固定期限劳动合同。派遣单位要履行用人单位对劳动者的义务，凡是我国法律中所规定的用人单位对劳动者应该尽的义务，劳务派遣单位都要承担。二是劳动报酬的支付义务。在劳务派遣中，除法律规定由用工单位直接承担的项目（如加班费、绩效奖金和与工作岗位相关的福利待遇）外，派遣单位应当按月向劳动者支付劳动报酬。在被派遣的劳动者无工作期间，按照当地的最低工资标准按月支付劳动报酬。由于劳务派遣工的特殊性，如果因为各种原因而没有获得工作，在等待被派遣的时间内，可以要求劳务派遣单位按照当地人民政府确定的最低工资标准支付劳动报酬。三是告知义务。将劳务派遣协议的内容告诉被派遣的劳动者。《劳动合同法》第60条规定了劳务派遣单位的这一义务，是为了让劳动者了解劳务派遣协议支付给被派遣劳动者的劳动报酬，避免劳务派遣单位向劳动者隐瞒劳务派遣协议的内容，克扣劳动者工资、社会保险费等行为的出现。虽然劳动者不是劳务派遣协议的当事人，但协议的内容却与劳动者的利益息息相关，劳动者对此应当具有知情权，以便监督用人单位和派遣单位的用工行为。四是不得向被派遣的劳动者收取任何费用。这是《劳动合同法》第60条规定的内容之一。劳务派遣单位对用工单位是具有商业性的，但对劳动者是具有公益性的，不得向被派遣的劳动者收取任何费用。劳务派遣单位只能依据劳务派遣协议向用工单位收取管理费来获取利润。五是其他义务。派遣单位还要承担为劳动者承担办理社会保险登记和缴费的义务、管理档案的义务等。

《劳务派遣暂行规定》第8条还进一步明确了派遣单位对被派遣劳动者应当履行的义务：一是告知义务，派遣单位要如实告知被派遣劳动者《劳动合同法》第8条规定的事项、应遵守的规章制度以及劳务派遣协议的内容；二是建立培训制度，对被派遣劳动者进行上岗知识、安全教育培训；三是按照国家规定和劳务派遣协议约定，依法支付被派遣劳动者的劳动报酬和相关待遇；四是按照国家规定和劳务派遣协议约定，依法为被派遣劳动者缴纳社会保险费，并办理社会保险相关手续；五是督促用工单位依法为被派遣劳动者提供劳动保护和劳动安全卫生条件；六是依法出具解除或者终止劳动合同的证明；七是协助处理被派遣劳动者与用工单位的纠纷；八是法律、法规和规章规定的其他事项。《劳务派遣暂行规定》第10条规定，被派遣劳动者在用工单位因工作遭受事故伤害的，劳务派遣单位应当依法申请工伤认定，用工单位应当协助工伤认定的调查核实工作。劳务派遣单位承担工伤保险责任，但可以与用工单位约定补偿办法。

（2）派遣单位对用工单位的义务。主要是按照劳务派遣协议履行义务，如按照劳务派遣协议派遣劳动者到用工单位工作等。

2. 用工单位的权利义务

1）用工单位的权利

主要是有权依法依协议管理使用被派遣的劳动者。

2）用工单位的义务

用工单位是劳务派遣中的实际用工者，它虽然不是法律意义上的用人单位，但并不是说不需要对劳动者承担任何义务。从保护劳动者的利益来考虑，根据《劳动合同法》第62条，用工单位对劳动者应当履行下列义务。

第一，执行国家劳动标准，提供相应的劳动条件和劳动保护。劳动条件是指劳务派遣工为了完成指定的工作任务而必需的条件，主要包括劳动工具、工作场所、劳动生产技术资料等不可或缺的物质条件和其他必要的工作条件。劳务派遣工进入用工单位工作的，用工单位就应当为其提供必要的劳动生产条件，这样才能保证劳动者按时完成工作任务。劳动保护是指用工单位为了保障劳动者在劳动过程中的人身安全和健康，防止劳动伤害事故和职业病的发生而提供的各种安全措施。在劳动安全卫生条件方面，国家出台了许多法律、行政法规也确立了各个行业的安全生产标准。这方面与劳动者的利益息息相关，也是劳动者最基本的权利。尽管用工单位不是法律规定的用人单位，但只要使用了劳务派遣工为自己工作的，就要严格执行国家劳动标准，提供必要的劳动安全保护措施。

第二，告知被派遣劳动者工作要求和劳动报酬。工作要求是指用工单位所安排的工作岗位对劳务派遣工的素质和职业技能的要求。劳动报酬是指劳务派遣工在用工单位付出劳动后应当得到的工资。任何一个工作岗位对劳动者都有不同的要求，用人单位将这些要求告知劳动者，可以使劳动者有一定的准备，从而更好地完成工作任务。劳务派遣工的工资是用工单位与劳务派遣单位缔结的劳务派遣协议中所约定的应支付给劳务派遣工的工资。劳动者并不是劳务派遣协议的当事人,但法律规定劳务派遣单位应当将劳务派遣协议的内容告知被派遣劳动者。劳动者知道自己的劳动报酬后就可以监督用工单位,防止工资被非法克扣。

第三,支付加班费、绩效奖金,提供与工作岗位相关的福利待遇。劳务派遣工在用人单位工作期间,可能会因为生产需要而加班加点工作,因此劳动者有权要求用工单位支付加班工资,用工单位也有义务按照法律规定的标准支付劳动报酬。由于是否加班、加班多少的问题在劳务派遣协议订立时都是不确定的,无法做出约定,因此只能要求用人单位根据日后具体的加班时间来支付加班费。绩效奖金是指在一个时期或者一项任务完成后,由用工单位按照劳动者的绩效而计算、发放的奖金。绩效奖金与劳动者完成工作的具体情况有关,也不可能预先在劳务派遣协议中约定,只能在事后由用工单位负责发放。为了实现劳务派遣工与正式员工的同工同酬,用工单位也有义务向劳动者提供与工作岗位有关的福利待遇。总之,加班加点工资、绩效奖金、与工作岗位相关的福利待遇等都应当在劳务派遣单位支付的工资之外,由用工单位向劳务派遣工支付。

第四,对在岗的劳务派遣工进行工作岗位所必需的培训。劳务派遣单位作为用人单位,应当主要负责对劳务派遣工进行培训,以满足用工单位的需求。如劳动安全卫生培训、上岗或者转岗培训等。如果用工单位根据实际情况认为需要进一步对劳务派遣工进行职业技能等方面培训的,就应当由用工单位负责对在岗的被派遣劳动者进行工作岗位所必需的培训,培训费用由用工单位自己承担。

第五,连续用工的,应当对劳务派遣工实行正常的工资调整机制。这条规定要求用工单位根据劳务派遣工的工作时间、工作业绩等因素对他的工资实行正常的调整,从而不断提高劳务派遣工的劳动报酬。现实生活中许多用工单位为了降低劳动力成本,大量使用劳务派遣工,并以这些劳动者不是单位的正式员工为理由,拒绝按照单位的工资调整机制来提升他们的报酬水平。有的劳务派遣工在用工单位连续工作近十年也没有调整过工资,他的报酬水平更是远远低于正式员工。这种做法严重违反了同工同酬原则,因此《劳动合同法》规定劳务派遣工应当享受到正常的工资调整待遇。

第六,禁止用工单位将劳务派遣工再次派遣到其他企业。用工单位应当严格按照劳务派遣协议的约定来安排劳务派遣工的岗位,不能把这些劳动者再次派遣到其他单位工作。这就是说劳务用工的单位必须安排劳务派遣工在本单位的工作岗位上班。

第七,不得自行辞退被派遣劳动者。如果用工单位不愿继续使用该劳动者,要将被派遣劳动者退回派遣单位,由派遣单位决定是否辞退劳动者。《劳动合同法》第65条规定,被派遣劳动者有《劳动合同法》第39条和第41条第1项、第2项规定情形的,用工单位可以将劳动者退回劳务派遣单位,劳务派遣单位依照劳动合同法的有关规定,可以与劳动者解除劳动合同。

3. 被派遣劳动者的权利义务

1)被派遣劳动者的权利

(1)平等待遇权。劳动者的平等待遇权是指不同个体的劳动者之间平等地享有权利和承担劳动义务。对于劳务派遣工的报酬标准,《劳动合同法》第 63 条规定,被派遣劳动者享有与用工单位的劳动者同工同酬的权利。用工单位无同类岗位劳动者的,参照用工单位所在地相同或相近岗位劳动者的劳动报酬确定。同工同酬主要表现在两个方面:一是与用工单位的其他劳动者同工同酬。不平等地对待劳务派遣工,严重侵犯了劳务派遣工的合法权益。《劳动合同法》强调劳务派遣工的工资应当比照用工单位的正式员工按照同工同酬的原则来确定。劳务派遣单位在和用工单位协商订立劳务派遣协议时,应当保证劳务派遣工得到与正式员工相同水平的劳动报酬。劳务派遣工如果发现自己的工资水平低于用工单位从事相同工作的正式员工的,可以向企业工会反映情况或者向劳动行政部门举报。二是在用工单位没有同种类岗位的情况下,按照当地相同或相近岗位劳动者的工资水平来合理确定。同工同酬是宪法和劳动法等法律中所规定的基本原则。劳务派遣工在用人单位工作期间与正式员工从事同种类工作的,在相同劳动时间和熟练程度的前提下应当与正式员工领取相同的劳动报酬。劳动安全卫生状况、休息休假等劳动条件也是如此,都应当按照用工单位所在地的标准和用工单位内部的规定执行,与正式员工享受同样的待遇。工资要适用用工单位所在地的工资标准。根据《劳动合同法》第 61 条,劳务派遣单位跨地区派遣劳动者的,被派遣劳动者享有的劳动报酬和劳动条件,要按照用工单位所在地的标准执行。在现实中跨地区的劳动力转移大都是自经济落后地区向经济发达地区转移。落后地区的生活水平与发达地区存在很大的差距,因而工资标准、劳动条件等都大大低于发达地区。如果按照劳动者所在地区的标准确定劳动报酬,那么用工单位就可以大大降低劳动力成本,劳务派遣的吸引力也就会大大提高,可随之而来的后果就是加剧了劳务派遣的滥用,使得劳务派遣成为盘剥劳动者利益的工具。这种情况对劳动者是非常不利的。因此法律规定劳动者的劳动报酬和劳动条件应当按照用工单位所在地区的标准执行。

(2)参加工会权。我国《劳动法》明确规定,劳动者有依法参加工会的权利。被派遣的劳动者与同期劳动者一样,都享有参加工会组织、参加工会活动的权利,这是保障被派遣劳动者实现平等劳动权的重要条件。由于劳务派遣工流动性大,与用工单位的密切程度小于正式工,这对用工单位工会维护被派遣劳动者的利益是有一定难度的。因此《劳动合同法》第 64 条规定:"被派遣劳动者有权在劳务派遣单位或者用工单位依法参加或者组织工会,维护自身的合法权益。"

(3)解除劳动合同权。被派遣劳动者与其他劳动者一样,有权与劳务派遣单位解除劳动合同。《劳动合同法》第 65 条规定,被派遣劳动者可以依照《劳动合同法》第 36 条、第 38 条的规定与劳务派遣单位解除劳动合同。

2)被派遣劳动者的义务

与其他劳动合同关系中的劳动者的义务一样。主要是完成劳动任务、提高职业技能、执行劳动安全卫生规程、遵守劳动纪律和职业道德的义务。

6.3 劳务派遣协议

6.3.1 劳务派遣协议的当事人

1. 劳务派遣协议的含义

派遣协议是指派遣单位与用工单位签订的关于派遣单位为用工单位提供劳务派遣服务的书面协议。我国《劳动合同法》第59条规定劳务派遣单位派遣劳动者应当与接受以劳务派遣形式用工的单位（以下称用工单位）订立劳务派遣协议。劳务派遣协议对派遣事务作出具体的安排，约定派遣单位和用工单位之间的权利义务，并明确双方对被派遣劳动者的雇主义务。

2. 劳务派遣协议的主体

从我国《劳动合同法》第59条的规定中可以看出劳务派遣协议的当事人是劳务派遣单位和用工单位，被派遣劳动者不是劳务派遣协议的主体，劳务派遣单位和用工单位双方必须依法签订劳务派遣协议，该协议属于民事合同。由于劳务派遣协议的性质属于民事合同，并非劳动合同，所以劳务派遣单位与用工单位之间就劳务派遣协议所发生的纠纷不属于劳动争议，应属于民事纠纷。

6.3.2 劳务派遣协议的内容

虽然劳务派遣协议是劳务派遣单位与用工单位双方依法就其权利与义务平等协商一致所达成的协议，但劳务派遣协议的内容涉及被派遣劳动者的切身利益，而被派遣劳动者往往处于弱者的地位，所以基于保护弱者原则以及防止劳务派遣单位和用工单位在发生纠纷时相互推诿逃避责任，我国《劳动合同法》第59条规定，劳务派遣协议应当具备以下几点内容。

1. 派遣岗位及人员数量

被派遣劳动者的工作岗位是指被派遣劳动者被派到用工单位做什么性质的工作、该工作岗位有何能力要求等，并且在劳务派遣协议中载明用工单位需要劳动者的人员数量。劳务派遣协议之所以要规定派遣岗位，是为了明确地让被派遣劳动者知道自己去用工单位是要从事何种工作，自己是否有能力胜任该工作，并方便劳务派遣单位派遣符合用工单位要求的劳动者。

2. 派遣期限

派遣期限是指被派遣劳动者到用工单位从事工作的劳动时间的范围。之所以要求明确载明派遣期限是为了防止用工单位将连续用工期限分割订立数个短期劳务派遣协议，逃避法律责任，并以此督促用工单位应当根据工作岗位的实际需要与劳务派遣单位确定派遣期限，起到防患于未然的作用。而且，写明了派遣期限也就明确了权利与义务的开始和结束时间，一旦发生纠纷，才可以厘清各自的责任范围。

3. 劳动报酬

劳动报酬是指用工单位依据被派遣劳动者提供的劳动质量与数量，以货币形式支付给被派遣劳动者的劳动报酬和其他报酬。用工单位应当将要支付给被派遣劳动者的劳动报酬交付给劳务派遣单位，然后由劳务派遣单位发放给被派遣劳动者，劳务派遣单位不得克扣用工单位按照劳务派遣协议支付给被派遣劳动者的劳动报酬，关于劳动报酬的约定应当符合法律规定，且不得低于所在地人民政府规定的最低工资标准。另外依据《劳动合同法》的规定被派遣劳动者享有与用工单位的劳动者同工同酬的权利，而且用工单位有义务告知被派遣劳动者在劳务派遣协议中关于其报酬的约定。

4. 社会保险的数额和支付方式

社会保险是保障劳动者的重要制度，劳动者在丧失部分或全部劳动能力时，具有从国家获得帮助以维持基本生存权的权利。社会保险是整个社会保障体系的核心所在，也是法律的强制性规定，用人单位不可以任何形式违反和规避。

在劳务派遣法律关系中，被派遣劳动者也享有社会保险的权利。在劳务派遣中，由于被派遣劳动者与劳务派遣单位和用工单位都发生联系，但究竟是由哪一方为被派遣劳动者办理社会保险、缴纳社会保险费，依据《劳动合同法》第58条和第59条的规定我们可以这样理解，在符合法律的情况下，劳务派遣单位和用工单位双方对社会保险的数额和支付方式可以在劳务派遣协议中做出约定，如果没有约定或约定不明确则由劳务派遣单位负责，这是因为劳务派遣单位和被派遣劳动者之间是劳动关系，为被派遣劳动者办理社会保险、缴纳社会保险费是劳务派遣单位的义务。关于支付的方式，在实践中一般是用工单位在每月的特定日期将为劳动者支付的社会保险费和劳动报酬以及劳务派遣服务费用一并汇入劳务派遣单位的账户中，再由劳务派遣单位替被派遣劳动者向当地社会保险机构办理申报和登记，并为劳动者建立相应的社会保险账户。劳务派遣单位应每月按时替被派遣劳动者交付保险费。

5. 违反劳务派遣协议的责任

劳务派遣单位和用工单位在劳务派遣协议当中应明确违反协议的责任。劳务派遣协议应当约定派遣岗位和人员数量、派遣期限、劳动报酬和社会保险费的数额与支付方式以及违反协议的责任。用工单位应当根据工作岗位的实际需要与劳务派遣单位确定派遣期限，不得将连续用工期限分割订立数个短期劳务派遣协议。

6.4 劳务派遣的法律责任

6.4.1 劳务派遣单位的责任

1. 未经许可擅自经营劳务派遣业务的

我国法律规定，经营劳务派遣业务，要向劳动行政部门依法申请行政许可。任何单位和个人违反《劳动合同法》的规定，未经许可，擅自经营劳务派遣业务的，由人力资源社会保障行政部门责令停止违法行为，没收违法所得，并处违法所得 1 倍以上 5 倍以下的罚款；没有违法所得的，可以处 5 万元以下的罚款。

2. 违反《劳动合同法》有关劳务派遣规定的

劳务派遣单位违反《劳动合同法》有关劳务派遣规定的，由人力资源社会保障行政部门责令限期改正；逾期不改正的，以每人 5 000 元以上 1 万元以下的标准处以罚款，并吊销其《劳务派遣经营许可证》。

3. 违法取得劳务派遣经营许可证的

劳务派遣单位隐瞒真实情况或者提交虚假材料取得劳务派遣行政许可的，或者以欺骗、贿赂等不正当手段取得劳务派遣行政许可的，由人力资源社会保障行政部门处 1 万元以下的罚款；情节严重的，处 1 万元以上 3 万元以下的罚款。

4. 劳务派遣单位不当使用《劳务派遣经营许可证》

用人单位依法取得《劳务派遣经营许可证》后，不当使用，采取涂改、倒卖、出租、出借《劳务派遣经营许可证》，或者以其他形式非法转让《劳务派经营许可证》的，由人力资源社会保障行政部门处 1 万元以下的罚款；情节严重的，处 1 万元以上 3 万元以下的罚款。

5. 劳务派遣单位给被派遣劳动者造成损害的连带赔偿责任

劳动者被派遣到用工单位工作，用工单位给被派遣劳动者造成损害的，劳务派遣单位与用工单位承担连带赔偿责任。也就是说，赔偿的主体是劳务派遣单位和用工单位。

6.4.2 用工单位的法律责任

1. 用工单位违反劳动合同法有关劳务派规定

用工单位违反劳动合同法有关劳务派规定的，由劳动行政部门正；逾期不改正的，以每人 5 000 元以上 1 万元以下的标准处以罚款。对劳务派遣吊销其《劳务派遣经营许可证）。

2. 用工单位给被派遣劳动者造成损害的连带赔偿责任

用工单位给被派遣劳动者造成损害的，劳务派遣单位与用工单位承担连带赔偿责任。这是对被派遣劳动者权益受到损害的民事责任的规定。需要注意的是，用工单位的违法行为造成被派遣劳动者权益受到损害的，应承担赔偿责任的主体包括劳务派遣单位，还包括用工单位。

为了维护新就业形态劳动者劳动保障权益，2021 年 7 月 16 日，人力资源社会保障部、国家发展改革委、全国总工会等八个部门联合发布的《关于维护新就业形态劳动者劳动保权益的指导意见》指出，平台企业采取劳务派遣等合作用工方式组织劳动者完成平台工的，应选择具备合法经营资质的企业，并对其保障劳动者权益情况进行监督。平台企业采用劳务派遣方式用工的，依法履行劳务派遣用工单位责任，对采取外包等其他合作用工方式，劳动者权益受到损害的，平台企业依法承担相应责任。

本章阅读参考文献

[1] 孙冰心. 劳务派遣法律规制研究. 长春：吉林人民出版社，2012.

[2] 丁薛祥. 人才派遣理论规范与实务. 北京：法律出版社，2006.

[3] 黎建飞. 劳动合同法热点、难点、疑点问题全解. 北京：中国法制出版社，2008.

[4] 李海明. 劳动派遣法原论. 北京：清华大学出版社，2011.

[5] 黎建飞. 劳动法案例分析. 北京：中国人民大学出版社，2007.

[6] 张霞等. 劳动法实施中的疑难问题. 北京：中国人民公安大学出版社，2009.

[7] 郑东亮. 劳务派遣的发展与规制. 北京：中国劳动社会保障出版社，2010.

[8] 谢增毅. 美国劳务派遣的法律规制及对我国立法的启示：兼评我国《劳动合同法》的相关规定. 比较法研究，2007（6）：101.

[9] 伍奕. 我国劳务派遣立法的反思与重构. 法治论坛，2009（1）.

[10] 仵秀琦. 劳务派遣的法律规制及完善. 河北法学，2009（4）.

本章复习思考题

一、名词解释

劳务派遣　劳务派遣协议

二、单项选择题

1. 劳务派遣的特征不包括（　　）。

A. 主体为用人单位、用工单位和被派遣劳动者三方

B. 用工形式特定

C. 劳动力的雇佣与使用相分离

D. 有两个合同存在

2. 劳务派遣单位应当与被派劳动者签订（　　）。

A. 1 年以上固定期限的劳动合同

B. 2 年以上固定期限的劳动合同

C. 3 年以上固定期限的劳动合同

D. 4 年以上固定期限的劳动合同

3. 以下对劳务派遣单位的限制不包括（　　）。

A. 不得设立派遣单位向本单位派遣劳动者

B. 不得设立派遣单位向所属单位派遣劳动者

C. 必须依照公司法的规定设立，且注册资本不得少于 200 万元

D. 不得转派劳动者

第6章 劳务派遣

三、多项选择题

1. 劳务派遣只能适用于用工单位的（　　）。
   A. 辅助性工作岗位　　　B. 临时性工作岗位
   C. 替代性工作岗位　　　D. 所有工作岗位
   E. 以上都是错误的

2. 关于派遣单位的义务，以下说法正确的有（　　）。
   A. 应当履行用人单位对被派遣劳动者的义务
   B. 应当与被派遣劳动者订立两年以上的固定期限劳动合同
   C. 按照劳务派遣协议向用工单位派出劳动者
   D. 应当将劳务派遣协议的内容告知被派遣劳动者
   E. 可以向自己的所属单位派遣劳动者

3. 劳务派遣协议应当约定的内容包括（　　）。
   A. 派遣岗位　　　　　　B. 派遣的人员数量
   C. 派遣期限　　　　　　D. 劳动报酬
   E. 社会保险的数额与支付方式

4. 关于用工单位对劳动者的义务，以下说法正确的有（　　）。
   A. 依法向被派遣劳动者提供劳动条件和劳动保护
   B. 告知被派遣劳动者的工作要求和劳动报酬
   C. 不得自行辞退劳动者
   D. 在连续使用被派遣劳动者时要实行正常的工资调整机制
   E. 向被派遣劳动者支付加班费、绩效奖金等

四、判断分析题

1. 劳务派遣中的用工单位可以依法单方辞退被派遣劳动者。
2. 劳务派遣中的用人单位就是实际用工单位。
3. 跨地区派遣劳动者的，执行派遣单位所在地的工资标准。

五、简述题

1. 简述劳务派遣的概念特征。
2. 简述劳务派遣的意义。
3. 简述用人单位对劳动者的义务。
4. 简述劳务派遣中的劳动者权利。

六、论述题

1. 试述劳务派遣中的三方关系。
2. 试述劳务派遣中派遣单位对劳动者的义务。

七、案例分析题

1. 2019年3月，王某入职春华劳务派遣公司，双方签订的最后一期劳务派遣劳动合同约定期限自2020年3月3日至2023年3月2日，岗位为某服装公司辅助岗，

实行综合计算工时工作制,月薪为基本工资 2 020 元加绩效奖金,并在劳动合同中约定合同存续期间,且原委派任务完成后,春华劳务派遣公司应当积极派遣王某至新的用人单位工作,在新单位劳动报酬、劳动条件不降低的条件下,王某应当服从春华劳务派遣公司的新派遣。2022 年 5 月,因劳务派遣协议到期终止,某服装公司将王某退回春华劳务派遣公司。公司拟将王某重新派遣至某物流公司,工作地点、工作岗位均未发生变化。各方协商过程中,王某得知某物流公司整体采用计件工资制,遂提出按原排班和计薪方式履行的要求。物流公司因无法改变整体计薪模式,仅同意单独为王某等四名老员工安排一个班组,采用四班三运转、每班 8 小时的排班方式,并同意在此基础上按原计薪方式执行。王某又认为新的排班方式造成工作时间减少,会导致加班费降低,影响工资收入,故不同意接受重新派遣,并向春华劳务派遣公司提具书面的被迫解除劳动合同通知书。后又向仲裁机构提出仲裁,要求春华劳务派遣公司和某服装公司共同支付经济补偿。

问:仲裁机构是否应当支持王某的请求?为什么?

2. 李民与为民服务劳务派遣公司签订了劳动合同,该合同中约定为民服务劳务派遣公司将李民派遣到美美快餐工作,派遣期限为 1 年,李民的工资由为民服务劳务派遣公司支付。为民服务劳务派遣公司与美美快餐签订了劳务派遣协议,该协议约定了双方的权利义务,但却没有就李民的社会保险问题作出约定。期满后美美快餐将李民交回为民服务劳务派遣公司,后李民因老家有事向为民服务劳务派遣公司提出辞职,这时李民才发现在此期间为民服务劳务派遣公司和美美快餐都没有为他缴纳过社会保险费,李民要求为民服务劳务派遣公司为其补交社会保险遭拒。李民又找到美美快餐,却同样遭到拒绝。

问:李民的社会保险费应由谁承担?为什么?

第 7 章　非全日制用工

本章学习目标
了解：非全日制用工的概念。
领会：非全日制用工的意义。
掌握：非全日制用工的适用、法律对非全日制用工的限制。
运用：根据本章所学知识，分析非全日制用工案例。
本章课程思政：明确认识非全日制用工这种新型的用工模式中保护劳动者利益的重要性，在用工模式的发展变化中，我们需要树立正确的发展观，及时把握事物的发展变化，采取适当的措施应对。引导学生树立正确的发展观。

7.1　非全日制用工的含义与适用

7.1.1　非全日制用工的含义

1. 非全日制用工的概念

所谓非全日制用工，是指以小时计酬为主，劳动者在同一用人单位一般每日工作时间不超过 4 小时，每周工作时间不超过 24 小时的用工形式。这是《劳动合同法》第 68 条对非全日制用工的定义。《劳动合同法》首次将已经在实务中普遍适用的非全日制用工形式纳入调整范围，标志着我国正式承认非全日制用工关系为劳动关系。《劳动合同法》确定了全日制用工、劳务派遣、非全日制用工三种用工形式。从工作时间来看，我国劳动合同法上只有全日制用工和非全日制用工两种用工形式，非此即彼并适用不同的法律规则。对非全日制用工的定义，我们可以作以下理解。

（1）非全日制用工是一种特殊的用工形式，具有灵活性、临时性，是一种相对宽松的劳动关系。因此其可以突破很多劳动合同法对全日制用工的强制性规定，也有一些完全不同于全日制用工的特殊规定，如非全日制用工双方当事人不得约定试用期，非全日制用工的工资标准和结算等。

（2）非全日制用工的工资标准是以小时为计酬计准的。这主要是基于非全日制用工关系具有灵活性，工作时间较短，劳动者流动性比较大的特征，以小时计酬更能确保劳动者及时地获得劳动报酬。

（3）非全日制用工认定的实质性标准为劳动者在同一用人单位一般每日工作时间不超过 4 小时，每周工作时间不超过 24 小时。只要满足这一实质性条件，不管非全日制用工双方当事人是否签订以"非全日制用工"为名的劳动合同，不管劳动合同是以口头形式还是书面形式，都认定为非全日制用工。而只要超过这一标准则不能认定是非全日制用工，必须按照全日制用工的法律规定来处理。

这里需要特别说明的是，2003 年《劳动和社会保障部关于非全日制用工若干问题的意见》（以下简称《非全日制用工意见》），界定了非全日制用工为以小时计酬、劳动者在同一用人单位平均每日工作时间不超过 5 小时累计每周工作时间不超过 30 小时的用工形式。由于新法优于旧法、上位法优于下位法的规则，该条规定已不再适用。同时《劳动合同法》及实施条例中对非全日制用工的规定与《非全日制用工意见》相冲突的，以劳动合同法及实施条例为准，但《非全日制用工意见》规定的其他内容仍然有效。

2. 非全日制用工的意义

对于我国市场经济的发展而言，非全日制用工也具有重要意义，具体表现在以下两个方面。

（1）有利于保护劳动者，规范当事人的权利义务。在《劳动合同法》出台之前，劳动法主要是以全日制用工为标准来设计的，由于非全日制用工比较特殊，并没有相关法律法规对其进行规制。但现实中非全日制用工普遍存在，这些劳动者也要签订劳动合同，同用人单位发生各种联系，长期的法律空白使得这些劳动者的权益得不到有效的保护，劳动行政部门在处理非全日制用工方面也无法可依。此次《劳动合同法》第一次以法律的形式对非全日制用工做出了规定，这使得我国的劳动合同制度更加完善，也能够更好地保护这部分劳动者的合法权益。《劳动合同法》规定劳动者在同一用人单位每天的工作时间不超过 4 小时，每周工作时间累计不超过 24 小时。这是法律规定的强制性的时间标准。可以避免用人单位恶意利用这一优惠条件，如果超过了这个标准，那就要按照全日制用工的劳动标准来执行，这样更有利于保护非全日制劳动者的合法权益。在《劳动合同法》出台之前，《非全日制用工意见》也曾对非全日制用工做出过规范，规定"非全日制用工是指以小时计酬、劳动者在同一用人单位平均每日工作时间不超过 5 小时，累计每周工作时间不超过 30 小时的用工形式"。而此次《劳动合同法》缩短了非全日制用工的时间标准。《劳动合同法》作为国家立法机关制定的法律，其效力高于《非全日制用工意见》，因此应按照《劳动合同法》的规定来确定非全日制用工的时间标准。有利于规范当事人的权利义务，保护劳动者利益。

（2）非全日制用工是一种非常灵活的用工形式，有利于劳动者增加就业机会或提高收入。在非全日制用工的时间标准上，《劳动合同法》规定劳动者在同一用人单位每天的工作时间不超过 4 小时，每周工作时间累计不超过 24 小时。这是强制性的标准。因此劳动者可以充分利用八小时标准工作时间之外的空闲来从事兼职工作，提高自己的收入水平。非全日制用工的形式对于劳动者来说十分灵活，他们可以根据自己的时间安排不同的工作，从而获得更多的收入。而相对于普通职工来说，如果企业以非全日制劳动者来承担某个工作岗位的话，那在一天之内和一周之内就需要更多的劳动者。这样就有更多的劳动者可以获得工作的机会，从而提高社会就业率。

（3）非全日制用工可以降低企业的用工成本。在市场经济条件下，企业的用工需求要受到市场竞争的影响，为了获得更大的利润，企业有必要降低劳动力的成本。而非全日制用工的成本显然低于全日制用工。因为企业只需要支付相对比较少的劳动报酬，并根据需要随时终止非全日制用工，不必支付经济补偿。因此非全日制用工可以节省企业的生产成本，增强企业在市场上的竞争力。

（4）劳动报酬计算方式灵活，有利于劳动者实现获得劳动报酬的权利。非全日制用工劳动报酬的计算方式也是多样的，一般是按照小时计酬，除此之外还可以按日、周为单位计酬或者按件计酬。具体方式可以根据用工情况由劳动者和用人单位在劳动合同中约定。用人单位同样应当按时足额支付劳动报酬，不得克扣或者拖欠劳动者的工资。由于非全日制用工这种特殊的计酬方式，各地人民政府除了要定期发布月最低工资标准，还要根据本地区的实际情况和非全日制用工的具体要求，确定本地的小时最低工资标准。这样可以为劳动报酬的确定提供依据，从而更好地维护非全日制劳动者的合法权益。

3. 非全日制用工与全日制用工的区别

（1）工作时间不同。这是非全日制用工与全日制用工最显著的区别。工作时间是区分全日制用工与非全日制用工的标准。非全日制用工的工作时间一般为每天 4 小时，每周工作时间不超过 24 小时。标准的全日制用工实行每天工作不超过 8 小时，每周不超过 40 小时的标准工时的工时制度。非全日制用工在 24 小时的总的工作时间内，具体工作安排由用人单位自主决定，可以每天工作 3 小时，每周工作 7 天，也可以每天工作 4 小时，每周工作 6 天，还可以是其他工作方式，体现了其灵活就业的特点。对于用人单位安排劳动者工作超过工时限制及加班问题如何处理，劳动合同法没有明确规定，但根据目前的一些地方性规定看，对于超过工时限制的，视为全日制用工。同时全日制用工中必须保证劳动者有一天休假，在非全日制用工中则无这方面的限制，劳动者可以每周工作 7 天，只要其每周工作时间不超过 24 小时即可。

（2）非全日制用工可以不订立书面劳动合同。依照《劳动合同法》的规定，用人单位与劳动者可不以书面形式订立非全日制用工劳动合同，职工的劳动权利以及用人单位对职工的要求可以口头约定。但为了保护劳动者的利益，非全日制用工以书面形式订立劳动合同较好。而全日制用工，按照《劳动合同法》的规定，用人单位与劳动者应当订立书面劳动合同。用人单位不与劳动者签订劳动合同要承担一定的法律责任，而劳动者不与用人单位签订书面劳动合同，用人单位应该与之解除劳动关系。

（3）非全日制用工的劳动关系可以随时终止且无须支付经济补偿金。按照《劳动合同法》的规定，全日制用工，劳动合同终止或解除的，除一些特别情况外，用人单位须向劳动者支付经济补偿金，而根据《劳动合同法》规定非全日制用工的双方当事人都可以随时解除劳动关系而不需要支付任何的经济补偿金。

（4）非全日制用工一般只缴纳工伤保险。按目前有关法律法规的规定，全日制用工的用人单位必须缴纳各种社会保险费用。但是作为非全日制用工，用人单位必须为其缴纳工伤保险，除工伤保险外的社会保险费，用人单位则不是必须为劳动者缴纳的。

（5）非全日制用工以小时计酬，结算支付周期最长不超过十五日。按照《劳动法》和《劳动合同法》的规定，全日制用工应当按月以货币形式定时向劳动者支付工资。非全日制用工，用人单位也必须以货币形式向劳动者定时支付工资，但是，支付工资的周期比全日制用工短即每半月至少支付一次。

（6）非全日制用工不得约定试用期。全日制用工当事人可以约定不超过6个月的试用期，同时根据劳动合同期限的长短，将试用期细化。在劳动合同法中更为明确地限定了试用期的使用规则。但是基于非全日制用工的特点，《劳动合同法》规定非全日制用工不得约定试用期。

（7）非全日制劳动者可以与两个或两个以上用人单位建立劳动关系。《劳动合同法》第91条规定，"用人单位招用与其他用人单位尚未解除或者终止劳动合同的劳动者，给其他用人单位造成损失的，应当承担连带赔偿责任"。这表明全日制用工的劳动者是不能与两个或两个以上用人单位签订劳动合同的。非全日制用工中可以与一个或一个以上的用人单位签订非全日制用工合同。非全日制用工具有灵活性的特点，加之工作时间较短，这就为劳动者利用充裕的时间从事多份工作带来了可能。

7.1.2 非全日制用工的适用

非全日制用工的适用主要包括非全日制用工的适用主体、适用形式，这对认定非全日制用工具有重要的指导意义。

1. 非全日制用工的适用主体

非全日制用工已普遍适用于超市、餐饮、旅店、家政等服务性领域以及一些专业性、技术性强的行业。非全日制用工认定标准之一是主体因素，即劳动者和用人单位符合劳动法上的适格主体。实务中符合非全日制用工的主体主要有两类，一是专业技术含量低、一般的劳动者都能够承担的工作的从业人员，如超市的临时促销、清洁工、报纸杂志的兼职送货人员等，属于单位用工，不适用于个人用工；另一类为有专业技能的从业者，如兼职会计、兼职教师、拥有专业的理工科技术的从事非全日制的人员等。劳动者通过劳务派遣单位为单位、家庭、个人从事非全日制劳动的，其用人单位为派遣单位，可以使用《劳动合同法》关于非全日制用工的规定。我国劳动法调整范围已然明确排除了一部分主体的适用，在本书第1章已有介绍，但此处必须再作强调。这一部分主体所为的类似非全日制用工形式的就业与劳动合同法的非全日制用工表面上是一致的，容易混淆。排除的主体包括在校学生的兼职；聘用、留用的离退休人员和再就业的个人非通过家政公司而直接雇用的家政人员。这些主体所从事的同一用人单位一般每日工作时间不超过4小时，每周工作时间不超过24小时的就业都不属于非全日制用工。

2. 非全日制用工劳动合同的适用形式

非全日制用工双方当事人签订的劳动合同是否必须以"非全日制劳动合同"为名呢？法律并未强制要求。未以非全日制用工为名签订的劳动合同，或者不管是口头合同还是书面合同只要符合劳动者在同一用人单位一般每日工作时间不超过 4 小时、每周工作时间不超过 24 小时的用工，都属于非全日制用工形式，适用《劳动合同法》关于非全日制用工的规定。

7.2 非全日制用工的特殊规定

7.2.1 非全日制用工的劳动合同形式与期限

1. 劳动合同可以是口头形式

《劳动合同法》规定，非全日制用工双方当事人可以订立口头协议。可见，非全日制用工的双方当事人采用口头方式订立劳动合同是合法的。口头协议有诸多优点，方便和成本低，特别是针对非全日制用工，也适合非全日制用工的灵活性特点。而且非全日制用工的劳动者文化素质相对较低，他们更易接受和了解这种方式。但毕竟口头协议，很难将合同的内容固定下来，证据不好掌握，一旦发生争议对劳动者十分不利。然而非全日制用工灵活性较强，临时性、劳动关系十分不稳定也不连续。一味强求双方签订书面的劳动合同，既不现实，也不必要。因此，《劳动合同法》明确规定，允许非全日制用工中可以订立口头协议合同。

《劳动合同法》规定非全日制用工可以订立口头协议，并非必须订立口头协议。为了明确双方的权利义务，减少纠纷的发生，在非全日制用工当中也应该鼓励用人单位订立书面合同。当劳动者向用人单位提出订立书面合同时，用人单位应该与其订立书面合同。《非全日制用工意见》可作补充。"用人单位与非全日制劳动者建立劳动关系，应当订立劳动合同。劳动合同一般以书面形式订立。劳动合同期限在一个月以下的，经双方协商同意，可以订立口头劳动合同。但劳动者提出订立书面劳动合同的，应当以书面形式订立。"同时劳动合同法必须内容明确，根据《劳动合同法》第 17 条的规定，非全日制劳动合同必须包括：用人单位的名称、住所和法定代表人或者主要负责人；劳动者的姓名、住址和居民身份证或者其他有效身份证件号码；劳动合同期限；工作内容和工作地点；工作时间和休息休假；劳动报酬；社会保险；劳动保护、劳动条件和职业危害防护及其他规定。《非全日制用工意见》也明确规定非全日制劳动合同的内容由双方协商确定，应当包括工作时间和期限、工作内容、劳动报酬、劳动保护和劳动条件 5 项必备条款，但不得约定试用期。同样非全日制劳动合同的变更也需要按照《劳动合同法》的规定，经双方协商一致以书面合同确定下来。

2. 劳动者可以与多个用人单位签订劳动合同

《劳动合同法》第 68 条规定,"从事非全日制用工的劳动者可以与一个或者一个以上用人单位订立劳动合同;但是,后订立的劳动合同不得影响先订立的劳动合同的履行。"

(1) 从事非全日制用工的劳动者可以和两个以上的用人单位签订劳动合同。非全日制用工劳动者每日工作时间不超过 4 小时,每周工作时间不超过 24 小时,这样劳动者每日就有很多剩余时间,允许劳动者与一个或一个以上用人单位签订劳动合同,能够确保劳动者的劳动权利,劳动者获得更多的劳动报酬,改善其生活状态,有利于劳动力资源的合理配置。

(2) 后订立的劳动合同不得影响先订立的劳动合同的履行。为了保护用人单位的利益,维护合法劳动关系的《劳动合同法》明确规定了后订立的劳动合同不得影响先订立的劳动合同的履行。若确是产生了实质性的影响,则用人单位可以要求劳动者承担赔偿责任。如果在后的用人单位知道或者应该知道劳动者有在前的非全日制劳动合同,基于工作而导致劳动者对于在前的劳动合同履行有困难的,对在前的用人单位造成实质性损失的,在后的用人单位应该承担连带责任。另一个需要说明的是,劳动者前后两个劳动合同都必须是非全日制用工合同,不能一个是全日制用工合同,一个是非全日制用工合同。《劳动合同法》第 91 条规定,"用人单位招用与其他用人单位尚未解除或者终止劳动合同的劳动者,给其他用人单位造成损失的,应当承担连带赔偿责任"。这表明全日制用工的劳动者是不能与两个或两个以上的用人单位签订劳动合同的,劳动者只能签订两个或两个以上的非全日制用工劳动合同。双方当事人可以通过合同约定来限制劳动者不得再与其他用人单位签订劳动合同,如果自愿约定该项内容,那么约定应该具有合同效力。

3. 非全日制用工的时间规定

《劳动合同法》第 68 条规定,非全日制用工,劳动者在同一用人单位一般平均每日工作时间不超过 4 小时,每周工作时间累计不超过 24 小时。这是对非全日制用工时间的限制。

4. 非全日制用工双方当事人不得约定试用期

为了规制在用工过程中滥用试用期侵犯劳动者权益的现象,《劳动合同法》第 70 条明确规定,"非全日制用工双方当事人不得约定试用期"。作出这样的规定是因为:

(1) 试用期是用人单位和劳动者双方为了相互了解、确定对方是否符合自己的招聘条件或求职条件而约定的考察期。非全日制用工方式所涉及的劳动岗位实践中技术含量不高,一般是靠体力或者智力技术来完成工作获得报酬,劳动者不需要长时间的职业培训和工作适应期就能胜任,如清洁工、商场促销、装卸工、建筑工地小工、力工、家教等,在非全日制用工中约定试用期加重了劳动关系的不平等性,增加了劳动者的职业不确定性和经济负担。

(2) 在非全日制用工中双方当事人都可以随时解除劳动合同且不需要支付任何

的经济补偿，对解除劳动关系有更大的自主选择权。相反《劳动合同法》对试用期的规制更加严格，只有劳动者违反本法第 39 条和第 40 条第 1 项、第 2 项规定的情形，用人单位才能解除劳动合同。用人单位在试用期解除劳动合同的，应当向劳动者说明理由。因此在非全日制用工中约定试用期，不仅不能发挥试用期的功能，反而会加重用人单位的负担，不利于非全日制劳动者的自由流动。

同样在非全日制用工中，用人单位为了规避法律，约定试岗、实习期、适应期等，这些都是变相的试用期，其目的是降低劳动者的待遇，方便解除劳动合同。为了保护劳动者的合法权益，也应当明确这些情形按照约定试用期对待。如果用人单位违反非全日制用工的法律规定，约定试用期，该合同条款无效。同时根据《劳动合同法》第 83 条的规定，用人单位违反本法规定与劳动者约定试用期的，由劳动行政部门责令改正；违法约定的试用期已经履行的，由用人单位以劳动者试用期满月工资为标准，按已经履行的超过法定试用期的期间向劳动者支付赔偿金。

7.2.2 非全日制用工劳动合同的终止

《劳动合同法》第 71 条规定："非全日制用工双方当事人任何一方都可以随时通知对方终止用工。终止用工，用人单位不向劳动者支付经济补偿。"该条可以从以下几点来理解。

1. 双方当事人都有单方终止劳动合同的权利

非全日制劳动合同的双方当事人都享有单方终止权，只要向对方提出终止，无须对方同意就可以终止劳动合同。

2. 当事人双方都可以随时通知对方终止劳动合同

当事人一方要终止劳动合同，无须预告通知对方，无论劳动合同到期与否双方当事人可以随时通知对方而终止劳动合同。

3. 终止劳动合同不需要任何实体条件

《劳动合同法》对非全日制用工的终止，没有规定任何实体条件。这个规定完全不同于全日制用工的终止，《劳动合同法》对全日制用工的劳动合同终止，规定了法定的条件。而非全日制用工的终止突破了全日制用工解除的实质性要件的规定。

4. 劳动合同终止用人单位不向劳动者支付经济补偿

不管出于什么原因，不管双方当事人是否有过错，用人单位均不需向劳动者支付经济补偿。对于劳动者来说随时解除非全日制用工劳动合同，其可以及时摆脱一段不如意的劳动关系也能抓紧时间寻找新工作。对于用人单位来说，非全日制用工具有临时性和灵活性的特点，随时解除劳动合同，能使劳动者及时更替，顺利完成工作任务。若要用人单位支付经济补偿，则会增加用人单位成本，造成过重的负担。

7.2.3 非全日制用工的工资标准与结算

《劳动合同法》第 72 条规定，"非全日制用工小时计酬标准不得低于用人单位所在地人民政府规定的最低小时工资标准。非全日制用工劳动报酬结算支付周期最长不得超过十五日。"该条明确了我国非全日制用工的计酬标准和结算周期，为非全日制用工的工资支付作了特别的规定，对非全日制用工的适用有了更充分的保障。

1. 计酬标准不低于最低小时工资

1）我国的基本工资形式与最低工资规定

（1）工资的概念与特征。工资是指用人单位按照事先的规定，以货币形式支付给劳动者的报酬。工资具有以下4个特征：一是付给劳动者的物质补偿，因为劳动者有劳动消耗，需要得到补偿才公平；二是事先规定的，工资是由法律规定或劳动合同事先约定的；三是以法定货币形式支付给劳动者本人的，法律规定不得以实物及有价证券替代货币支付；四是工资的发放以劳动者提供劳动的数量和质量为依据，体现按劳分配、多劳多得。

（2）工资形式。工资形式是指计量劳动和支付工资的形式。我国主要实行计时工资、计件工资两种基本形式，另外在一定范围内实行年薪制。第一，计时工资是指按照单位时间工资率和工作时间支付劳动者个人工资的一种形式。计时工资可以分为月工资制、日工资制和小时工资制三种。第二，计件工资是指按照劳动者完成的合格产品的数量和预先规定的计件单位计算个人工资的一种形式。这种方式是用一定时间内的劳动成果来计算工资，是属于计时工资的转化形式。第三，年薪是指对符合一定条件的劳动者实行以一个财务年度为核算工资依据计发劳动报酬的工资形式。虽然在劳动法中没有规定这种工资形式，但在现实生活中，用人单位对部分劳动者采取年薪制的情况比较多见。

（3）最低工资的规定。第一，最低工资的含义。按照《最低工资规定》，最低工资是指劳动者在法定工作时间内提供了正常劳动的前提下，其所在企业应支付的最低劳动报酬。最低工资的规定适用于符合劳动法律规定的主体资格的用人单位和与之形成劳动关系的劳动者。该制度是为了维护劳动者的权益，保障劳动者及其家庭成员的基本生活需要而设立的。第二，最低工资标准的制定。最低工资标准的确定程序：一是由省级劳动保障部门拟订草案，然后将方案报送劳动与社会保障部；二是劳动与社会保障部审查，对方案可以提出修订意见，若在方案收到后14日内未提出修订意见的，视为同意；三是省级人民政府批准并公布。不实行全国统一的最低工资标准。最低工资标准的确定方式可以按月、按周、按日或按小时。第三，最低工资的保障性规定。主要表现在：用人单位支付的报酬不得低于最低工资；最低工资标准要公示；劳动合同中低于最低工资标准的条款无效；用人单位违反最低工资要承担赔偿责任，由劳动保障行政部门责令限期补发劳动者工资，并责令其按照所欠工资的1~5倍支付劳动者赔偿金。

2）非全日制用工不得低于最低小时工资

由于非全日制用工的灵活性、流动性和临时性，以小时作为劳动报酬的衡量标准，能更好地体现非全日制用工的价值，提高非全日用工的积极性，确保其能及时足额地获得劳动报酬。《劳动合同法》明确规定，非全日制用工以小时为计酬标准，并且不得低于用人单位所在地人民政府规定的最低小时工资标准。《最低工资规定》明确了最低工资标准一般采取月最低工资标准和小时最低工资标准的形式。月最低工资标准适用于全日制就业劳动者，小时最低工资标准适用于非全日制就业劳动者。确定和调整月最低工资标准，应参考当地就业者及其赡养人口的最低生活费用、城镇居民消费价格指数、职工个人缴纳的社会保险费和住房公积金、职工平均工资、经济发展水平、就业状况等因素。确定和调整小时最低工资标准，应在颁布的月最低工资标准的基础上，考虑单位应缴纳的基本养老保险费和基本医疗保险费因素，同时还应适当考虑非全日制劳动者在工作稳定性、劳动条件和劳动强度、福利等方面与全日制就业人员之间的差异。

《非全日制用工意见》对非全日制用工最低工资标准也作了明确的规定。非全日制用工的小时最低工资标准由省、自治区、直辖市规定，并报劳动保障部备案。确定和调整小时最低工资标准应当综合参考以下因素：当地政府颁布的月最低工资标准；单位应缴纳的基本养老保险费和基本医疗保险费（当地政府颁布的月最低工资标准未包含个人缴纳社会保险费因素的，还应考虑个人应缴纳的社会保险费）；非全日制劳动者在工作稳定性、劳动条件和劳动强度、福利等方面与全日制就业人员之间的差异。小时最低工资标准的测算方法为：小时最低工资标准＝〔（月最低工资标准÷20.92÷8）×（1＋单位应当缴纳的基本养老保险费、基本医疗保险费比例之和）〕×（1＋浮动系数）。这里浮动系数的确定主要考虑非全日制就业劳动者工作稳定性、劳动条件和劳动强度、福利等方面与全日制就业人员之间的差异。

同时非全日制用工的劳动报酬，也要遵守劳动法中"同工同酬"原则。《劳动合同法》第 11 条规定：用人单位未在用工的同时订立书面劳动合同，与劳动者约定的劳动报酬不明确的，新招用的劳动者的劳动报酬应当按照集体合同规定的标准执行；没有集体合同或者集体合同未作规定的，用人单位应当对劳动者实行同工同酬。因此非全日制用工中，如果对劳动报酬约定不明确的，新招用的劳动者的劳动报酬应当按照集体合同规定的标准执行。对于未订立集体合同的，用人单位应当实行同工同酬，对岗位相同或者相似的非全日制劳动者，适用同一工资标准。

2. 工资结算周期

工资结算周期，是由用人单位与劳动者约定或单位的规章制度规定的支付劳动者工资的时间段。实行月薪制的，一个工资支付周期为一个月，实行周、日工资制的，一个工资支付周期为一周、一日。非全日制用工劳动报酬结算支付周期最长不得超过 15 日。也就是说，非全日制用工的工资支付可以按小时、日、周为单位结算，但不能以月为单位结算。这不同于《非全日制用工意见》中"非全日制用工的工资支付可以按小时、日、周或月为单位结算"的规定。这种修改主要是基于非全日制用工的流动性比较大，劳动者在一个工作单位的工作周期较短而且非全日制用工可以随时解除劳动关系而不用支付任何的经济补偿金，实务中拖欠工资的现象也十分普遍。

如果非全日制用工的劳动报酬结算周期超过 15 日，将被认定是拖欠工资的行为。用人单位应该按时足额地支付非全日制用工劳动者的工资。拖欠工资可以按《劳动合同法》第 85 条的规定处理，即由劳动行政部门责令限期支付劳动报酬、加班费或者经济补偿；劳动报酬低于当地最低工资标准的，应当支付其差额部分；逾期不支付的，责令用人单位按应付金额百分之五十以上百分之一百以下的标准向劳动者加付赔偿金。

7.2.4 非全日制用工的其他规定

1. 劳务派遣单位的劳动者不能使用非全日制用工

在实务中，非全日制用工有一种非常普遍的类型就是劳动者通过劳务派遣组织为单位、家庭、个人从事劳务活动。《非全日制用工意见》中就规定劳动者通过依法成立的劳务派遣组织为其他单位、家庭或个人提供非全日制劳动的，由劳务派遣组织与非全日制劳动者签订劳动合同。根据《劳动合同法实施条例》第 30 条明确规定，劳务派遣单位不得以非全日制用工形式招用被派遣劳动者。劳务派遣又称人才派遣、人才租赁、劳动派遣、劳动力租赁，是指由劳务派遣机构与派遣劳工订立劳动合同，由派遣劳工向要派企业（实际用工单位）给付劳务，劳动合同关系存在于劳务派遣机构与派遣劳工之间，但劳动力给付的事实则发生于派遣劳工与要派企业（实际用工单位）之间。《劳动合同法》第 58 条规定劳务派遣单位应当与被派遣劳动者订立两年以上的固定期限劳动合同。而非全日制用工属于一种灵活的用工形式，双方当事人可以订立口头协议，且可以随时提出终止用工，这与劳务派遣规定的必须订立两年以上的固定期限劳动合同的规定显然冲突，因此，本条规定了劳务派遣单位不得招用非全日制用工劳动者，但可以将招用的劳动者派遣至用工单位从事非全日制岗位工作。由此劳务派遣单位与从事非全日制劳动的被派遣者签订两年以上的固定期限劳动合同，再将该劳动者派遣至用工单位从事非全日制岗位工作。

2. 非全日制用工必须备案

《非全日制用工意见》明确规定，"用人单位招用劳动者从事非全日制工作，应当在录用后到当地劳动保障行政部门办理录用备案手续"，还规定"从事非全日制工作的劳动者档案可由本人户口所在地劳动保障部门的公共职业介绍机构代管"。

由于非全日制用工比较灵活而且劳动者的权益更易受到侵害，实行备案制更能明确用人单位的用工形式，以便对用人单位进行专门的规制。同时对于劳动者来说，大多数非全日制用工的劳动者并不太了解非全日制用工的形式，进行备案以后有利于对这部分劳动者进行管理、培训，对劳动者利益有所保障。考察地方性法规中对非全日制用工的规定，其要求建立非全日制用工劳动关系的从业人员应该到劳动保障部门备案；已经办理了备案登记的非全日制从业人员，与其他用人单位建立新的非全日制劳动关系时也应该到当地劳动保障部门办理变更或者新增管理的登记；用人单位与非全日制从业人员终止劳动合同时，应向本人出具终止劳动合同证明，非全日制从业人员

30 日内，持《就业手册》、终止劳动合同关系证明到身份备案登记地办理管理台账变更手续。只有这样才能够全面了解非全日制劳动者的就业情况，以便为其提供更加专业的服务，更好地维护劳动者的权益。

3. 非全日制用工的社会保险问题

《劳动合同法》中并没有规定非全日制用工的社会保险问题，但在《非全日制用工意见》对此作了较为详尽的规定。

（1）从事非全日制工作的劳动者应当参加基本养老保险，原则上参照个体工商户的参保办法执行。对于已参加过基本养老保险和建立个人账户的人员，前后缴费年限合并计算，跨统筹地区转移的，应办理基本养老保险关系和个人账户的转移、接续手续。符合退休条件时，按国家规定计发基本养老金。

（2）从事非全日制工作的劳动者可以个人身份参加基本医疗保险，并按照待遇水平与缴费水平相挂钩的原则，享受相应的基本医疗保险待遇。参加基本医疗保险的具体办法由各地劳动保障部门研究制定。

（3）用人单位应当按照国家有关规定为建立劳动关系的非全日制劳动者缴纳工伤保险费。从事非全日制工作的劳动者发生工伤，依法享受工伤保险待遇；被鉴定为伤残 5～10 级的，经劳动者与用人单位协商一致，可以一次性结算伤残待遇及有关费用。

由此可知，结合现行法全日制用工的用人单位必须缴纳各种社会保险费用。但是，作为非全日制用工，用人单位必须为其缴纳工伤保险，除工伤保险外的其他社会保险费，用人单位则不是必须为劳动者缴纳的。也就是说，非全日制用工的用人单位可以将这部分社会保险费用计算在劳动者工资里，由劳动者自行购买基本养老保险和基本医疗保险，但在发放工资时必须列明；用人单位也可以为劳动者缴纳部分或者全部的基本养老保险和基本医疗保险。而用人单位应当按照国家有关规定为建立劳动关系的非全日制劳动者缴纳工伤保险费。

4. 非全日制用工超时工作

工作时间是非全日制用工认定的主要标准。劳动者在同一用人单位一般每日工作时间不超过 4 小时，每周工作时间不超过 24 小时的用工形式才能认定为非全日制用工。在同一用人单位一般每日工作时间超过 4 小时，每周工作时间超过 24 小时的用工就会被认定为全日制用工。非全日制就业人员每日工时超过双方约定以及法律规定的工时或者每周工时总和超过双方约定以及法定工时限制应属于超时加班。但实务中往往会出现这样的做法，非全日制劳动者与用人单位签订的劳动合同中约定每日工作时间不超过 4 小时，每周工作时间不超过 24 小时，但在实际工作中用人单位会要求劳动者加班。那么劳动者加班后每日或者每周的工作时间超过了劳动合同法对非全日制用工工作时间总和的限定，应该如何认定呢？对于用人单位安排劳动者工作超过工时限制及加班问题如何处理，《劳动合同法》没有明确规定，但根据目前的一些地方性规定看，对于超过工时限制的，视为全日制用工。如《北京市劳动和社会保障局关于北京市非全日制就业管理若干问题的通知》规定:"劳动者在同一用人单位每日工作时间超过四小时的视为全日制从业人员。"用人单位不能试图以非全日制用工来规避《劳动合同法》的相关规定,也不能恶意拖延工作时间。一旦出现这种情况,被认定为全日制用工,就必须按照全日制用工的法律规定来严格规制,这样用人单位将会有更多的法律义务,也会承担更加严格的法律责任。

非全日制用工人员如何享受法定节假日?非全日制用工与全日制用工一样,都受到《劳动法》和《劳动合同法》的调整,劳动者同样享有休息休假的权利。对于国家法律、法规规定的法定节假日非全日制用工劳动者也同样可以享受。对于用人单位在法定节假日安排非全日制劳动者劳动的,应当按有关规定支付加班工资,一些地方作了明确的规定,如《北京市劳动和社会保障局关于北京市非全日制就业管理若干问题的通知》规定,非全日制从业人员工资每小时不得低于 6 元。非全日制从业人员在法定节日期间工作的最低小时工资标准不得低于 13.3 元。但对于公休假日,由于非全日制用工形式实行每周不超过二十四小时的工时制度,所以用人单位可以在总的工作时间限制内,安排劳动者在公休日内劳动,是需要支付加班工资的。再如《天津市关于做好非全日制用工工资支付工作的通知》中规定实行非全日制用工的劳动者,若周六、周日提供劳动的,视为正常工作,不享受加班工资待遇。若在法定休假日提供劳动的,用人单位应当按照《劳动法》第四十四条第(三)项的规定支付不低于小时工资百分之三百的加班工资。

5. 非全日制用工的争议解决

从事非全日制工作的劳动者与用人单位产生的劳动纠纷适用劳动争议的解决方式。即发生劳动争议,首先双方可以协商解决,协商不成的,可以向劳动争议仲裁委员会申请仲裁,对仲裁结果不满的,可以自收到裁定书之日起 15 日以内向人民法院起诉。

本章阅读参考文献

[1] 王全兴,黄昆. 中国劳动法. 3 版. 北京:中国政法大学出版社,2008.
[2] 郭捷. 劳动法与社会保障法. 北京:法律出版社,2008.
[3] 黎建飞. 劳动合同法热点、难点、疑点问题全解. 北京:中国法制出版社,2008.
[4] 张霞等. 劳动法实施中的疑难问题. 北京:中国人民公安大学出版社,2009.
[5] 卓莉媛. 我国非全日制用工制度规定缺陷及其完善. 法制与社会,2010(8):63.
[6] 李秀凤. 非全日制用工规定的不足及完善. 前沿,2010(17):119.
[7] 邱婕.《劳动合同法》十周年回顾系列之十二 《劳动合同法》研究之非全日制用工. 中国劳动,2018(12).

本章复习思考题

一、名词解释

非全日制用工　　工资结算周期

二、单项选择题

1. 非全日制用工劳动报酬结算支付周期最长不得超过（　　）。

A. 5 日　　　　　　　　　　　　B. 10 日

C. 15 日　　　　　　　　　　　D. 20 日

2. 非全日制用工一般采取（　　）。

A. 小时计酬　　　　　　　　　　B. 按周计酬

C. 按月计酬　　　　　　　　　　D. 按年计酬

3. 从事非全日制用工的劳动者（　　）。

A. 可以与 2 个以上的用人单位签订劳动合同

B. 不得与 2 个以上的用人单位签订劳动合同

C. 只能与一个用人单位签订劳动合同

D. 只能与用人单位签订口头协议

三、多项选择题

1. 关于非全日制用工当事人的权利，以下说法正确的有（　　）。

A. 任何一方都享有单方终止劳动合同的权利

B. 终止劳动合同不需要提前预告对方

C. 终止劳动合同不需要获得对方同意

D. 用人单位不需要支付经济补偿

E. 双方可以约定试用期

2. 关于非全日制用工的劳动者的劳动报酬以下说法错误的有（　　）。

A. 可以按小时计酬，也可以按周计酬

B. 不得低于用人单位所在地人民政府规定的最低小时工资

C. 劳动报酬结算支付的周期最长不得超过 10 日

D. 一般以小时计酬为主

E. 劳动报酬结算支付的周期最长不得超过 15 日

四、判断分析题

1. 非全日制用工双方当事人不得约定试用期。

2. 非全日制用工双方当事人不得订立口头协议。

3. 非全日制用工的劳动者可以与多个用人单位订立劳动合同。

五、简述题

1. 简述非全日制用工的意义。

2. 简述非全日制用工与全日制用工的区别。

3. 简述非全日制用工终止的法律规定。

六、论述题

试述《劳动合同法》对非全日制用工的特殊规定。

七、案例分析题

1. 王女士下岗以后经人介绍到一家民营企业做保洁工作，双方约定劳动者每天工作4小时，每月可调休两天，并约定试用期1天。王女士要求与该企业签订书面劳动合同，被以"《劳动合同法》第69条规定非全日制用工双方当事人可以订立口头协议"为由拒绝。

问：在该案例中建立非全日制用工关系时有哪些违反劳动合同法的行为？

2. 小李中专毕业后一直未找到合适的全职工作，只好临时在一家餐厅担任非全日制的服务员，每天从17:30到21:30工作4个小时，每周休息1天，按月支付工资。不久其又找到超市营业员的工作，每天从13:00到17:00工作4个小时，每周也可休息1天，按周支付工资。在聘任时小李已告知超市自己先与餐厅订立了非全日制劳动合同以及在餐厅的工作时间。两份工作的工作时间虽然间隔较短，但超市与餐厅的距离相对较近，一般情况下小李能够及时赶到餐厅上班。平稳工作一段时间以后，由于超市近日做促销活动人员紧张，小李的下班时间总是推迟，这自然会影响到晚上餐厅的工作。由于迟到次数过多，引起了餐厅老板的不满。老板告知小李当天下班结算工资后，不用再来上班。小李当即表示不愿解除劳动合同，否则餐厅需要支付经济补偿金。

问：餐厅老板能否单方解除劳动合同，是否需要支付经济补偿金？

第 8 章　劳动监督检查

本章学习目标
了解： 劳动监督检查的意义。
领会： 劳动监督检查的概念特征、基本原则。
掌握： 劳动行政部门监督检查的内容与形式。
运用： 根据本章所学知识，分析劳动监督检查的处罚是否恰当。
本章课程思政： 劳动监督检查的目的是规范市场主体行为，通过有效的监督检查手段，纠正处罚违法行为，形成和谐稳定的劳动力市场，也是体现以人为本的原则。

8.1　劳动监督检查概述

8.1.1　劳动监督检查的概念特征

1. 劳动监督检查的概念

所谓劳动监督检查，是指依法享有监督检查权的机构、组织或者个人对用人单位和劳动服务主体遵守劳动法律、法规、规章的情况进行检查、督促、纠偏、处罚等一系列执法活动的总称。劳动监督检查是保障《劳动合同法》实施的重要手段。《劳动合同法》第 6 章专章规定了"监督检查"。

2. 劳动监督检查的特征

（1）劳动监督检查的主体特定。劳动监督检查的主体是依法享有监督检查权的劳动行政主管部门、其他有关行政部门、工会组织、其他群众性组织以及个人。其中，劳动行政主管部门是劳动合同制度实施的监督管理主要责任单位，劳动行政部门开展监督管理工作应当听取有关方面的意见。

（2）监督检查的对象。劳动合同制度实施的情况，主要是用人单位执行《劳动合同法》的行为。用人单位的行为直接涉及劳动者切身利益，只有对用人单位执行《劳动合同法》的行为进行监督和检查，才能保证劳动者的合法权益。

（3）监督检查的具体方式。表现为依法行使监督检查权的各项措施，对监督检查中发现的违反《劳动合同法》的行为及时制止和纠正，并依法追究违法行为人的法律责任。

8.1.2 劳动监督检查的意义

我国《劳动合同法》对劳动合同法执行情况的监督检查进行了专章规定，明确监督权主体的机构、组织或者个人对用人单位的执行情况进行全面的监督检查，对于用人单位违反劳动法律法规的行为从严查处，并调动社会力量共同保障劳动合同法的实施和保障劳动者的权益。

1. 有利于维持良好的社会劳动秩序和劳动力市场的秩序

当前，我国劳动力市场主体不合法、行为不规范等问题比较突出，阻碍了劳动力市场的正常发展并扰乱了劳动秩序。随着劳动合同制度的推行，相比以前，用人单位和劳动者有了更大的选择权和自主权，但是，由于双方当事人行使权利的自由不是绝对的，只有在法律规定的限度内依法行使劳动权利，才能促进劳动力市场的有序、健康、稳定发展。对此，必须建立一套切实可行的监督检查制度，规范市场主体行为，通过有效的监督检查手段查处、纠正用人单位的各种违法行为，形成和谐的劳动秩序和劳动力市场秩序。

2. 有利于增强劳动合同主体的法律意识，避免和减少违法行为发生

对《劳动合同法》执行情况监督检查这一制度就是为了保障劳动合同法的实施，通过对多主体全面的监督，各种劳动合同法主体才能够切实体会到执行《劳动合同法》的重要性和必要性。由于劳动关系的特殊性，决定了用人单位和劳动者双方地位的不对等，用人单位往往重视利润，轻视劳动者的利益，这种现象不利于建立稳定的劳动关系，也不利于经济的发展。现实中常常出现不签订劳动合同、不按时核发工资、随意克扣工资，尤其是克扣农民工工资的情形，劳动者的工作场所发生工伤事故和职业病的侵害也常常发生，违反《劳动合同法》的情形在实践中并不鲜见。为此，必须对《劳动合同法》的执行情况进行严格的监督检查来增强各种劳动合同法主体的法律意识，尤其是用人单位依法用工的意识，纠正和杜绝各种违法行为的发生。

3. 有利于劳动法律制度的完善

对我国《劳动合同法》执行情况进行监督检查，一方面对于执法工作而言，可以保证《劳动合同法》的正确实施；另一方面对于立法工作而言，又可以结合《劳动合同法》实施过程中出现的新情况、新问题进行研究，结合实际情况，及时修正并增加具体的规定，从而有利于进一步完善劳动立法，健全社会主义劳动法制建设。

劳动监督检查一直是劳动立法的重要组成部分，先后出台了一些关于劳动保护监察的制度性规定。1993 年制定了《劳动监察规定》，1994 年的《劳动法》专章规定了监督检查，为了与劳动法的规定配套，我国先后制定了多项单项法规，尤其是 2004 年国务院制定的《劳动保障监察条例》，对劳动监察作出了全面的规定，而《劳动合同法》对监督检查作出专章规定，更是进一步完善了劳动监督检查制度。

8.1.3 劳动监督检查体系

我国《劳动合同法》和《劳动法》对劳动监督检查作出了明确的规定，这些规定，明确了我国的劳动监督体系由行政监督和社会监督相结合而构成，其中，行政监督由劳动行政部门监察和相关行政监督所组成，社会监督主要由工会监督和群众监督所组成。

1. 劳动行政部门监督

在劳动监督检查体系中，劳动行政部门的监督处于其他劳动监督形式所不能及的重要地位。劳动行政部门的监督是最基本的、最有效的劳动监督形式。因为，第一，劳动行政部门的监督是全面监督。其监督的范围及于各项劳动法律制度和劳动法规，不论何种劳动关系，不论劳动关系的哪一个部分、哪一个运行环节，也不管用人单位是什么状况，都可以依法纳入其监督检查的范围。而其他主体的劳动监督一般是在特定范围内对遵守劳动法的情况进行监督。第二，它是约束力度最大的劳动监督。劳动行政部门作为本级政府主管劳动工作的职能部门，其劳动监督行为是代表本级政府实施的，属于国家劳动监察，具有高于其他劳动监督形式的法律效力。所以，劳动行政部门的监督是最基本的、最有效的劳动监督形式，其他形式的监督都是对劳动行政部门监督检查的配合。

2. 相关行政部门监督

（1）确定其他行政部门监督检查的原因。在劳动监督中，除劳动行政部门以外的其他相关部门也有权进行监督，是劳动监督检查的一个必要的组成部分。因为，第一，劳动监督检查需要有其他部门的支持协助。从法律上看，劳动法与其他法律部门存在交叉，有的行为可能既违反了劳动法，也违反了其他部门法的规定，需要劳动行政部门与其他行政部门配合处理。第二，违反劳动法行政制裁措施中，有的是由劳动行政部门以外的机构来实施的，比如说，吊销营业执照的权力专属于工商行政管理部门。

（2）其他行政部门监督的方式与分类。行政部门的监督检查方式主要有：一是依照法律规定，按照职权独立进行监督检查；二是依法对劳动监察部门、其他行政部门的建议进行调查处理；三是依法对工会组织的建议进行调查处理；四是会同劳动监察部门等监督主体进行劳动监督检查。

3. 工会监督

工会监督用人单位遵守劳动法的情况，是工会的一项基本职责。由于工会的组织系统完备，遍及全国所有的用人单位，所以工会监督是一项有组织的社会监督。

4. 群众监督

群众监督是对行政监督和工会监督的必要补充。任何组织和个人都有权对劳动法的遵守情况进行监督，而且可以自行决定采取何种方式进行监督。

8.1.4 监督检查的原则

1. 保障劳动者权益原则

就用人单位和劳动者之间的市场地位而言，劳动者处于相对弱势的地位，劳动保障行政部门有责任和义务对劳动者提供法律保障。对于用人单位侵犯劳动者权益的行为，应当对用人单位的违法行为进行查处和处罚。在社会主义市场经济条件下，保护劳动者合法权益与保护用人单位的合法权益从根本上讲是一致的，劳动行政部门对用人单位违法行为的查处，是为依法用工的用人单位创造了公平竞争的环境，不是保护用人单位的利益。

2. 合法原则

合法是指劳动监督检查单位和人员要依法开展监督检查工作，包括以下几个方面的要求：一是监察执法主体及权限必须符合条例规定，违反规定的主体或超越权限实施监察都是无效的；二是实施监察行为必须正确适用《劳动监察条例》及有关法律、法规和规章，适用法律错误将会构成实体上的违法；三是监察执法程序必须符合法律规定，《劳动保障监察条例》对实施监察的程序作了明确规定，在需要给予行政处罚时，还必须遵循《行政处罚法》的程序规定，违反程序规定，就构成程序违法。实体违法与程序违法都将导致劳动保障监察执法行为无效。实施处罚时，必须依法办事，要按照违法的情节、损害的后果等因素，综合确定处罚的数额。依法行政就是要将劳动保障监察执法工作纳入法治的轨道，以利于从根本上保护公民、法人和其他组织的合法权益。

3. 公开原则

公开原则是指劳动监督检查执法活动除法律有特殊规定外，应当向社会公开。坚持公正原则可以使劳动保障监察工作不断提透明度，通过全社会的监督，有助于预防和减少工作中的失误和偏差，规范监察执法行为。公开的内容包括4个方面：一是劳动监督检查所依据的法律、法规和规章公开，未经公布的不得作为监督检查执法依据；二是劳动监督检查的职责、内容公开，《劳动保障监察条例》明确规定了监察的职责和检查的具体事项等内容，监督检查应当依法进行；三是劳动监督监察机构的举报投诉电话、地址等向社会公开；四是监察执法的程序和处理时限公开，包括受理投诉、调查取证、听取当事人陈述和申辩、举行听证会、作出行政处罚决定等都应当明确公开。这样，既可保障行政相对人的知情权，也有利于社会公众的监督。

4. 公正原则

公正原则要求在执法中要平等地对待任何行政相对人，不搞差别待遇。坚持公正原则主要体现在劳动保障监察执法必须以事实为依据，以法律为准绳。在履行职责时，不仅在实体上和程序上都要合法，还要注意权利与义务、个人利益与国家利益、集体利益之间的平衡。行政行为必须符合客观规律，合乎情理，不能要求行政相对人承担其无法履行或违背情理的义务。在实施监察时应当平等地对待所有行政相对人，不能因地域、性质不同而对行政相对人采取不同的标准。执法机构要合理行使自由裁量权。严格按照违法情节和损害后果等因素确定具体罚款数额。此外,《劳动保障监察条例》中还规定了对违法案件的调查制度、劳动保障监察实行回避制度等,都体现了公正原则。坚持公正原则,可以减少工作中的偏差和失误、规范执法行为。

5. 高效、便民原则

在监督检查执法活动中,相关部门应尽可能不影响用人单位的正常生产和经营活动,并及时查处和纠正用人单位的违法行为。严格在规定的时限内完成监督检查事项,提高工作效率,不影响用人单位正常的生产和经营活动,及时处理违法违纪行为。这一原则贯穿《劳动保障监察条例》始终。按照这一原则的要求,劳动行政部门应当向社会公布举报投诉的电话、监督检查机构的地址,设立举报投诉信箱,有条件的可以开通网上举报。

6. 教育与处罚相结合的原则

处罚是手段,不是目的,但也不能只教育,不处罚。既要对用人单位的违法行为给予必要的处罚和制裁,又要通过教育增强其法律意识,实现监督的双重功效。

8.2 劳动行政部门的监督

8.2.1 劳动行政部门监督的内容特点

1. 劳动行政部门监督的特点

1)劳动行政部门监督的含义

劳动行政部门监督是指国务院劳动行政部门和县级以上人民政府的劳动行政部门以自己的名义,代表国家对劳动合同制度的实施进行监督管理的行政执法活动。我国《劳动合同法》第 73 条明确规定了劳动行政部门对劳动合同的监督管理权。由于在现实生活中劳动者与用人单位力量悬殊,仅仅通过劳动合同来保障劳动者的利益是远远不够的,对劳动合同制度进行监督检查,可以弥补劳动者力量的不足,保护劳动关系的稳定和协调发展。因此明确劳动行政部门的监督管理权是必要的。《劳动保障监察条例》第 3 条明确:国务院劳动保障行政部门主管全国的劳动保障监察工作。县级以上地方各级人民政府劳动保障行政部门主管本行政区域内的劳动保障监察工作。县级以上各级人民政府有关部门根据各自职责,支持、协助劳动保障行政部门的劳动保障监察工作。

2)劳动行政部门监督的特点

第一,监督管理的主体特定。劳动劳动监督检查的主体是依法设立的专门的劳动保障监察机构,即监督管理的主体是代表国家行使监督管理权的劳动行政部门,而不是其他的机构或部门、个人。

第二,劳动行政部门的监督管理在性质上属于执法活动。劳动行政部门进行检查监督,是对用人单位执行劳动合同法的情况进行综合性的检查监督,有关法律法规对检查监督的内容、方式、程序等都作出了明确的规定，并且赋予了其执法的权力，有权对违法劳动合同法的行为作出处理决定，并有权依法强制执行，或者申请人民法院强制执行。

第三，劳动行政部门的监督管理属于行政法律行为。劳动行政部门代表国家行使监督权，监督检查可能会导致一定的法律后果产生，如对违反劳动合同法的行为采取制裁措施等，相对人如果不服，可以提起行政复议和行政诉讼。

2. 劳动行政部门依监督检查的主要内容

《劳动合同法》第74条明确规定了县级以上地方人民政府劳动行政部门监督检查的事项。按照这条规定县级以上地方人民政府劳动行政部门依法对下列实施劳动合同制度的情况进行监督检查。

1）检查用人单位制定直接涉及劳动者切身利益的规章制度及其执行情况

由于在《劳动合同法》中对用人单位制定规章制度提出了明确的要求，按照规定，劳动行政部门在进行监督检查的时候，主要是检查规章制度的内容、形式是否合法，制定规章制度的过程是否符合程序要求，是否保障了职工的参与权与知情权等，并可根据检查的结果作出处理决定。

2）监督检查用人单位与劳动者订立和解除劳动合同的情况

用人单位与劳动者订立和解除劳动合同在劳动合同法中有明确的规定，还有相关法律责任的规定，劳动行政部门对这一事项进行监督检查必须严格按照劳动合同法的规定进行。

3）监督检查劳务派遣单位和用工单位遵守劳务派遣有关规定的情况

劳动行政部门根据劳动合同法的规定进行检查，主要是检查劳务派遣单位的资格、劳务派遣单位与被派遣劳动者签订劳动合同的情况、用工单位是否履行其法定义务、被派遣的劳动者是否与用工单位的劳动者同工同酬、实施劳务派遣的岗位是否符合法律要求等。如果发现劳务派遣单位违反劳动合同法的，有权责令其改正，对情节严重的可以进行罚款。

4）监督检查用人单位遵守国家关于劳动者工作时间和休息休假规定的情况

工作时间和休息休假是劳动合同的必备条款，劳动行政部门要监督检查用人单位遵守工作时间和休息休假有关规定的情况，保障劳动者的权益。

5）监督检查用人单位支付劳动合同约定的劳动报酬和执行最低工资标准的情况

主要是检查用人单位所支付的劳动报酬是否低于当地最低工资标准，如果低于当地的最低工资标准，可以对用人单位进行处罚。

6）监督检查用人单位参加各项社会保险和缴纳社会保险费的情况

社会保险也是劳动合同的必备条款，劳动行政部门对用人单位参加各项社会保险和缴纳社会保险费的情况进行监督检查，有利于维护和谐稳定的劳动关系。

7）监督检查法律、法规规定的其他劳动监察事项

劳动行政部门进行监督检查的范围除了上面明确列举的事项，还包括对劳动合同

法所规定的其他内容进行监督检查，如对劳动安全卫生、试用期约定、女职工和未成年工的特殊保护等，都可以进行监督检查。

8.2.2 劳动行政部门的监督检查的实施

1. 劳动行政部门的监督检查的管辖

按照《劳动合同法》第73条规定，劳动行政部门的监督管理按照主体不同分为两类。一是国务院劳动行政部门负责全国劳动合同制度实施的监督管理。国务院劳动行政部门的监督管理属于普遍管辖；二是县级以上地方人民政府劳动行政部门负责本行政区域内劳动合同制度实施的监督管理。县级以上各级人民政府劳动行政部门在劳动合同制度实施的监督管理工作中，应当听取工会、企业方面代表以及有关行业主管部门的意见。在《劳动保障监察条例》中，明确规定了几种管辖形式。

1）地域管辖

所谓地域管辖，是指同级劳动保障行政部门在行使劳动保障权上的横向权限划分。《劳动保障监察条例》第13条规定："对用人单位的劳动保障监察，由用人单位用工所在地的县级或者设区的市级劳动保障行政部门管辖。上级劳动保障行政部门根据工作需要，可以调查处理下级劳动保障行政部门管辖的案件。"我国《劳动合同法》第73条第1款和第2款规定："国务院劳动行政部门负责全国劳动合同制度实施的监督管理。县级以上地方人民政府行政部门负责本行政区域内劳动合同制度实施的监督管理。"按照本条规定，对用人单位的监督检查，主要是由用人单位用工行为发生地所在的县级或者设区的市级劳动保障行政部门进行。这种管辖规定，有利于劳动监察部门对用人单位进行日常的检查和监察管理，及时纠正用人单位的违法行为，及时调查处理对用人单位的投诉，还可以节省人力、财力、物力，提高工作效率。

2）级别管辖

所谓级别管辖，是指不同级别的劳动保障行政部门实施劳动保障监察的分工和权限划分，是一种纵向划分。由于各地用人单位分布不均衡，劳动保障监察力量的布局不均衡，难以作出明确的级别划分。《劳动保障监察条例》作出了一个授权性的规定："省、自治区、直辖市人民政府可以对劳动保障监察的管辖制定具体办法。"这是对包括级别管辖在内的监察管辖的全面授权规定。

3）指定管辖

所谓指定管辖，是指对同一个单位，两个以上的劳动保障监察部门都认为自己有监察权而产生争议，由其上级劳动保障行政部门指定管辖。对此，《劳动保障监察条例》规定："劳动保障行政部门对劳动保障监察管辖发生争议的，报请共同的上一级劳动保障行政部门指定管辖。"

4）移送管辖

所谓移送管辖，是指劳动行政部门在监督检查中发现违法案件不属于劳动保障监督检查范围的要及时移送有关部门处理。劳动行政部门发现有的地方因管辖权不清楚，没有及时受理违法案件；而有的地方则越权处理了不属于本部门受理的案件，《劳动保障监察条例》规定，劳动保障行政部门对违反劳动法律、法规或者规章的行为，应作出处理，如果发现违法案件不属于劳动保障监察范围的，应当及时移送有关部门处理；涉嫌犯罪的，应当及时移送司法机关。

2. 劳动行政部门开展监督检查的方式

根据《劳动保障监察条例》第 14 条，劳动行政部门开展监督检查的方式主要有以下几种。

1）日常巡视检查

用人单位执行劳动合同制度的情况要经常进行检查，做到规范化、制度化，便于及时发现问题，及时处理。

2）针对用人单位报送的书面材料进行检查

凡是用人单位报送的材料，劳动保障行政部门要及时进行检查，劳动行政部门有权查阅与劳动合同、集体合同有关的材料。比如，查阅用人单位的招录劳动者花名册，查阅招聘资料、查阅订立集体合同时的有关材料等。用人单位应当如实提供有关情况和材料，配合劳动行政部门的检查工作。通过书面检查，可以对用人单位是否依法订立劳动合同和集体合同进行监督。对劳动场所实地进行检查。县级以上地方人民政府劳动行政部门对劳动场所实施监督检查时，用人单位和劳动者都应当如实提供有关情况和材料，配合劳动行政部门的检查工作。

3）专项检查

专项检查是指劳动保障行政部门对某些有重大问题的用人单位和发生的重大违法现象有针对性地进行检查。比如，用人单位发生了伤亡事故或收到群众举报控告用人单位有违法劳动合同法的行为，劳动行政管理部门需要派人进行调查，以明辨是非，及时进行处理。

4）对举报和投诉的查处

劳动保障监察部门要设立举报、投诉信箱和电话，接受投诉和举报，发现问题，依法进行查处。

5）建立应急预案制度

对因违反劳动保障法律、法规或者规章的行为引起的群体性事件，劳动保障行政部门应当根据应急预案，迅速会同有关部门处理。

6）建立用人单位守法诚信档案

《劳动保障监察条例》第 22 条明确规定："劳动保障行政部门应当建立用人单位劳动保障守法诚信档案。用人单位有重大违反劳动保障法律、法规或者规章的行为的，由有关的劳动保障行政部门向社会公布。"诚信是市场经济的基石，也是社会主义核心价值观的要求，政府、企业、个人都要讲诚信，企业的诚实守信对市场经济的发展尤其重要，劳动保障行政部门应当建立用人单位劳动保障守法诚信档案。用人单位有重大违反劳动保障法律、法规或者规章的行为的，由有关劳动保障行政部门向社会公布。

3. 劳动行政部门监督检查的措施

根据《劳动合同法》和《劳动保障监察条例》的规定，劳动保障行政部门实施劳动保障监察，有权采取下列调查、检查措施：

（1）进入用人单位的劳动场所进行检查；

（2）就调查、检查事项询问有关人员；

（3）要求用人单位提供与调查、检查事项相关的文件资料，并作出解释和说明，必要时可以发出调查询问书；

（4）采取记录、录音、录像、照像或者复制等方式收集有关情况和资料；

（5）事实确凿，可以当场处理，在劳动行政部门进行监督检查时发现的违反劳动保障法律、法规或规章的行为，当场予以纠正处理；

（6）委托会计师事务所对用人单位工资支付、缴纳社会保险费的情况进行审计；

（7）法律、法规规定可以由劳动保障行政部门采取的其他调查、检查措施。

劳动保障行政部门对事实清楚、证据确凿、可以当场处理的违反劳动保障法律、法规或者规章的行为有权当场予以纠正。

4. 劳动行政部门监督检查的程序

1）受理与立案

劳动保障行政部门通过采取监督检查的形式进行监督检查后，认为需要调查处理的，填写立案审批表，报劳动监察机构负责人审查批准，劳动监察机构负责人批准之日即为立案之日。应当立案的情形包括：一是因用人单位制定的规章制度违反法律法规，给劳动者造成损害的；二是因用人单位违反女职工和未成年工保护的规定，给女职工和未成年工造成损害的；三是因用人单位的原因签订无效劳动合同，给劳动者造成损害的；四是用工单位违法解除劳动合同或者不签订劳动合同，给劳动者造成损害的；五是法律、法规规定的其他因用人单位违反劳动法律法规的行为，造成劳动者损害的。

2）调查与监察

劳动保障监察员进行调查、检查不得少于2人。劳动保障监察机构应指定其中一名为主办劳动保障监察员。

劳动保障监察员进行监察时，要遵守以下规定。一是进入用人单位，应佩戴劳动保障监察执法标志，出示劳动保障监察证件，并说明身份。二是就调查事项制作笔录，应有劳动保障监察员和被调查人（或其委托代理人）签名或盖章。被调查人拒不签名、盖章的，应注明拒签。三是应承担的义务。这些义务是依法履行职责，秉公执法；保守在履行职责过程中获知的商业秘密；为举报人保密等。四是遵守回避制度。《劳动保障监察条例》第16条规定："劳动保障监察员办理的劳动保障监察事项与本人或者其近亲属有直接利害关系的，应当回避。"劳动保障监察员在实施劳动保障监察时，应当回避的情形包括：本人是用人单位法定代表人或主要负责人的近亲属的；本人或其近亲属与承办查处的案件事项有直接利害关系的；因其他原因可能影响案件公正处理的。如果当事人认为监察人员应当回避的，有权向劳动行政部门提出申请。当事人申请劳动保障监察人员回避，应当采取书面形式。回避决定应当在收到申请之日起3个工作日内作出。承办人员的回避，由劳动保障监察机构负责人决定；劳动保障监察机构负责人的回避，由劳动保障行政部门负责人决定。在回避决定作出前，承办人员不得停止对案件的调查处理。

劳动保障行政部门调查、检查时，可以采取证据登记保存措施的情形是：一是当事人可能对证据采取伪造、变造、毁灭行为的；二是当事人采取措施不当可能导致证据灭失的；三是不采取证据登记保存措施以后难以取得的；四是其他可能导致证据灭失的情形的。劳动保障行政部门对违反劳动保障法律、法规或者规章的行为的调查，应当自立案之日起60个工作日内完成；对情况复杂的，经劳动保障行政部门负责人批准，可以延长30个工作日。

3）案件处理

《劳动保障监察条例》第18条规定，劳动保障行政部门对违反劳动保障法律、法规或者规章的行为，根据调查、检查的结果，作出以下处理：第一，对依法应当受到行政处罚的，依法作出行政处罚决定；对事实确凿并且有法定处罚依据的，当场依法作出行政处罚决定；第二，对应当改正未改正的，依法责令改正或者作出相应的行政处理决定；第三，对情节轻微且已改正的，撤销立案。经过劳动监察部门调查、检查，认定事实不能成立的，也应当撤销案件。发现违法案件不属于劳动保障监察事项的，应当及时移送有关部门处理；涉嫌犯罪的，应当依法移送司法机关。

8.3 其他部门和劳动者的监督

8.3.1 其他部门和劳动者监督的内容

1. 其他部门和劳动者监督的含义

所谓其他部门和劳动者监督，主要是指县级以上各级人民政府其他部门的监督检查、工会监督、劳动者监督以及群众监督。

2. 其他部门和劳动者监督的具体内容

根据《劳动合同法》第76条至第79条的规定，其他部门和劳动者监督主要包括以下内容：一是县级以上人民政府有关部门在各自职责范围内，对用人单位执行劳动合同制度的情况进行监督管理；二是工会组织在劳动合同制度实施中的监督职责；三是劳动者合法权益受到侵害时的救济途径；四是任何组织或者个人对劳动合同违法行为进行举报。

8.3.2 政府有关部门对劳动合同的监督管理

1. 政府有关部门对劳动合同的监督管理的含义

政府有关部门的监督检查,是指县级以上各级人民政府的建设、卫生、安全生产监督管理的有关部门在各自职责范围内,对用人单位执行劳动合同制度的情况进行监督。政府有关部门的监督检查是劳动法监督检查体系的重要组成部分。

2. 政府有关部门对劳动合同监督管理的具体内容

1)劳动合同法的规定

《劳动合同法》第 76 条规定:"县级以上人民政府建设、卫生、安全生产监督管理等有关主管部门在各自职责范围内,对用人单位执行劳动合同制度的情况进行监督管理。"《劳动法》第 87 条规定:"县级以上各级人民政府有关部门在各自职责范围内,对用人单位遵守劳动法律、法规的情况进行监督。"可以看出,与《劳动法》规定相比较,《劳动合同法》对政府有关部门作了明确的列举,即建设、卫生、安全生产监督管理等有关部门,同时规定监督检查的范围不限于用人单位遵守劳动法律、法规的情况,监督检查更为广泛。由于《劳动合同法》与其他法律规定在内容上有某些交叉和重合之处,某些行为在违反《劳动合同法》的同时也违反了其他法律法规,这就需要有关行政部门相互配合、共同处理。

2)政府有关部门对劳动合同监督检查实施

(1)来自用人单位的上级主管部门的监督检查。例如《矿山安全法》把检查矿山企业贯彻执行矿山安全法律、法规的情况规定为矿山企业主管部门的首项管理职责;安全生产监督管理部门监督某些高危产业贯彻执行劳动合同,保障集体合同或者劳动合同中规定的劳动条件、职业病防护、劳动安全等标准的落实,能够更有针对性地维护从事高危险性工作劳动者的合法权益。

(2)来自公安、建筑、卫生、工商等专项行政管理部门在各自的职责范围内的监督检查。

以建筑行业为例,根据《建筑法》第 6 条的规定,"国务院建设行政主管部门对全国的建筑活动实施统一监督管理。"建设行政主管部门负责建筑安全生产的管理,依法接受劳动行政主管部门对建筑安全的管理,并依法接受劳动行政主管部门对建筑安全的指导和监督。

针对建设行业比较突出的拖欠农民工工资的情况,国务院 2019 年 12 月 4 日通过了《保障农民工工资支付条例》,该条例明确了农民工是指为用人单位提供劳动的农村居民。明确了本条例所指的工资是农民工为用人单位提供劳动后应当获得的劳动报酬。县级以上人民政府建设部门主要采取以下措施。一是开展清查工作,严厉打击拖欠和克扣农民工工资行为。县级以上人民政府建设部门定期对建筑业企业工资支付情况进行监督检查。对查出拖欠和克扣工资的建筑业企业,责令其及时补发工资;不能立即补发的,指定清欠计划,限期补发。对恶意拖欠、克扣工资的企业,严格按国家有关规定进行处罚，并向社会公布有关企业名单。二是加强对农民工劳动合同的管理，指导企业依法与农民工签订劳动合同。加强对建筑业企业招用农民工的管理，对签订劳动合同收取抵押金、风险金等违法行为，一经发现，按有关规定严肃处理。对不依法与农民工签订劳动合同或采取欺诈和威胁等手段订立劳动合同以及不按规定进行用工备案的企业，根据国家有关法律法规和政策严肃处理。三是完善工资机制，疏通处理渠道。建设部门要建立健全解决拖欠农民工工资的工作机制，切实做到专人负责、申诉有门、处理及时、客观公正。要按照各自职责，认真负责地对侵犯农民工权益的违法行为进行处理，不得相互推诿。建立健全拖欠农民工工资举报制度，设立举报箱、开通举报电话，并设专人负责接待来访举报。信访机构要认真接待来访举报。信访机构要认真接待农民工因被拖欠工资等问题的上访，耐心细致地做好政策宣传解释工作。使用农民工较多的地区，县级以上人民政府建设部门与有关部门协商，成立法律援助工作站，开展法律咨询服务活动。四是积极指导用人单位依法建立健全内部劳动合同管理制度。各级劳动保障部门要会同建设等行业行政主管部门，指定专职或兼职人员负责劳动合同管理工作，建立劳动合同管理台账，实行动态管理。对履行劳动合同情况，特别是工资支付、保险福利、加班加点等有关情况要有书面记录。对终止解除劳动合同的农民工，用人单位应当结清工资，并出具终止解除劳动合同证明。

8.3.3 工会组织的检查监督

1. 法律对工会监督检查的规定

根据我国《工会法》的规定，工会是职工自愿结合的工人阶级的群众组织。中华全国总工会及其各工会组织代表职工的利益，依法维护职工的合法权益。维护职工合法权益是工会的基本职责，工会在维护全国人民总体利益的同时，代表和维护职工的合法权益。《劳动合同法》第78条规定，"工会依法维护劳动者的合法权益，对用人单位履行劳动合同、集体合同的情况进行监督。用人单位违反劳动法律、法规和劳动合同、集体合同的，工会有权提出意见或者要求纠正；劳动者申请仲裁、提起诉讼的，工会依法给予支持和帮助"。因此，对用人单位遵守《劳动合同法》的情况进行监督检查既是《劳动合同法》赋予工会组织的权利，也是由工会本身的性质决定的。另外，工会基层委员会依照法律规定，通过职工代表大会和其他形式，参加本单位民主管理和民主监督。企业、事业单位工会委员会是职工代表大会工作机构，负责职工代表大会的日常工作，检查、督促职工代表大会决议的执行。参与协调劳动关系和调解劳动争议，与企业、事业单位行政方面建立协商制度，帮助和指导职工与企业、事业单位行政方面签订劳动合同，代表职工与企业、事业单位行政方面签订集体合同或其他协议，并监督执行。

2. 工会监督检查的具体内容

根据《劳动合同法》及相关法律规定，工会监督检查的具体内容如下所述。

1）监督用人单位履行劳动合同、集体合同的情况

用人单位与劳动者签订了劳动合同，工会要监督检查劳动者与用人单位订立的劳动合同是否符合法律有关保护劳动者权益的规定，体现在劳动者是否真正享受了国家法律规定以及劳动合同、集体合同约定的劳动者的权利，体现在用人单位是否切实履行了国家法律规定以及劳动合同、集体合同约定的用人单位的义务。因此，工会应当帮助和指导劳动者与用人单位依法订立劳动合同，代表职工与用人单位订立集体合同，并对用人单位履行劳动合同、集体合同的情况进行监督。

2）对用人单位的违法行为有权提出意见或者要求纠正

根据法律规定，工会有权对用人单位制定的劳动规章制度提出意见，有权对用人单位裁减人员提出意见，有权对用人单位单方面解除合同提出意见，有权对用人单位违反集体合同侵犯职工劳动权益承担责任提出意见，有权要求用人单位纠正违反法律、行政法规或者劳动合同约定单方面解除劳动合同的行为等。

3）支持和帮助劳动者申请仲裁或者提起诉讼

劳动者认为用人单位侵犯其劳动权益而申请劳动争议仲裁或者向人民法院提起诉讼的，工会应当依法给予支持和帮助，具体包括提供法律咨询、帮助劳动者写法律文书，也可以给予经济上的帮助和支持。

4）对劳动合同执行情况的监督检查

《中华全国总工会关于进一步推进劳动合同制度实施的通知》（总工发〔2005〕23号）中指出，要加强对劳动合同执行情况的监督检查。工会要将劳动合同执行情况作为工会劳动监督的重点，建立和完善监督检查机构和组织，积极开展监督检查工作，监督劳动合同双方认真履行劳动合同。要加强劳动关系协调机制各项制度间的有机衔接，劳动合同的标准不得低于集体合同的规定。注意发挥劳动合同在劳动争议调解、仲裁和诉讼中的作用，做到有法可依，依法办事。企业工会要加强与行政方的沟通和协调，督促认真履行劳动合同。对于企业未兑现劳动合同的行为，工会要依法要求行政进行整改，或支持职工通过仲裁或诉讼方式解决。地方工会要加强与劳动保障部门的协调，推动开展劳动合同专项监察，在劳动法、工会法执法检查和企业劳动年检中，要将劳动合同作为重要内容，监督企业认真签订和履行劳动合同。对不签订和不履行劳动合同的企业，工会要督促劳动保障部门责令改正，依法予以行政处罚。要积极推动各级人大开展劳动法的执法检查，促进劳动合同工作取得实效。

8.3.4 群众的监督检查

1. 群众监督的概念

群众监督是指除劳动行政部门、政府有关部门、工会组织以外的任何组织和个人对于违反劳动法律法规的行为都可进行举报和投诉。因此它是监督检查体系中不可缺少的组成部分。群众监督是对行政监督和工会监督的必要补充，把监督检查的权利赋予广大劳动者和个人，能够更好地监督用人单位自觉遵守规章制度和劳动纪律，进一

步敦促国家有关行政部门及其工作人员克服官僚主义,增强责任感。

2. 群众监督的意义

(1) 群众监督是公民行使民主权利、有效监督国家机关和国家工作人员的重要途径。公民可以通过举报对党和国家机关、国家工作人员的行为提出意见和建议。

(2) 群众监督有利于国家专门机关获取大量的举报线索,有利于专门机关履行监督职责。

(3) 将群众监督纳入法治轨道,有利于社会的稳定,有利于和谐法治社会的构建。

3. 群众监督的具体内容

《劳动合同法》第79条规定:"任何组织或者个人对违反本法的行为都有权举报,县级以上人民政府劳动行政部门应当及时核实、处理,并对举报有功人员给予奖励。"《劳动法》第88条规定:"任何组织和个人对于违反劳动法律、法规的行为有权检举和控告。"与《劳动法》相比较,《劳动合同法》对社会监督提供了激励,要求行政部门对举报有功人员给予奖励。

按照法律规定,群众监督时应注意以下内容。

1) 任何组织和个人对于违反本法的行为,都有举报的权利

举报是指任何组织和个人向有关单位申诉、控告或者检举违法行为的行为。举报是我国宪法和法律赋予公民的一项民主权利。举报人不受性别、民族、国籍、户籍等限制,只要是违法行为,都有权予以举报。我国《宪法》第41条明确规定"中华人民共和国公民对于任何国家机关和国家工作人员,有提出批评和建议的权利;对于任何国家机关和国家工作人员的违法失职行为,有向有关国家机关提出申诉、控告或者检举的权利,但是不得捏造或者歪曲事实进行诬告陷害。对于公民的申诉、控告或者检举,有关国家机关必须查清事实,负责处理。任何人不得压制和打击报复。由于国家机关和国家工作人员侵犯公民权利而受到损失的人,有依照法律规定取得赔偿的权利。"根据《宪法》的这一规定,凡是中国公民都享有这种权利,在接到组织或者个人的举报后,县级以上人民政府劳动行政部门应当及时查清事实,并进行相应处理,不得对举报人员进行打击报复。举报为专门机关的监督提供了有效的渠道和有用的线索,既方便组织和个人行使监督权利,也方便专门机关履行职能。举报的方式可以通过电话举报、信函举报、传真举报、网上举报,也可以当面举报、预约举报或者采取其他认为方便的形式进行举报。举报是公民的一种监督权利,公民可以选择是否举报,是否要行使这一权利,其他任何单位和个人都无权干涉,不能强制举报,也不能妨碍举报;公民可以选择举报受理机构,不必受到举报机构级别和管辖分工的限制;公民可以选择举报的时间和方式;也有权决定是否采取实名举报。

2) 举报、投诉的时效

一般情况下,举报人在举报时应当向劳动保障行政部门递交投诉文书,相关部门应当及时进行审查。为了提高劳动保障监察的效率,引导劳动者及时正确地运用法律手段维护自身合法权益,《劳动保障监察条例》第20条规定,违反劳动保障法律、法

规或者规章的行为在 2 年内未被劳动保障行政部门发现,也未被举报、投诉的,劳动保障行政部门不再查处。前款规定的期限,自违反劳动保障法律、法规或者规章的行为发生之日起计算;违反劳动保障法律、法规或者规章的行为有连续或者继续状态的,自行为终了之日起计算。

3)对举报人的奖励和保护

《关于实施〈劳动保障监察条例〉若干规定》第 11 条规定,劳动保障行政部门对举报人反映的违反劳动保障法律的行为应当依法予以查处,并为举报人保密;对举报属实,为查处重大违反劳动保障法律的行为提供主要线索和证据的举报人,给予奖励。如果举报人的合法权益受到侵害有权投诉,要求处理,并且有获得赔偿的权利;也有获得必要的奖励的权利,国家机关在进行处理后对举报有功人员要给予奖励。劳动保障行政部门应当建立举报奖励机制,对相关奖金进行详尽的规定,并公布举报地址设立举报信箱和电话,严格执行举报保密制度。有的地方对关于奖励举报有功人员明确了奖励的标准。

4. 劳动者合法权益受到侵害的救济

《劳动合同法》第 77 条规定了 3 种救济方式,即劳动者合法权益受到侵害的,有权要求有关部门依法处理、依法申请仲裁和依法提起诉讼。

(1)要求有关部门依法处理。根据《劳动合同法》第 75 条和第 76 条的规定,劳动行政部门、建设、卫生、安全生产监督管理等有关主管部门都多多少少承担着保护劳动者权益的责任,当劳动者的合法权益受到侵害的情况下,可以向这些部门进行反映和举报,要求有关部门作出处理。

(2)依法申请仲裁。劳动者在合法权益受到侵害的情况下,可以申请由国家授权依法设立的劳动争议仲裁处理机构进行仲裁。劳动争议仲裁的专门机构独立进行劳动争议案件的处理。

(3)依法提起诉讼。劳动者在合法权益受到侵害的情况下,可以直接向法院提起诉讼,请求人民法院依法处理劳动争议。值得注意的是按照劳动合同法的规定,依法申请仲裁不再是提起诉讼的必经程序,这个规定与《劳动合同法》第 56 条的立法指导思想是一致的。

通过这些途径,可以对用人单位损害劳动者合法权益的违法违规行为进行纠正,或者追究用人单位相应的法律责任,以保护劳动者的权益。

本章阅读参考文献

[1] 最高人民法院民事审判第一庭. 最高人民法院新劳动争议司法解释(一)理解与适用. 北京:人民法院出版社,2021.

[2] 黎建飞. 劳动与社会保障法教程. 6 版. 北京:中国人民大学出版社,2023.

[3] 郭捷. 劳动法与社会保障法. 北京:法律出版社,2016.

[4] 郑尚元. 劳动合同法的制度与理念. 北京：中国政法大学出版社，2008.

[5] 董保华. 十大热点事件透视劳动合同法. 北京：法律出版社，2007.

[6] 张霞等. 劳动法实施中的疑难问题. 北京：中国人民公安大学出版社，2009.

[7] 陈闯. 劳动合同案例精编精析. 北京：中国检察出版社，2008.

[8] 阳蔚霞. 劳动监察执法困境的法律制度根源. 学习与探索，2020（1）.

本章复习思考题

一、名词解释

劳动监督检查　劳动行政部门监督　地域管辖　指定管辖　群众监督

二、单项选择题

1. 关于工会的监督检查，以下说法错误的是（　　）。

A. 工会的监督检查是法律赋权

B. 工会监督是工会的基本职责

C. 工会有权监督用人单位实施劳动合同的情况

D. 工会无权纠正用人单位的违法行为

2. 劳动行政部门开展监督检查的方式不包括（　　）。

A. 日常巡视　　　　　　　　B. 专项检查

C. 设立职工投诉制度　　　　D. 对用人单位报送的材料进行检查

3. 劳动保障行政部门对违反劳动保障法律、法规或者规章的行为的调查，一般情况下应当自立案之日起（　　）。

A. 20 个工作日内完成　　　　B. 30 个工作日内完成

C. 40 个工作日内完成　　　　D. 60 个工作日内完成

三、多项选择题

1. 劳动保障行政部门进行检查时，可以采取证据登记保存措施的情形有（　　）。

A. 当事人可能对证据采取伪造、变造、毁灭行为的

B. 不采取证据登记保存措施以后难以取得的

C. 当事人采取措施不当可能导致证据灭失的

D. 当事人要求对证据登记保存的

E. 其他可能导致证据灭失的情形

2. 劳动保障行政部门实施劳动保障监察，有权采取的调查检查措施包括（　　）。

A. 进入用人单位的劳动场所进行检查

B. 就调查、检查事项询问有关人员

C. 要求用人单位提供与调查、检查事项相关的文件资料，并作出解释和说明，必要时可以发出调查询问书

D. 采取记录、录音、录像、照像或者复制等方式收集有关情况和资料

E. 委托会计师事务所对用人单位工资支付、缴纳社会保险费的情况进行审计

3. 劳动监察的原则包括（　　）。

A. 保障劳动者权益原则　　　　B. 保护用人单位利益
C. 高效、便民原则　　　　　　D. 教育与处罚相结合的原则
E. 公开公正原则

4. 其他行政部门的监督检查方式主要有（　　）。

A. 依照法律规定，按照职权独立进行监督检查

B. 依法对劳动监察部门、其他行政部门的建议进行调查处理

C. 依法对工会组织的建议进行调查处理

D. 会同劳动监察部门等监督主体进行劳动监督检查

E. 根据群众举报进行监督检查

四、判断分析题

1. 任何公民均可以举报投诉用人单位的违法行为。
2. 劳动行政管理部门的监督是最有效的监督。

五、简述题

1. 劳动监督检查的基本原则是什么？
2. 简述劳动行政部门监督检查的特点。
3. 简述工会监督检查的具体内容。
4. 简述群众监督的概念和意义。

六、论述题

1. 劳动监督检查的意义是什么？
2. 试述劳动行政部门开展监督检查的方式。

七、案例分析题

2023 年 1 月 3 日，某市劳动监察大队接到投诉，本市一家娱乐城雇用童工，并且拖欠工资。经劳动监察大队调查，该娱乐城老板与两个流浪到本地的初中一年级学生达成口头协议，两个学生担任该娱乐城的清洁工，每个月工资 200 元。3 个月后两个孩子的父亲找到孩子，来娱乐城带孩子离开，要求老板支付 3 个月的工资，老板认为说好的干半年的期限还没有满，不同意支付工资。两个孩子及家人索要工资无果，即向劳动监察大队投诉。

经过调查，该娱乐城雇用童工属实，执法人员要求娱乐城老板立即支付所欠工资，并责令两个孩子的父亲送孩子去上学，对该娱乐城处以 2 万元的罚款。

问：该处罚决定是否正确？为什么？

第 9 章 法 律 责 任

本章学习目标
了解： 法律责任的类型划分。
领会： 劳动合同法的法律责任类型。
掌握： 劳动合同各方当事人的法律责任规定。
运用： 根据本章所学知识，分析劳动合同订立、履行、解除和终止各个环节当事人的法律责任形式，正确处理劳动合同纠纷。
本章课程思政： 劳动合同的法律责任是为了制裁违法行为，保护劳动关系的和谐稳定和社会的安定。参与劳动关系的各方都可能承担其法律责任，让学生明白每一个人肩上都有责任，树立责任意识，才能管好自己的行为，做对社会有用的人。

9.1 法律责任概述

9.1.1 法律责任的概念特征

1. 法律责任的概念

所谓法律责任，也称违法责任，是指法律关系中的主体因自己的违法行为或法律的特别规定而承担的法律后果。

2. 法律责任的特点

法律责任是社会责任的一种，它与道德责任、宗教责任等社会责任相比，具有以下两个显著特点。

（1）法律责任的法定性。法律责任产生的最终依据是法律的规定，没有法律的规定就没有法律责任可言。法律责任是国家机关代表国家对违法者实行法律制裁的根据，在法律上应有明确具体的规定。只有违反了法律上的规定才导致法律责任的产生，法律没有明确具体的规定便不能认定法律责任。也就是说，法律责任的性质、种类、范围、大小及承担方式等都由法律明确具体地加以规定。

（2）法律责任的强制性。即法律责任的追究和执行由国家强制力来保障。所谓强制实施追究和执行，是指由有关国家机关依法定职权和程序采取强制手段予以实施。但这并不是说一切法律责任的实现均由国家强制力实际介入，比如民事责任的承担可由当事人自行协商或经第三方调解来实现，这就无须国家强制力的实际介入；如果责任人没有承担民事责任的义务，才会出现国家强制保障实施责任的追究和执行。

3. 法律责任的分类

1）根据违法行为的性质和危害程度不同，法律责任分为行政责任、民事责任和刑事责任

（1）行政责任。行政责任又称行政法律责任，是指行政法律关系主体由于违反行政法律义务构成行政违法而应当依法承担的否定性法律后果。行政责任分为两类。一是行政处分。行政处分是指国家工作人员及由国家机关委派到企事业单位任职的人员的行政违法行为，由所在单位或者其上级主管机关所给予的一种制裁性处理。行政处分包括警告、记过、降级、降职、撤职、开除等。二是行政处罚。行政处罚是指国家行政机关对构成行政违法行为的公民、法人或者其他组织实施的制裁。行政处罚包括以下几种：警告；罚款；没收违法所得、没收非法财物；责令停产停业；暂扣或者吊销许可证、暂扣或者吊销执照；行政拘留；法律、行政法规规定的其他行政处罚。

（2）民事责任。民事责任又称民事法律责任，是指由于违反民事法律或者合同约定，或者侵害了他人合法权益所应当承担的法律后果。民事责任具有以下特点。一是补偿性。民事责任要弥补民事主体所受的损失，使当事人的利益达到合同获得适当履行的状态，或者恢复到受损害前的状态。主要目的在于救济当事人的权利，赔偿或者补偿当事人的损失。二是财产性。民事责任以财产责任为主，非财产责任为辅。一方不履行民事义务，给他方造成人身和财产上的损失，通过财产赔偿予以救济。三是强制性。在民事主体违反法律规定不履行义务，或者因为自己的过错，侵害他人的人身和财产的，法律规定应当承担民事责任。如果应当承担民事责任的主体不主动承担民事责任时，由国家有关机构强制其承担责任。按照《民法典》的规定，承担民事责任的方式有：停止侵害、排除妨碍、消除危险、返还财产、恢复原状、修理、重作、更换、赔偿损失、支付违约金、消除影响、恢复名誉、赔礼道歉等。民事责任主要分为侵权责任和违约责任。侵权责任，是直接违反民事法律所规定的义务或侵害了他人的权利而引起的责任。民事侵权责任的具体承担方式包括：停止侵害，排除妨碍，消除影响，返还财产，恢复原状，修理、重作、更换，赔偿损失，消除影响，恢复名誉，赔礼道歉等。违约责任，是违反合同所约定的义务而引起的责任。违约责任的具体承担方式根据合同双方的约定或根据对方的要求而表现为继续履行合同义务、支付违约金、损害赔偿以及采取补救措施等。

（3）刑事责任。刑事责任又称刑事法律责任，是指行为人因犯罪行为所必须承受的，由司法机关代表国家所确定的否定性法律后果。这种惩罚性的后果由司法机关通过特定的程序来确定。刑事责任具有强制性和严厉性、惩罚性的特征。强制性是指刑事责任是一种强制犯罪人向国家负的法律责任，反映了国家的强制地位与犯罪人的服从地位。犯罪实施了国家禁止性的行为，从而为国家所不能容忍。国家一方面通过刑

法对这种行为作出否定的评价，另一方面对犯罪者加以谴责，并令其承担一定的刑事法律后果。严厉性是指刑事责任是性质最为严重、否定性评价最为强烈、制裁后果最为严厉的法律责任。刑事责任通常跟刑罚联系在一起，而刑罚是国家最严厉的制裁方法，它不仅可以剥夺犯罪人的财产权和政治权，还可以限制或有期、无期地剥夺犯罪人的人身自由，甚至可以剥夺犯罪人的生命。刑事责任是犯罪人向国家所负的法律责任，由国家机关来追究。刑事责任包括主刑和附加刑。其中，主刑包括管制、拘役、有期徒刑、无期徒刑、死刑。附加刑包括罚金、剥夺政治权利、没收财产、驱逐出境。

2）根据主观过错在法律责任中的地位，分为过错责任和无过错责任

（1）过错责任。过错责任是指行为人如果由于自身过错而导致他人利益受到损害的，要对受害人承担赔偿责任。承担赔偿责任的依据就是行为人具有过错，即主观上存在故意或者过失。

（2）无过错责任。无过错责任是指行为人对自己的行为及其所造成的损害在主观上没有过错（故意或过失）的情况下所应当承担的法律责任。在无过错责任中，任何一方当事人在主观中并不存在故意或者过失，这是适用该责任的前提，可归责于任何一方当事人的事由就属于过错责任。

3）按照行为主体的名义，分为职务责任和个人责任

（1）职务责任。职务责任是指行为主体以职务的身份或名义从事活动中违反法律所引起的法律责任，它是由该行为主体所属的组织（机关、企业、事业或其他组织）来承担责任的。

（2）个人责任。个人责任是指行为主体以个人的身份或名义从事活动中违反法律所引起的法律责任，它是由该行为主体个人来承担责任的。

9.1.2 劳动合同法律责任

1. 劳动合同法律责任的概念

劳动合同法律责任就是在劳动合同关系中的各方当事人因违反法律规定而应当承担的不利后果。承担劳动合同法律责任的核心要件是劳动合同法律关系中主体实施了违法行为，即违法事实。劳动合同法律责任是一种惩戒性负担，消极的法律后果只能按照《劳动合同法》及其他相关的法律、法规由有权的国家机关予以追究。按照《劳动合同法》承担责任的主体主要是指用人单位、劳动者、劳务派遣单位、不具备合法经营资格的用人单位、个人承包经营、劳动行政部门和其他有关主管部门及其工作人员。

《劳动合同法》的法律责任是体现国家强制力的核心内容，只有规定了违反《劳动合同法》的责任，才能更好地保证《劳动合同法》的贯彻实施，保护劳动者的合法权益，促进经济发展和社会进步。因此，违反《劳动合同法》的责任制度，是我国《劳动合同法》的重要组成部分，是《劳动合同法》体系中一项独立的法律制度。

2. 违反《劳动合同法》的责任形式

根据《劳动合同法》规定，违反《劳动合同法》的责任形式主要包括行政责任、民事责任和刑事责任三种形式。在这三种责任中，既有个人责任和单位责任，也有过错责任和无过错责任。

（1）行政责任。行政责任是指劳动合同的主体及相关单位和个人，违反《劳动合同法》应该承担的行政处分和行政处罚。这种违法行为程度轻微，不构成追究刑事责任，其主要形式有责令改正、警告、没收违法所得、罚款、吊销营业执照等。违反《劳动合同法》的行政处罚大多由劳动行政部门实施，其中吊销营业执照由工商部门实施。

（2）民事责任。民事责任是指劳动合同当事人违反劳动合同法的规定，侵害他方合法权益所应当承担的法律后果。劳动合同的双方都可能是民事责任的承担者，根据《劳动合同法》，当事人一方违反《劳动合同法》侵害了对方的合法权益，造成一定的经济损失，需要承担民事责任。可能是返还财物、支付劳动报酬、支付经济补偿金、支付赔偿金等，可能是用人单位给劳动者造成的损害，也可能是劳动者给用人单位造成损害，因此，民事责任可能是用人单位向劳动者承担也可能是劳动者向用人单位承担。

（3）刑事责任。刑事责任是指用人单位或者劳动行政部门和其他有关主管部门及其工作人员违反《劳动合同法》，其情节和后果违反了《刑法》规定，符合《刑法》相关的罪名的构成要件，构成犯罪所应承担的法律责任。刑事责任是法律责任中最严厉的责任形式，《劳动合同法》中涉及的刑事法律责任有严格的规定。

9.2 用人单位的法律责任

9.2.1 用人单位劳动规章制度违法的法律责任

1. 直接涉及劳动者切身利益的规章制度违反法律、法规的情形

《劳动合同法》第80条规定用人单位直接涉及劳动者切身利益的规章制度必须遵守有关的法律、法规，否则就是违法的。用人单位违背法律、法规的表现主要体现在实体和程序两个方面。

1）规章制度的内容违法法律规定

用人单位制定的规章制度的内容必须符合法律、法规的规定，包括休息休假、劳动安全卫生、职工培训、劳动纪律以及劳动定额管理等方面的规章制度的内容必须遵守《劳动法》《职业病防治法》《劳动合同法》和其他相关的行政法规、地方性法规的规定，不得相抵触。例如某用人单位的规章制度规定劳动者必须每天工作十小时，周末不得休息，这就和《劳动法》规定的劳动者每天工作的时间不得超过八小时，必须安排劳动者休息的规定相违背，是违法的。再如《劳动法》规定职工在国家法定节假日工作的，用人单位要支付职工不低于工资300%的工资报酬，如果某劳动者在节

假日上班，该用人单位不给加班工资或者给的加班工资低于《劳动法》的规定也是违法的。

2）制定规章制度的程序违法

从程序方面来看，用人单位制定的直接涉及劳动者切身利益的规章制度如劳动报酬、工作时间、休息休假、劳动安全卫生、保险福利、职工培训、劳动纪律以及劳动定额管理等必须遵守法律规定的程序。《劳动合同法》第4条规定了用人单位在制定直接涉及劳动者切身利益的规章制度时必须遵守3个程序：一是应当经职工代表大会或者全体职工讨论，提出方案和意见，与工会或者职工代表平等协商确定；二是在规章制度和重大事项决定实施过程中，工会或者职工认为不适当的，有权向用人单位提出，通过协商予以修改完善；三是用人单位应当将直接涉及劳动者切身利益的规章制度和重大事项决定公示，或者告知劳动者。上述程序确定了用人单位制定的涉及劳动者切身利益的规章制度的法定程序，体现了职工参与企业民主管理的原则。这个程序的核心就是民主协商与劳资共议，是先民主，后集中，经过民主的程序后，由用人单位最终确定。如果用人单位制定的规章制度违反了这三个法定程序，如拒绝让职工代表大会或者全体职工讨论，拒绝工会或者职工代表平等协商，不进行公示或者告知劳动者等，则该用人单位所制定的规章制度就是违法的。程序的合法性是现代法治的一项重要制度和原则，如果用人单位制定的规章制度的实体内容是正确的、合法的，但不是经过法定的程序作出的，也是违背法律的。用人单位制定的规章制度的程序合法性只限于直接涉及劳动者切身利益的事项。有关其他非直接涉及劳动者切身利益的规章制度的制定，完全属于用人单位的经营自主权，不适用该程序规定。这里要特别注意的是对于制定程序中的"先民主，后集中"并没有区分企业的所有制形式。按照特别法优于一般法的原则，对全民所有制工业企业，还得遵循《全民所有制工业企业法》的规定，直接涉及劳动者切身利益的规章制度和重大事项，仍应该由职代会审议通过。

2. 用人单位应承担的法律责任

用人单位制定的直接涉及劳动者切身利益的规章制度违反法律、法规规定的，不对劳动者产生任何法律拘束力，劳动者可以不遵守。同时劳动者一旦发现用人单位制定的规章制度违反法律、法规规定的，可以向当地劳动行政部门进行投诉，根据《劳动合同法》第80条，由劳动行政部门对用人单位予以责令改正并给予警告的处罚，如果违法的规章制度对劳动者造成损害的，用人单位应当承担赔偿责任。

1）被劳动行政部门责令改正

责令改正是指劳动行政部门命令违反法律法规的用人单位立即或者在一定期限内纠正其违法行为。责令改正是劳动行政部门在执法中采取的一种补救性的行政管理措施。让违法者自己采取行动，消灭违法状态，恢复合法状态。这里"责令改正"并不是一种行政处罚种类。1996年10月1日的《行政处罚法》在关于行政处罚种类的规定中只规定了警告、罚款、没收违法所得、没收非法财物、责令停产停业、暂扣或者吊销许可证、暂扣或者吊销营业执照、行政拘留等行政处罚，并没有将"责令改正"

列入其中。我国现行法律法规当中，在行政处罚手段上都有这样的规定，责令改正违法行为或者规定责令限期消除违法行为的后果等。基于对任何一种违法行为都应当予以改正，所以责令改正不应当是一种处罚，而是实施每一种行政处罚的一个前置条件或者必经程序，即实施每一种行政处罚之前，都应当首先责令当事人改正违法行为，消除违法行为后果，然后才是实施行政处罚。因为实施行政处罚的目的不是为罚而罚，而是维护公共利益和社会秩序，保护公民、法人或者其他组织的合法权益，纠正违法行为，教育公民、法人自觉守法，构建和谐社会。因此，《行政处罚法》第23条明确规定："行政机关实施行政处罚，应当责令当事人改正或者限期改正违法行为。"用人单位制定的直接涉及劳动者切身利益的规章制度违反法律、法规规定的，劳动行政部门首先要责令该用人单位改正违法行为，即是对违法规章制度的纠正，使其符合法律、法规的规定，成为有效的规章制度。例如，用人单位规定的劳动者试用期的期限规定超过了法律规定的最高时限，则必须予以改正，缩短到法律规定的幅度范围内，使其成为有效的规章制度。

2）被劳动行政部门警告

警告是指当公民、法人或者其他组织有违反行政管理秩序的行为时，行政机关可以责令其立即改正违法行为，告诫其应当遵守法律、法规的有关规定，不能违法。警告是六种处罚中相对较轻的一种处罚，所以《行政处罚法》对其设定权的规定比较宽松：法律、法规、规章都可以设定警告的处罚，并且行政机关适用简易程序即可当场作出处罚决定，不必经过调查、收集证据等一般程序。对于用人单位制定的直接涉及劳动者切身利益的规章制度违反法律、法规规定的，劳动行政部门除责令用人单位改正违法行为外，还要给予用人单位警告的行政处罚，使用人单位能够对自己的行为有所警惕，记住这次违法的教训、避免下次再出现违法行为。

3）承担赔偿责任

《劳动合同法》是对《劳动法》民事赔偿的重申。即如果用人单位制定的直接涉及劳动者切身利益的规章制度给劳动者造成损失的，用人单位还要承担民事赔偿责任。例如用人单位制定的劳动安全卫生方面的规章制度不符合《劳动法》和《职业病防治法》的规定，如按照《职业病防治法》第19条规定用人单位应当建立、健全职业卫生管理制度和操作规程，但用人单位在其规章制度中没有规定这样的内容，因此给劳动者造成损失的，应该承担赔偿责任。

4）承担劳动者解除劳动合同的后果

根据《劳动合同法》的规定，如果用人单位的规章制度违反法律、法规的规定，损害劳动者权益的，劳动者可以解除劳动合同。用人单位直接涉及劳动者切身利益的规章制度违反法律、法规规定损害劳动者的利益，劳动者还享有劳动合同的解除权。解除合同是《劳动合同法》赋予劳动者的权利。

3. 用人单位的规章制度违法劳动者可否要求精神赔偿

用人单位直接涉及劳动者切身利益的规章制度违反法律、法规规定的，如果给劳动者造成损失的应该承担赔偿责任,这里的赔偿除物质赔偿外,如果符合精神赔偿的要求还可以要求精神损害赔偿。

精神损害赔偿就是公民因为其人身权利受到不法侵害而遭受精神痛苦或者精神利益受到损害,要求侵权人进行金钱赔偿的一种法律制度。精神损害赔偿的条件,根据2001年发布的《最高人民法院关于确定民事侵权精神损害赔偿责任若干问题的解释》的规定,在下列几种情况下可以请求精神损害赔偿:第一,自然人因人格权利包括生命权、健康权、身体权;姓名权、肖像权、名誉权、荣誉权;人格尊严、人身自由权等遭受非法侵害时,有权向法院起诉请求赔偿精神损害;第二,违反社会公共利益、社会公德、侵害他人隐私或者其他人格利益,受害人有权以侵权为由向法院起诉请求赔偿精神损害;第三,非法使被监护人脱离监护,导致亲子关系或者近亲属间的亲属关系遭受严重损害的,监护人有权起诉请求精神损害赔偿;第四,自然人死亡后,其近亲属因为一些侵权行为遭受精神痛苦的,有权向法院起诉请求赔偿精神损害。

实践中,有的用人单位通过制定非法的规章制度,限制劳动者的人身自由,以暴力手段强迫工人劳动;有的用人单位为了防止职工偷拿本单位的财物,而规定单位保安可以在每天下班时,对职工进行搜身检查;有的单位规定没有完成业绩的员工要"打耳光""跪地爬""裸体跑"等;还有的用人单位通过规章制度规定职工每天上厕所的次数,以及每次上厕所的时间等,这些都侵犯了劳动者的人格权利,包括身体权、健康权、人格尊严等,对这样的侵权行为,劳动者可以依法要求用人单位给予精神赔偿。

我国《民法典》第990条规定:"人格权是民事主体享有的生命权、身体权、健康权、姓名权、名称权、肖像权、名誉权、荣誉权、隐私权等权利。除前款规定的人格权外,自然人享有基于人身自由、人格尊严产生的其他人格权益。"其中,"除前款规定的人格权外,自然人享有基于人身自由、人格尊严产生的其他人格权益"是兜底条款,是对我国宪法规定的"加强劳动保护""改善劳动条件"精神的落实,也是对《劳动法》规定的劳动者兜底劳动权利的细化。因此,《民法典》对人格权的保护更全面、更到位。如果用人单位出现侵害劳动者人格权的情形,除对劳动者已经造成的损失请求损害赔偿以外,还可以请求精神损害。

当事人承担精神损害赔偿责任的方式有:致人精神损害,为造成严重后果的,可以判令侵权人停止侵害、恢复名誉、消除影响、赔礼道歉;造成严重后果的,应根据受害人一方的请求同时判令侵权人赔偿相应的精神损害抚慰金。精神损害赔偿应起到3个作用:一是对受害人的抚慰;二是对加害人的制裁;三是对社会的一般警示。

需要注意的是,我国《民法典》对用人单位防范性骚扰义务作出了规定。《民法典》第1010条规定:"违背他人意愿,以言语、文字、图像、肢体行为等方式对他人实施性骚扰的,受害人有权依法请求行为人承担民事责任。机关、企业、学校等单位应当采取合理的预防、受理投诉、调查处置等措施,防止和制止利用职权、从属关系等实施性骚扰。"这一条对"性骚扰"的认定标准进行了明确,赋予了"性骚扰"受害者依法请求对方承担民事责任的权利,也明确规定了用人单位的法定义务。《女职工劳动保护特别规定》《广东省实施〈女职工劳动保护特别规定〉办法》《广东省实施〈中华人民共和国妇女权益保障法〉办法》均明确指出,用人单位应当加强劳动场所的防范措施,预防和制止对女职工的性骚扰。这也说明,用人单位应该根据相关规定制定和完善劳动规章制度,预防和制止对职工的性骚扰。

9.2.2 用人单位违反劳动合同文本制度的法律责任

1. 用人单位违法劳动合同文本制度的情形认定

1)单位提供的劳动合同文本未载明劳动合同的必备条款

《劳动合同法》第17条规定了劳动合同应当具备的条款,包括用人单位的名称、住所和法定代表人或者主要负责人;劳动者的姓名、住址和居民身份证或者其他有效身份证件号码;劳动合同期限;工作内容和工作地点;工作时间和休息休假;劳动报酬;社会保险;劳动保护、劳动条件和职业危害防护;法律、法规规定应当纳入劳动合同的其他事项。法律规定劳动合同必备条款是为了保护劳动者的合法权益。《劳动合同法》第81条"用人单位提供的劳动合同文本未载明本法规定的劳动合同必备条款或者用人单位未将劳动合同文本交付劳动者的,由劳动行政部门责令改正;给劳动者造成损害的,应当承担赔偿责任。"在这条规定中,限定了"未载明本法规定的劳动合同必备条款",但是结合《劳动合同法》第17条有个兜底条款即"法律、法规规定应当纳入劳动合同的其他事项",因此只要其他法律、法规有规定必须纳入劳动合同规定的,如果用人单位提供的文本不载明的同样要受到处罚。另外,对于必备条款中有关职业病防治的内容,其适用对象是那些有职业病危害的企业,对于那些没有职业病危害的企业,则不需要在其劳动合同中规定职业病防治的内容。职业病危害防治的法律是《职业病防治法》。

2)用人单位未将劳动合同文本交付劳动者

《劳动合同法》第16条第2款规定:"劳动合同文本由用人单位和劳动者各执一份。"也就是说,用人单位与劳动者签订劳动合同后,应将其中一份劳动合同文本交付劳动者。由于用人单位在劳动关系建立中的优势地位,劳动合同文本往往由用人单位提供,为了规避法律义务,经常出现用人单位提供的劳动合同文本在双方签订后未将劳动合同文本交付劳动者的情况,使得劳动者手中无劳动合同文本,而难以维护自己的权利。

2. 用人单位应承担的法律责任

1)被责令改正

劳动行政部门发现用人单位提供的劳动合同欠缺必备条款,要责令其改正,补充不完备的合同条款。

2)承担赔偿责任

如果用人单位提供的劳动合同文本不具备法律规定的必备条款,给劳动者带来了损害后果，那么，用人单位就要承担赔偿责任。

《劳动合同法》之所以作如上规定，主要是考虑到劳动合同与一般的民事合同不同，民事合同是由平等的民事主体经过平等的协商而签订的，其合同内容可以由双方根据意思自治的原则，在遵守国家法律的前提下达成；而劳动合同的签订双方即用人单位和劳动者显然地位上不平等，用人单位通常处于强势，而劳动者一方通常处于弱势，因此需要法律来对劳动合同的必备条款加以具体规定，以保护劳动者的合法权益不受侵害。

3. 劳动者损失的计算

对于用人单位提供的劳动合同文本未载明本法规定的劳动合同必备条款或者用人单位未将劳动合同文本交付劳动者的，给劳动者造成损害的，应当承担赔偿责任。但是，劳动者的损失如何计算？根据劳动部《违反〈劳动法〉有关劳动合同规定的赔偿办法》规定由于用人单位的原因订立无效的劳动合同，或者订立部分无效劳动合同，对劳动者造成损害的，应按下列规定赔偿劳动者损失：

（1）造成劳动者工资收入损失的，按照劳动者本人应得工资收入支付给劳动者，并加付应得工资收入 25%的赔偿费用；

（2）造成劳动者劳动保护待遇损失的，应按照国家规定补足劳动者的保护津贴和用品；

（3）造成劳动者工伤、医疗保险待遇损失的，除按照国家规定为劳动者提供工伤、医疗保险待遇外，还应该支付劳动者相当于医疗费用 25%的赔偿费用；

（4）造成女职工和未成年工身体健康损害的，除按国家规定提供治疗期间的医疗待遇外，还应支付相当于医疗费用 25%的赔偿费用；

（5）劳动合同约定的其他赔偿费用。

对于上述规定中有关劳动者工资收入损失的赔偿，鉴于《劳动合同法》第 84 条对用人单位未依照劳动合同的约定或者未依照《劳动合同法》规定支付劳动者劳动报酬，或者低于当地最低工资标准支付劳动者工资的，或者安排加班不支付加班费以及解除、终止劳动合同，未按照《劳动合同法》规定向劳动者支付经济补偿的，明确规定由劳动行政部门责令限期支付劳动报酬、加班费或者解除、终止劳动合同的经济补偿；劳动报酬低于当地最低工资标准的，应当支付其差额部分；逾期不支付的，责令用人单位按应付金额 50%以上 100%以下的标准向劳动者加付赔偿金。因此，在《劳动合同法》开始实施后，有关劳动者工资收入损失的赔偿应按照《劳动合同法》的规定执行。

9.2.3 用人单位与劳动者未依法订立劳动合同的法律责任

1. 用人单位未依法与劳动者签订劳动合同的情形

1）自用工之日起超过一月不满一年未与劳动者订立书面劳动合同

为了切实贯彻劳动合同制，维护劳动者的合法利益，《劳动合同法》第 10 条规定：

"建立劳动关系，应当订立书面劳动合同。已建立劳动关系，未同时订立书面劳动合同的，应当自用工之日起一个月内订立书面劳动合同。"用人单位自用工之日起超过一月不满一年未与劳动者签订书面劳动合同的，属于违法行为。

2）自用工之日起满一年未与劳动者订立书面劳动合同

《劳动合同法》第10条对订立书面劳动合同提出了明确的要求。如果用人单位自用工之日起满一年未与劳动者订立书面劳动合同，属于违法行为。

3）应签而不与劳动者签订无固定期限的劳动合同的

根据《劳动合同法》第14条的规定，用人单位应当与劳动者签订无固定期限的劳动合同和应当视为已与劳动者订立无固定期限的劳动合同的法定情形。如果劳动者在该用人单位连续工作满十年的；用人单位初次实行劳动合同制度或者国有企业改制重新订立劳动合同时，劳动者在该用人单位连续工作满十年且距法定退休年龄不足十年的；连续订立两次固定期限劳动合同，且劳动者没有《劳动合同法》第39条和第40条第1项、第2项规定的情形，续订劳动合同的等3种情形下，如果劳动者提出或者同意续订、订立劳动合同的，除劳动者提出订立固定期限劳动合同外，应当订立无固定期限劳动合同。应当与劳动者签订无固定期限的劳动合同而不签，都是要承担法律后果的。

2. 用人单位应承担惩罚性赔偿责任

1）惩罚性赔偿责任的含义

《劳动合同法》第82条规定的惩罚性赔偿责任是用人单位向劳动者支付两倍的月工资。

惩罚性赔偿又称惩戒性赔偿，是指对受害方的实际损失予以补偿性赔偿之外的赔偿，通常是因为侵权方的一些特殊的不当行为所致。惩罚性赔偿制度是英美法国家在侵权行为法领域普遍设立的一种制度。它是指在侵权案件中，法院除判决在侵害人向受害人支付补偿性的损失赔偿外，还判决侵害人向受害人支付一定的赔偿金，主要用以对侵害人的惩罚及防止其他人再犯此类行为。①《劳动合同法》为了更好地保护劳动者的合法权益，对用人单位故意不与劳动者签订无固定期限的劳动合同的违法行为，规定了"用人单位应当向劳动者每月支付两倍的工资"这样一个惩罚性赔偿制度，用于惩罚用人单位的违法行为，同时，也督促用人单位尽快与劳动者签订劳动合同，从而保护作为弱者一方的劳动者的合法权益，维护劳动关系的和谐稳定。

2）规定惩罚性责任的理由

一些用人单位为规避法定义务，不愿与劳动者订立长期合同，劳动合同短期化现象严重，这对劳动关系的和谐稳定、收入分配制度以及职工权益的维护都产生了消极影响，同时，在一定程度上影响了职工的就业稳定和对企业的归属感，影响了其为企业长期服务的工作热情和职业规划，最终将影响到国民经济的持续、健康、协调、稳

---

① 赖荣平. 论惩罚性赔偿制度在我国的建立和移植. 辽宁行政学院学报，2002（6）.

定发展。因此，为维护劳动者的合法权益，促进劳动关系的和谐稳定，有必要在《劳动合同法》中采取措施遏制劳动合同短期化，更好地维护劳动者的就业稳定权。

3）用人单位承担支付双倍的月工资的情形

根据《劳动合同法》第 82 条及《劳动合同法实施条例》的相关规定，用人单位在以下情形要支付双倍的月工资。

（1）用人单位自用工之日起超过 1 个月不满一年未与劳动者订立书面劳动合同的，用人单位向劳动者每月支付两倍工资。支付两倍工资的起算时间为用工之日起满一个月的次日，截止时间为补订书面劳动合同的前一日。

（2）用人单位自用工之日起满一年未与劳动者订立书面劳动合同的，自用工之日起满一个月的次日至满一年的前一日应当依照《劳动合同法》第 82 条的规定向劳动者每月支付两倍的工资。

（3）用人单位违反劳动合同法的规定，不与劳动者订立无固定期限劳动合同的，自应当订立无固定期限劳动合同之日起向劳动者每月支付两倍的工资。这里所说的"应当订立无固定期限劳动合同之日"应当理解为《劳动合同法》第 14 条第 2、3 款规定的 3 种情形到来之日。一是劳动者在同一用人单位连续工作满 10 年后的次日。如某一劳动者 1999 年 3 月 1 日进入某企业工作，到 2009 年 3 月 1 日已在该企业连续工作 10 年，如果该劳动者在 2009 年 3 月 1 日原固定期限劳动合同期满前或者期满当日提出续订劳动合同的，则 2009 年 3 月 2 日为"应当订立无固定期限劳动合同之日"。二是在劳动者在同一用人单位连续工作满 10 年且距法定退休年龄不足 10 年的情况下，用人单位初次实行劳动合同制度或者国有企业改制重新订立劳动合同的日子。如某一职工已经在某一企业连续工作 10 年，此时他已经 54 岁，距 60 岁的退休年龄不足 10 年，在此情况下，如果其所在单位进行改制，确定于 2008 年 5 月 1 日重新与职工订立劳动合同，则这一天即为"应当订立无固定期限劳动合同之日"。三是劳动者与企业连续订立两次固定期限劳动合同，且该劳动者没有《劳动合同法》第 39 条和第 41 条第 1、2 项规定的情形，在此情况下，第二次签订的劳动合同期满之次日，就是应当签订无固定期限劳动合同的时间。根据《劳动合同法》第 11 条，用人单位未在用工的同时订立书面劳动合同，与劳动者约定的劳动报酬不明确的，新招用的劳动者的劳动报酬按照集体合同规定的标准执行；没有集体合同或者集体合同未规定的，实行同工同酬。

4）补订无固定期限书面劳动合同

用人单位未与劳动者订立书面劳动合同、违法不与劳动者订立无固定期限劳动合同，根据《劳动合同法》第 82 条以及《劳动合同法实施条例》第 6 条、第 7 条的规定，用人单位除要支付双倍的工资外，还要承担补订书面劳动合同的责任。一是用人单位自用工之日起超过 1 月不满一年不与劳动者订立书面劳动合同，除支付双倍的工资外，要与劳动者补订劳动合同；二是用人单位自用工之日起满一年未与劳动者订立书面劳动合同的,除支付两倍的工资外,并视为自用工之日起满一年的当日已经与劳动者订立无固定期限劳动合同,应当立即与劳动者补订书面劳动合同。

9.2.4 用人单位与劳动者违法约定试用期的法律责任

1. 用人单位与劳动者违法约定试用期的情形

1)约定的试用期超过法律规定的最高时限的

《劳动合同法》第19条对不同期限、不同种类的劳动合同规定了长短不同的试用期,如果用人单位与劳动者约定的试用期超过了法律规定的最长时限就是违法的。例如,某企业与劳动者签订了为期2年的劳动合同,并同时约定试用期6个月,这个关于试用期的约定,违反了"劳动合同期限1年以上不满3年的,试用期不得超过2个月"的规定。这里应该注意的是,法律只对试用期的最长时限有要求,用人单位与劳动者约定的试用期只要等于或者短于法律规定的最高时限,都是合法有效的。

2)同一用人单位与同一劳动者约定了超过一次的试用期的

《劳动合同法》第19条明确规定,"同一用人单位与同一劳动者只能约定一次试用期"。假如某一劳动者与用人单位已经约定过一次试用期,如果该劳动者在同一用人单位内调换了新的工作岗位,在此情况下,如果用人单位又与他约定了一次试用期,则这一次的约定就是违法的。

3)法律规定不得约定试用期而约定的

《劳动合同法》第19条第3款规定,以完成一定工作任务为期限的劳动合同或者劳动合同期限不满三个月的,不得约定试用期。第70条规定,非全日制用工双方当事人不得约定试用期。如果用人单位在以上情形中与劳动者约定了试用期,就是违法的。比如,某一企业之与劳动者签订了两个月的劳动合同,却同时约定试用期为30天,则这一试用期的约定就违反了法律的强制性规定。

4)劳动合同仅约定试用期或者劳动合同期限与试用期相同的

《劳动合同法》第19条第4款规定:"试用期包含在劳动合同期限内。劳动合同仅约定试用期的,试用期不成立,该期限为劳动合同期限。"试用期只是劳动合同中约定的一个条款,不是一个独立的合同,也不是一个独立的期限。如果仅仅约定试用期而不订立劳动合同,或者劳动合同仅仅约定试用期则是违法的。法律做这样的规定,是为了防止一些用人单位滥用试用期,利用劳动者在试用期的工资相对较低,同时解雇处于试用期的劳动者也相对容易的特点,侵害劳动者的合法权益。

2. 用人单位违法约定试用期的法律责任

1)被责令改正

违法约定的试用期尚未履行的,由劳动行政部门责令用人单位予以改正,使之符合《劳动合同法》的规定。假如劳动者与用人单位签订的劳动合同期限为3年,按照《劳动合同法》的规定,试用期不得超过6个月;但该用人单位与劳动者签订了1年的试用期,如果劳动者实际只履行了4个月的试用期,此时因为实际履行的期限没有超过 6 个月的法定最高时限，则用人单位不需要向劳动者支付赔偿金，但要改正违法行为，将试用期的约定限定在法定的最高时限内。

2）支付赔偿金

违法约定的试用期已经履行的，由用人单位以劳动者试用期满月工资为标准，按已经履行的超过法定试用期的期间向劳动者支付赔偿金。如法定试用期为两个月，用人单位违法与劳动者约定了 6 个月的试用期。如果这个试用期已经履行了，支付赔偿金的期间就是从试用期的第 3 个月到第 6 个月。假如劳动者与用人单位签订的劳动合同期限为 3 年，按照《劳动合同法》的规定，试用期不得超过 6 个月；但该用人单位与劳动者签订了 1 年的试用期，并约定试用期满后的月工资为每个月 5 000 元。在此情况下，用人单位约定的试用期是违法的，因为超过了 6 个月的最高时限，如果劳动者已经实际履行了 10 个月的试用期，则用人单位应当向该劳动者支付赔偿金，支付赔偿金的期间为已经履行的超过法定试用期的期间，即 10 个月减去法定的最高时限 6 个月的期间，是 4 个月。在这个例子中用人单位应当向劳动者支付 5 000×4＝20 000 元赔偿金。支付赔偿金也不能代替正常的劳动报酬。如果劳动者实际履行的试用期超过了法定的最高时限，则用人单位除向劳动者支付赔偿金外，还要向劳动者支付劳动合同约定的试用期满后的月工资，实际上等于在劳动者已经实际履行的超过法定最高时限的期间内，用人单位需要向劳动者支付双倍的月工资，以惩罚用人单位违法约定试用期的行为。对于违法约定的试用期，只要劳动者已经实际履行，用人单位要按照已经履行的超过法定试用期的期间向劳动者支付赔偿金，对于劳动者尚未履行的期间，则用人单位不需要支付赔偿金。

9.2.5 用人单位违法扣押证件、违法收取财物的法律责任

1. 用人单位违法扣押证件、违法向劳动者收取财物的情形

1）扣押劳动者的证件

劳动者证件是证明劳动者身份、经历的凭证，除居民身份证外，还包括劳动者的户口簿、毕业证、学位证、护照、职业资格证书等重要的个人证件。针对一些用人单位在招工、用工过程中违法扣押劳动者的居民身份证等证件的行为，违反了《劳动合同法》关于用人单位招用劳动者，不得扣押劳动者的居民身份证和其他证件的规定。

2）向劳动者收取财物行为

用人单位要求劳动者以一定数额的货币作为"入厂押金"或者是要求劳动者提供保证人。实践中一些用人单位往往要求劳动者，特别是非本地户口的劳动者提供财物担保才能录用，这些现象的存在，严重侵犯了劳动者的合法权益，也是对外来务工人员的就业歧视。

为了保护劳动者的合法权益，《劳动合同法》第 9 条明确规定了用人单位不得要求劳动者提供担保或者以其他名义向劳动者收取财物。对于用人单位违反这一规定要

求劳动者提供担保、向劳动者收取财物的，依据第84条第2款规定由劳动行政部门责令限期退还劳动者本人，并以每人五百元以上二千元以下的标准处以罚款；给劳动者造成损害的，应当承担赔偿责任。在理解第84条第2款"担保"的时候应该对比《劳动合同法》第9条。《劳动合同法》第9条规定不得要求劳动者提供担保或者以其他名义向劳动者收取财物，禁止的是两种行为即"担保"和"收取财物"，但本条却仅对"收取财物"设定了法律责任，这样规定是否得当是个问题。就法条理解举例说：某用人单位在录用某劳动者的时候，要求该劳动者缴纳500元作为担保该劳动者不损害该单位的财物，则该用人单位应该受到处罚。如果该单位招聘的是会计，要求该劳动者提供保证人而没有收取任何财物，以保证该劳动者不因为违法而给该单位造成损失，笔者认为这样的没有收取财物的保证就不应该受《劳动合同法》第84条第2款的约束。同时应该注意的是第84条第2款收取财物的行为并不仅是以担保形式作出的，其他形式如收取管理费、领导费等名目的同样应该受到第84条第2款的惩处。

3）劳动者依法解除或者终止劳动合同用人单位扣押劳动者档案或者其他物品

《劳动合同法》第50条规定，用人单位应当在解除或者终止劳动合同时出具解除或者终止劳动合同的证明，并在十五日内为劳动者办理档案和社会保险关系转移手续。用人单位对已经解除或者终止的劳动合同的文本，至少保存两年备查。依据《劳动合同法》第84条第3款，劳动者依法解除或者终止劳动合同，用人单位扣押劳动者档案或者其他物品，依照前款规定处理。

2. 用人单位承担的法律责任

1）责令限期退还证件、财物、档案

根据《劳动合同法》第84条，用人单位扣押劳动者居民身份证等证件、以担保或者其他名义向劳动者收取财物，劳动者依法解除劳动合同，用人单位扣押其档案及其他物品，都由劳动行政部门责令限期退还劳动者本人。责令限期退还证件和财物同责令改正一样，也是劳动行政机关发出的命令，用人单位要在规定的期限内将证件和财物交还给劳动者。

2）罚款

违反第84条的罚款有两个方面。一是公安机关的罚款。按《劳动合同法》第84条第1款的规定，用人单位违反劳动合同法规定，扣押劳动者居民身份证等证件的，除由劳动行政部门责令限期退还劳动者本人外，要依照有关法律规定给予处罚。而根据《居民身份证法》第15条、第16条的规定，非法扣押他人居民身份证的由公安机关给予警告，并处以200元以下的罚款，有违法所得的，没收违法所得。也就是说，非法扣押劳动者的身份证，除了要被罚款，还要受到公安机关的警告，有违法所得，要没收违法所得。这里的警告是公安机关向违法的用人单位发出警示，指出其行为已经违法，需要进行纠正。没收违法所得就是行政机关实施的，将违法行为人的违法收入收归国有。二是劳动行政部门的罚款。根据《劳动合同法》第84条第2款、第3

款的规定，用人单位以担保或者其他名义向劳动者收取财物，或者是劳动者依法解除或者终止劳动合同，用人单位扣押劳动者档案或者其他物品的，要按照每人五百元以上二千元以下的标准处以罚款。

3）承担赔偿责任

如果用人单位扣押劳动者居民身份证等证件，或者以担保或者其他名义向劳动者收取财物，或者在劳动者依法解除或终止劳动合同，用人单位扣押劳动者的档案或其他物品，给劳动者造成损害的，用人单位应当承担赔偿责任。赔偿责任的范围根据实际损害的大小确定，包括造成的直接损失和间接损失，都应当全部赔偿。

9.2.6 用人单位违反劳动报酬、经济补偿金支付规定的法律责任

1. 用人单位违反劳动报酬、经济补偿金支付规定的情形

1）用人单位未按照劳动合同的约定或者国家规定及时足额支付劳动者劳动报酬

《劳动合同法》第30条规定，用人单位应当按照劳动合同约定和国家规定，向劳动者及时足额支付劳动报酬。因此，及时足额支付劳动报酬，是用人单位的法定义务。支付报酬要按照劳动合同约定或者国家的规定进行，否则就是违法。如用人单位与劳动者签订的劳动合同中规定，用人单位应当在每月第3日支付劳动者上个月的工资报酬，用人单位拖延不予支付的，则属于第85条规定未及时支付工资报酬的违法行为。另外，对于非全日制劳动用工形式，《劳动合同法》第72条规定："非全日制用工劳动报酬结算支付周期最长不得超过15日。"如果用人单位违反了这一规定，超过15日给劳动者结算工资报酬，则也属于未及时支付应承担责任。如果用人单位与劳动者在劳动合同中约定工资为每月1 200元，但是用人单位却只支付给劳动者1 000元，则属于未足额发放工资，是违法的。

2）低于当地最低工资标准支付劳动者工资的

我国《劳动法》第48条明确规定："国家实行最低工资保障制度。最低工资的具体标准由省、自治区、直辖市人民政府规定，报国务院备案。用人单位支付劳动者的工资不得低于当地最低工资标准。"最低工资保障制度的实施，有利于推动劳动力市场建设和工资分配法制化，充分保障劳动者合法权益。我国各省、自治区、直辖市都制定了本地的最低工资标准，比如，如北京市规定全日制从业人员月最低工资标准为每月2 320元，非全日制从业人员小时最低工资标准为25.3元/时；上海市从2023年7月1日起月最低工资调整到2 690元，小时最低工资标准调整到24元/时。重庆市按照区域划分，最低工资2 000～2 100元/月，非全日制职工最低小时工资标准为20～21元/时。人员法定节假日小时最低工资标准为59元/小时。这些标准无论是对已经签订了正式劳动合同的劳动者，还是处于试用期的劳动者都适用。如果用人单位与劳动者约定的月工资低于这一标准，则是违法的。即使双方已经签订了劳动合同，仍然因为违反了法律的强制性规定而无效。此外，《劳动合同法》明确规定，非全日制用工小时计酬标准不得低于用人单位所在地人民政府规定的最低小时工资标准。如果用

人单位向劳动者支付的小时工资低于所在地人民政府规定的最低小时工资标准,则也属于违法行为。

3)安排加班不给加班费的

《劳动合同法》第 31 条规定,用人单位安排加班的,应当按照国家有关规定向劳动者支付加班费。《劳动法》也明确规定用人单位安排劳动者在每日正常工作时间之外延长工作时间,以及在休息日、法定节假日加班,应当按照法定标准支付加班加点工资。我国《劳动法》第 44 条规定:"有下列情形之一的,用人单位应当按照下列标准支付高于劳动者正常工作时间工资的工资报酬:一是安排劳动者延长工作时间的,支付不低于工资的百分之一百五十的工资报酬;二是休息日安排劳动者工作又不能安排补休的,支付不低于工资的百分之二百的工资报酬;三是法定休假日安排劳动者工作的,支付不低于工资的百分之三百的工资报酬。"如果用人单位违法以上法律的规定,包括安排加班加点不支付加班加点工资,或者支付的加班加点工资低于法定标准的,则属于违法行为。

4)解除或者终止劳动合同,未依照本法规定向劳动者支付经济补偿

《劳动合同法》第 46 条规定了用人单位应当向劳动者支付经济补偿的 6 种情形,包括劳动者因用人单位侵犯劳动者合法权益解除劳动合同的;劳动者因身体或者能力原因以及客观情况发生重大变化等导致劳动合同解除的;用人单位因依法破产重整而与劳动者解除劳动合同的;用人单位与劳动者协商一致解除劳动合同的;在用人单位维持或者提高劳动合同约定条件下,劳动者不愿意续订劳动合同的;以及因用人单位破产、解散、被吊销营业执照或者责令关闭而导致的劳动合同终止等。对于发生上述情形的,用人单位应当依照《劳动合同法》第 47 条的规定,根据劳动者在单位工作的年限,按每满一年支付一个月工资的标准向劳动者支付经济补偿,对六个月以上不满一年的,按一年计算补偿金;不满六个月的,向劳动者支付半个月工资的经济补偿金。经济补偿金由用人单位一次性支付给劳动者。如果用人单位没有依法向劳动者支付经济补偿金,则属于违法行为,《劳动合同法》第 85 条明确规定了相应的法律责任。

2. 用人单位承担的法律责任

《劳动合同法》第 85 条规定,用人单位有上述四种情形之一的,由劳动行政部门责令限期支付劳动报酬、加班费或者经济补偿;劳动报酬低于当地最低工资标准的,应当支付其差额部分;逾期不支付的,责令用人单位按应付金额百分之五十以上百分之一百以下的标准向劳动者加付赔偿金。其责任如下所述。

(1)责令限期支付。

由劳动行政部门责令用人单位限期向劳动者支付劳动报酬、加班费或者经济补偿。

(2)补足当地最低工资的差额。如果用人单位支付的劳动报酬低于当地最低工资标准的,应当支付其差额部分,不得低于当地的最低工资标准。

(3)支付惩罚性赔偿金。如果用人单位不执行劳动行政部门责令限期支付的决

定,逾期仍不支付以上劳动报酬、加班费、经济补偿、不足最低工资标准的,则劳动行政部门应当责令用人单位按应付金额50%以上100%以下的标准向劳动者加付赔偿金。这里的赔偿金属于惩罚性赔偿,由劳动行政部门作出由用人单位给予赔偿的决定。这里"逾期不支付的,责令用人单位按应付金额百分之五十以上百分之一百以下的标准向劳动者加付赔偿金"的规定,从性质上说属于一种加重处罚的执行罚措施。劳动行政部门发出指令,违法当事人逾期不交纳罚款的,行政机关可以按日加收罚款数额3%的罚款,目的是督促当事人履行行政处罚决定。同样道理,对于用人单位逾期不向劳动者支付应当支付的费用,通过加收一定数额赔偿金的手段,促使用人单位履行支付义务,以保护劳动者的合法权益。因此,责令用人单位加付赔偿金的前提是用人单位没有按照劳动行政部门规定的履行期限履行其向劳动者支付相关费用的法定义务。如果用人单位发生第85条逾期的违法行为,在劳动行政部门发出限期支付劳动报酬、加班费,或者解除以及终止劳动合同的经济补偿等费用的责令后,该用人单位即在劳动行政部门规定的期限内履行了其支付义务的,则不必再按应付金额50%以上100%以下的标准向劳动者加付赔偿金。

(4) 拒不支付劳动报酬的可能刑事责任。

拒不支付劳动报酬罪,是刑法增加的一个罪名。将恶意欠薪行为入罪,有力保障了劳动者获得劳动报酬的权利,也能有效地维护社会的和谐稳定。2011年2月,全国人大常委会第十九次会议通过的《中华人民共和国刑法修正案(八)》第41条规定,在《刑法》第276条后增加一条,作为第276条之一:"以转移财产、逃匿等方法逃避支付劳动者的劳动报酬或者有能力支付而不支付劳动者的劳动报酬,数额较大,经政府有关部门责令支付仍不支付的,处三年以下有期徒刑或者拘役,并处或者单处罚金;造成严重后果的,处三年以上七年以下有期徒刑,并处罚金。单位犯前款罪的,对单位判处罚金,并对其直接负责的主管人员和其他直接责任人员,依照前款的规定处罚。有前两款行为,尚未造成严重后果,在提起公诉前支付劳动者的劳动报酬,并依法承担相应赔偿责任的,可以减轻或者免除处罚。"此后,根据《最高人民法院、最高人民检察院关于执行〈中华人民共和国刑法〉确定罪名的补充规定(五)》,该条款被确定为拒不支付劳动报酬罪。

拒不支付劳动报酬罪是指以转移财产、逃匿等方法逃避支付劳动报酬或者有能力支付而不支付劳动报酬,数额较大,经有关部门责令支付仍不支付的行为。拒不支付劳动报酬罪的构成要件如下。第一,主体既可能是劳务派遣单位,也有能是用工单位。因此,需要根据劳务派遣协议的内容,确定本罪犯罪主体和支付劳动报酬的主体。第二,拒不支付劳动报酬罪的主观方面是故意犯罪。在劳动关系范畴中,向劳动者支付劳动报酬是用人单位的基本义务,用人单位及其负责人明知自己拒不支付劳动报酬的行为会侵害劳动者合法权益,仍然以积极方式不履行支付劳动报酬的义务,并期待或者放任危害结果的发生。第三,客体是劳动者获得劳动报酬的权利。拒不支付劳动报酬罪规定在刑法分则第五章侵犯财产罪中。第四,客观方面表现为:在行为方式上以转移财产、逃匿等方法逃避支付或者有能力支付而不支付劳动报酬。另外还要求在数额要求为数额较大、在程序上为"经有关部门责令支付仍不支付"。《中华人民共和国刑法修正案（八）》规定了积极不作为的两种行为方式：一是转移财产；二是逃匿。而现实生活中行为人还会使用其他方法阻止讨薪行为，如恐吓、拘禁，甚至殴打等。《最高人民法院关于审理拒不支付劳动报酬刑事案件适用法律若干问题的解释》（以下简称《解释》）第 2 条明确了"以转移财产、逃匿等方法逃避支付劳动者的劳动报酬"的认定标准包括：隐藏财产、恶意清偿、虚构债务、虚假破产、虚假倒闭或者以其他方法转移、处分财产的；逃跑、藏匿的；隐匿、销毁或者篡改账目、职工名册、工资支付记录、考勤记录等与劳动报酬相关的材料的。"数额较大"是拒不支付劳动报酬罪得以成立的前提之一，《解释》第 3 条明确了的标准：拒不支付 1 名劳动者 3 个月以上的劳动报酬且数额在 5 000 元至 2 万元以上的；拒不支付 10 名以上劳动者的劳动报酬且数额累计在 3 万元至 10 万元以上的。这是考虑到各地经济社会发展不平衡特别设置的幅度标准，具体数额是多少则由"各省、自治区、直辖市高级人民法院可以根据本地区经济社会发展状况，在前款规定的数额幅度内，研究确定本地区执行的具体数额标准，报最高人民法院备案"。该条在具体规定方面采用"期限＋数额"或者"人数＋数额"的模式，以贯彻宽严相济刑事政策的要求，防止打击面过宽、刑法介入过度。拒不支付劳动报酬罪的"经有关部门责令支付仍不支付"这一程序性规定，一方面避免刑法打击面过宽，另一方面也是为了节约司法资源。如何界定政府有关部门，《解释》第 4 条第 1 款规定责令支付主体包括但不限于人力资源社会保障部门。例如：在建设施工领域，监督检查、协助处理农民工工资支付问题的是建设行政主管部门；配合处置、协调处理农民工工资投诉与用工纠纷问题的是劳动保障行政主管部门；不同的施工领域由不同的行政主管部门进行责令支付，各司其职。

9.2.7　用人单位的过错导致劳动合同被确认无效的法律责任

1. 用人单位过错导致劳动合同无效的情形

《劳动合同法》第 86 条规定，劳动合同依照《劳动合同法》第 26 条规定被确认无效，给对方造成损害的，有过错的一方应当承担赔偿责任。根据第 26 条的规定，以下情形属于用人单位的过错导致劳动合同无效的情形。

（1）用人单位以欺诈、胁迫的手段或者乘人之危，使对方在违背真实意思的情况下订立或者变更劳动合同的。

用人单位采取故意制造假象或隐瞒事实真相，欺骗对方，诱导对方形成错误的认识与之签订劳动合同。如隐瞒单位工作条件差的状况，吹嘘单位福利等手段导致劳动者与之签订劳动合同的。只要用人单位有过错，该用人单位就要承担福利责任。

（2）用人单位免除自己的法定责任、排除劳动者权利的。

用人单位免除自己的法定责任、排除劳动者权利，是劳动合同法严格禁止的行为。多表现为劳动合同简单化，比如，劳动合同中明确劳动者的生老病死都与企业无关；

写上"如果公司因实际情况未能履行劳动合同中的部分条款的,本人表示理解并自愿放弃权利,不作异议"。或者明确"用人单位有权根据企业生产经营的需要,可以随时调整劳动者的工作岗位,劳动者必须服从"。很容易导致劳动者为了挣得工资,放弃自己的权利,甚至不顾生命安全签订劳动合同。在这样的情况下,用人单位应当承担法律责任。

(3)因用人单位的过错导致劳动合同违反法律、行政法规强制性规定的。

因用人单位的过错导致劳动合同违反法律、行政法规强制性规定的情形很多,一是用人单位属于不具备订立劳动合同的法定资格;二是劳动合同的内容直接违反法律的强制性规定,如矿山企业与劳动者签订劳动合同中约定的劳动保护条件不符合矿山安全法的规定,劳动合同无效;三是因用人单位的原因导致劳动合同损害国家和社会公共利益导致无效。

2. 用人单位应承担的法律责任

用人单位要承担赔偿责任。用人单位过错导致劳动合同无效,要赔偿劳动者的全部损失,包括直接和间接的损失。按照原劳动部 1995 年制定的《违反〈劳动法〉有关劳动合同规定的赔偿办法》进行赔偿。

9.2.8 用人单位违法解除或者终止劳动合同的法律责任

1. 用人单位违法解除或者终止劳动合同的情形

《劳动合同法》第 87 规定,用人单位违反本法规定解除或者终止劳动合同的,应当依照本法第 47 条规定的经济补偿标准的二倍向劳动者支付赔偿金。对于用人单位违反本条规定解除或者终止劳动合同的行为主要有两种。

1)用人单位违法解除劳动合同

(1)用人单位在《劳动合同法》明确规定不得解除劳动合同的情形下,与劳动者解除劳动合同。《劳动合同法》第 42 条规定,劳动者有下列情形之一的,用人单位不得依照《劳动合同法》第 40 条、第 41 条的规定解除劳动合同。这些情形是:从事接触职业病危害作业的劳动者未进行离岗前职业健康检查,或者疑似职业病病人在诊断或者医学观察期间的;在本单位患职业病或者因工负伤并被确认丧失或者部分丧失劳动能力的;患病或者非因工负伤,在规定的医疗期内的;女职工在孕期、产期、哺乳期的;在本单位连续工作满十五年,且距法定退休年龄不足五年的;法律、行政法规规定的其他情形。否则就应当按照本条的规定承担相应的法律责任。

(2)用人单位在解除劳动合同时,没有遵守法定的程序。

第一,违反应当提前 30 天通知劳动者本人或者额外支付劳动者一个月工资后解除劳动合同的程序。《劳动合同法》第 40 条明确规定了用人单位可以提前 30 日以书面形式通知劳动者本人或者额外支付劳动者一个月工资后解除劳动合同的 3 种情形,一是劳动者患病或者非因工负伤,在规定的医疗期满后不能从事原工作,也不能从事由用人单位另行安排的工作的;二是劳动者不能胜任工作,经过培训或者调整工作岗位,仍不能胜任工作的;三是劳动合同订立时所依据的客观情况发生重大变化,致使劳动合同无法履行,经用人单位与劳动者协商,未能就变更劳动合同内容达成协议的。如果出现这3种法定的情形时,用人单位虽有权解除劳动合同,但应提前30天以书面形式通知劳动者本人或者额外支付劳动者一个月工资;如用人单位未做到,仍属于《劳动合同法》第87条规定的"用人单位违反本法规定解除或者终止劳动合同的"情况,应当按照《劳动合同法》第47条规定的经济补偿标准的二倍向劳动者支付赔偿金。

第二,违反经济裁员的程序。《劳动合同法》第41条规定,用人单位在法定情形下进行经济裁员,必须达到法定的人数,必须提前30日向工会或者全体职工说明情况,听取工会或者职工的意见后,裁减人员方案经向劳动行政部门报告,才可以裁减人员。用人单位在裁减人员时,应当优先留用该条所列人员。如果用人单位在裁减人员时没有遵守裁员程序的规定,则其行为违法。

第三,单方解除劳动合同没有通知工会。《劳动合同法》第43条规定,用人单位单方解除劳动合同,应当事先将理由通知工会。用人单位违反法律、行政法规规定或者劳动合同约定的,工会有权要求用人单位纠正。用人单位应当研究工会的意见,并将处理结果书面通知工会。根据2021年《劳动争议司法解释一》第47条明确规定:"建立了工会组织的用人单位解除劳动合同符合《劳动合同法》第39条、第40条规定,但未按照《劳动合同法》第43条规定事先通知工会,劳动者以用人单位违法解除劳动合同为由请求用人单位支付赔偿金的,人民法院应予支持,但起诉前用人单位已经补正有关程序的除外。"此条规定明确了在单位已经建立了工会组织的情况下,用人单位依照《劳动合同法》第39条、第40条规定单方解除劳动合同,未通知工会的属违法解雇行为。用人单位要承担支付赔偿金的责任。

2)用人单位违法终止劳动合同的情形

第一,用人单位在不符合法定情形的情况下终止劳动合同。根据《劳动合同法》第44条的规定,终止劳动合同必须符合法定情形。如果用人单位在不符合其中任何一种可以终止劳动合同的情形的情况下,仍然与劳动者终止劳动合同,则其行为违法。

第二,用人单位在法律禁止终止劳动合同的情形出现时,仍然与劳动者终止劳动合同。根据《劳动合同法》第45条的规定,劳动合同期满,但劳动者有从事接触职业病危害作业的劳动者未进行离岗前职业健康检查,或者疑似职业病病人在诊断或者医学观察期间的;在本单位患职业病或者因工负伤并被确认丧失或者部分丧失劳动能力的;患病或者非因工负伤,在规定的医疗期内的;女职工在孕期、产期、哺乳期的;在本单位连续工作满十五年,且距法定退休年龄不足五年的;法律、行政法规规定的其他情形等情况之一的,劳动合同应当续延至相应的情形消失时终止。如果用人单位在这些情形出现的情况下,仍然与劳动者终止劳动合同,其行为违法。

2. 用人单位违法解除或者终止劳动合同的法律责任

1）支付赔偿金

用人单位违反《劳动合同法》规定解除或者终止劳动合同，应当依照第47条规定的经济补偿标准的二倍向劳动者支付赔偿金。

2）支付赔偿金的例外

用人单位违反《劳动合同法》规定解除或者终止劳动合同的，劳动者要求继续履行劳动合同，用人单位同意继续履行的，可以不向劳动者支付赔偿金。因为规定赔偿金的目的是对用人单位违反《劳动合同法》规定解除或者终止劳动合同的一种惩罚，也是对劳动者的一种赔偿，如果劳动者要求继续履行劳动合同，用人单位同意继续履行，用人单位不向劳动者支付赔偿金，则可以鼓励用人单位纠正违法行为，继续履行合同，保障劳动者的合法权益。

3. 用人单位在解除终止劳动合同后没有依法出具书面证明的责任

1）用人单位在解除终止劳动合同后依法出具书面证明是其后合同义务

《劳动合同法》第89条规定用人单位应该向劳动者出具解除或者终止劳动合同的书面证明否则要承担一定责任。用人单位与劳动者在劳动合同关系存续期间根据法律规定或者劳动合同的约定享受权利、履行义务。但是完整的劳动合同权利、义务并不仅仅存在于劳动合同关系存续期间，还包括先劳动合同义务和后劳动合同义务。先合同义务指当事人为缔约而接触时，基于诚实信用原则而发生的各种说明、告知、注意以及保护等义务。合同关系终止后，当事人依据诚实信用原则应负有某种作为或者不作为义务，以维护给付效果，或者协助对方处理合同终了善后事务，称为后合同义务。劳动合同是用人单位与劳动者在遵循合法、公平、平等自愿、协商一致的基础上就双方的权利义务达成的一种协议，但是基于诚实信用的原则同样也存在后劳动合同义务。毕竟劳动合同也是在双方自愿的基础上协商的结果，属于民事法律关系，当然也应该适用诚实信用原则来处理。后劳动合同义务是劳动合同解除、终止后劳动者与用人单位根据法律规定或者原劳动合同的约定负有的作为或者不作为义务。《劳动合同法》第51条规定："用人单位应当在解除或者终止劳动合同时出具解除或者终止劳动合同的证明，并在十五日内为劳动者办理档案和社会保险关系转移手续。"这一规定明确了在劳动合同解除或者终止后，用人单位应当承担为出具解除或者终止劳动合同证明的后劳动合同义务。劳动合同的后合同义务与原劳动合同有较强的关联性，后劳动合同义务实际上是劳动合同权利义务的延伸，是以原劳动合同的存在为前提的。在劳动合同解除或者终止时，用人单位应当履行后劳动合同义务。违反后合同义务与违反一般合同义务相同，产生债务不履行责任。在实践中人们常常重视劳动合同义务的履行，但在劳动合同解除、终止后忽视了后劳动合同义务的履行，侵害了劳动者享受失业保险待遇的权利、再就业的权利等合法权益。为平衡双方的权利义务关系，有效遏制用人单位不履行后劳动合同义务的违法行为，保护劳动者的合法权益，《劳动合同法》明确规定了用人单位未向劳动者出具解除或者终止劳动合同的书面证明这个后劳动合同义务应当承担的责任。

2）用人单位在解除终止劳动合同后没有依法出具书面证明的法律责任

根据《劳动合同法》第 89 条规定，用人单位未依法向劳动者出具解除或者终止劳动合同的书面证明要承担法律责任。

（1）责令其改正。用人单位未依法向劳动者出具解除或者终止劳动合同的书面证明，未给劳动者造成损害的，应当由劳动行政部门责令其改正。也就是说，由劳动行政部门要求用人单位在一定的期限内向劳动者出具解除或者终止劳动合同的书面证明。并且，《劳动合同法实施条例》第 24 条规定："用人单位出具的解除、终止劳动合同的证明，应当写明劳动合同期限、解除或者终止劳动合同的日期、工作岗位、在本单位的工作年限。"

（2）承担赔偿责任。用人单位未依法向劳动者出具解除或者终止劳动合同的书面证明，对劳动者造成损害的，应当承担赔偿责任。如《失业保险条例》第 16 条规定："城镇企业事业单位应当及时为失业人员出具终止或者解除劳动关系的证明，告知其按照规定享受失业保险待遇的权利，并将失业人员的名单自终止或者解除劳动关系之日起 7 日内报社会保险经办机构备案。"因此，如用人单位不按规定出具解除或者终止劳动合同的书面证明给劳动者享受失业保险待遇等造成损害，应依法承担赔偿责任。

4. 在解除和终止劳动合同后不得扣押劳动者的档案或者其他物品

不得以扣押档案或者其他物品的方式对劳动者进行刁难和打击报复。对于违反这一规定的用人单位，要承担的责任是：由劳动行政部门责令用人单位限期将非法扣押的档案或者其他物品退还劳动者本人，按每一名劳动者五百以上二千元以下的标准处以罚款；对劳动者造成损害的，用人单位应当承担赔偿责任。

9.2.9 用人单位侵犯劳动者人身权益的法律责任

1. 用人单位侵犯劳动者人身权益的法定情形

依据《劳动合同法》第 88 条的规定，用人单位侵犯劳动者人身权益的行为包括以下几点。

1）以暴力、威胁或者非法限制人身自由的手段强迫劳动的

这是指用人单位以殴打、侮辱、拘禁劳动者或者威胁杀害、伤害劳动者，或者非法限制劳动者的人身自由等为手段，强迫劳动者劳动。强迫劳动，主要是指违背劳动者的意愿，强迫劳动者进行超体力的劳动，或者强迫进行长时间劳动而不给予必要的休息，或者强迫劳动者劳动而不支付劳动报酬或者只支付少量报酬等。

2）违章指挥或者强令冒险作业危及劳动者人身安全的

"违章指挥"是指用人单位违反安全生产和职业病防治法律法规以及安全生产操

作规程等，指挥劳动者从事劳动。"强令冒险作业"是指在存在安全隐患和职业病隐患的情况下，用人单位强行命令劳动者冒着人身危险作业。

3）侮辱、体罚、殴打、非法搜查或者拘禁劳动者的

只要用人单位存在侮辱、体罚、殴打、非法搜查或者拘禁劳动者的行为就违法，而不论用人单位是否强迫劳动者进行劳动。

4）劳动条件恶劣、环境污染严重，给劳动者身心健康造成严重损害的

这是指用人单位违反国家有关法律法规的规定和劳动合同的约定，向劳动者提供的劳动条件恶劣、生活工作环境污染严重，从而给劳动者的身心健康造成了严重的损害。

2. 用人单位侵犯劳动者的人身权益的责任

1）承担的行政责任

用人单位侵犯劳动者人身权益，属于严重的违法行为，应当依法给予行政处罚。《劳动合同法》第88条明确了用人单位有4种法定情形之一的，要依法给予行政处罚。《劳动合同法》第88条第1、2、3项规定的情形，属于违反治安管理的行为，用人单位可能因违反《治安管理处罚法》的规定而被依法给予相应的行政处罚。如依据《治安管理处罚法》第40条的规定，对于以暴力、威胁或者其他手段强迫他人劳动的行为，应处10日以上15日以下拘留，并处500元以上1 000元以下罚款；情节较轻的，处5日以上10日以下拘留，并处200元以上500元以下罚款。《劳动合同法》第88条第4项的情形属于违反行政管理规定的行为，应根据相应的行政法规、规章的规定给予行政处罚。

2）承担的赔偿责任

根据《劳动合同法》第88条，用人单位的4种过错行为侵犯劳动者人身权，给劳动者造成了损害的要承担赔偿责任，损害包括直接损害与间接损害，也包括精神损害与物质损害。

3）承担刑事责任

（1）以暴力、威胁或者非法限制人身自由的手段强迫劳动的。

用人单位采取暴力、威胁或者非法限制人身自由的手段强迫劳动者为其劳动，该行为不仅违反劳动法律法规，也违反了刑法的规定，单位的直接责任人员可能构成强迫职工劳动罪。

第一，暴力、威胁、非法限制人身自由、强迫劳动的认定理解。所谓"暴力"，是指用人单位对劳动者人身实行殴打、驱赶、捆绑等强制手段强迫劳动者在违背主观意愿的情况下，按照用人单位的要求进行劳动的行为。所谓"威胁"，是指用人单位以口头、书面或其他方式使劳动者精神上处于不能抵抗的状态，从而被迫按照用人单位的要求进行劳动的行为。所谓"非法限制人身自由"，是指用人单位采取看管、禁止离开工作场地、禁止与外界联系等手段，迫使劳动者只能在用人单位限定的区域或范围内进行劳动的行为。所谓强迫职工劳动，是指违背职工的意志，迫使其进行劳动。

第二，可能构成强迫职工劳动罪。《刑法》第 244 条规定，以暴力、威胁或者限制人身自由的方法强迫他人劳动的，处三年以下有期徒刑或者拘役，并处罚金；情节严重的，处三年以上十年以下有期徒刑，并处罚金。明知他人实施前款行为，为其招募、运送人员或者有其他协助强迫他人劳动行为的，依照前款的规定处罚。单位犯前两款罪的，对单位判处罚金，并对其直接负责的主管人员和其他直接责任人员，依照第一款的规定处罚。这一条是对强迫职工劳动罪的规定。用人单位的直接职责人员是否构成强迫职工劳动罪，要从犯罪构成要件进行分析。

（2）违章指挥或者强令冒险作业危及劳动者人身安全的。

用人单位违章指挥或者强令冒险作业危及劳动者人身安全的，同样不仅是违反劳动法律法规，也是违反刑法的行为。该行为可能构成重大责任事故罪，用人单位的相关人员可能因此受到刑法的处罚。

第一，对该条涉及名词的理解。"违章指挥"是指用人单位的负责人、生产管理人员和工程技术人员违反规章制度，不顾劳动者的人身安全和健康，指挥劳动者进行劳动的行为。所谓"强令冒险作业"，是指用人单位负责人或生产管理人员严重不负责任，对存在的危及劳动者人身安全和健康的因素，在没有采取相应的安全技术保护措施的情况下，强迫劳动者进行劳动的行为。所谓"危及劳动者人身安全"，是指违章指挥、强令冒险作业可能导致发生重大伤亡事故，对劳动者人身安全和健康造成的严重后果。

第二，可能构成重大责任事故罪或者强令、组织他人违章冒险作业罪。

根据《刑法》第 134 条的规定，在生产、作业中违反有关安全管理的规定，因而发生重大伤亡事故或者造成其他严重后果的，处三年以下有期徒刑或者拘役；情节特别恶劣的，处三年以上七年以下有期徒刑。强令他人违章冒险作业，或者明知存在重大事故隐患而不排除，仍冒险组织作业，因而发生重大伤亡事故或者造成其他严重后果的，处五年以下有期徒刑或者拘役；情节特别恶劣的，处五年以上有期徒刑。《刑法》第 134 条第 1 款是对重大责任事故罪的规定，第 2 款是对强令违章冒险作业罪的规定，是否构成该罪，同样要从犯罪构成的四要件进行分析。

（3）侮辱、体罚、殴打、非法搜查或者拘禁劳动者的。

用人单位的管理人员侮辱、体罚、殴打、非法搜查或者拘禁劳动者，也是严重的违法行为，也可能构成侮辱罪、故意伤害罪、非法搜查罪和非法拘禁罪。

第一，对本规定的理解："侮辱"，是指用人单位公然贬低劳动者的人格，破坏劳动者名誉的行为。侮辱的方式可以是暴力，也可以是其他方式。"体罚"，是指用人单位采取罚站、罚跪、冻饿、捆绑等方式对劳动者身体进行摧残的行为。"殴打"，是指用人单位使用器械或者直接采取拳打脚踢的方式，攻击劳动者身体的行为。"非法搜查或者拘禁"，是指用人单位对劳动者的身体或居住场所进行查、检查，或者以非法拘留、禁闭、关押、隔离审查等方式，强制劳动者身体，剥夺劳动者人身自由的行为。

第二，刑法的规定。根据《刑法》第246条的规定，以暴力或者其他方法公然侮辱他人，情节严重的，处三年以下有期徒刑、拘役、管制或者剥夺政治权利。前款罪，告诉的才处理，但是严重危害社会秩序和国家利益的除外。通过信息网络实施第一款规定的行为，被害人向人民法院告诉，但提供证据确有困难的，人民法院可以要求公安机关提供协助。第234条规定，故意伤害他人身体的，处三年以下有期徒刑、拘役或者管制。犯前款罪，致人重伤的，处三年以上十年以下有期徒刑；致人死亡或者以特别残忍手段致人重伤造成严重残疾的，处十年以上有期徒刑、无期徒刑或者死刑。本法另有规定的，依照规定。第245条规定，非法搜查他人身体、住宅，或者非法侵入他人住宅的，处三年以下有期徒刑或者拘役。第238条规定，非法拘禁他人或者以其他方法非法剥夺他人人身自由的，处三年以下有期徒刑、拘役、管制或者剥夺政治权利。具有殴打、侮辱情节的，从重处罚。犯前款罪，致人重伤的，处三年以上十年以下有期徒刑；致人死亡的，处十年以上有期徒刑。使用暴力致人伤残、死亡的，依照本法第234条、第232条的规定定罪处罚。为索取债务非法扣押、拘禁他人的，依照前两款的规定处罚。国家机关工作人员利用职权犯前三款罪的，依照前三款的规定从重处罚。

是否构成犯罪，都需要从犯罪构成要件的四个方面进行分析，分析犯罪主体、主观方面、犯罪客体、犯罪的主观方面。构成犯罪，就应当按照刑法的相关规定，追究刑事责任。

（4）劳动条件恶劣、环境污染严重，给劳动者身心健康造成严重损害的。

用人单位劳动条件恶劣、环境污染严重，给劳动者身心健康造成严重损害的，也是严重的违法行为，用人单位的直接责任人员也可能承担刑事责任。

此种法定情形中的"劳动条件恶劣"，是指用人单位违反国家有关劳动卫生、劳动保护方面的规定，为劳动者提供的劳动场所、劳动条件严重不符合国家相关劳动保护规定和标准。"环境污染严重"，是指用人单位为劳动者提供的劳动场所受到有毒有害物质污染，严重不符合国家有关环境保护规定和标准。劳动保护是国家为了改善劳动条件，保护劳动者在生产过程中的生命安全和身心健康所采取的各种措施。如果用人单位为劳动者提供的劳动条件恶劣、环境污染严重，应由劳动行政部门和其他有关行政部门责令改正或处以罚款；情节严重的，应由县级以上人民政府决定停产整顿。用人单位对劳动者在生产过程中的生命安全和身心健康负有重大责任。由于劳动条件恶劣、环境污染严重，酿成重大事故，危及劳动者生命安全和身心健康的，对相关责任人员应根据《刑法》第338条关于环境污染罪的规定，追究刑事责任。

《刑法》第338条规定，违反国家规定，排放、倾倒或者处置有放射性的废物、含传染病病原体的废物、有毒物质或者其他有害物质，严重污染环境的，处三年以下有期徒刑或者拘役，并处或者单处罚金；情节严重的，处三年以上七年以下有期徒刑，并处罚金；有下列情形之一的，处七年以上有期徒刑，并处罚金：① 在饮用水水源保护区、自然保护地核心保护区等依法确定的重点保护区域排放、倾倒、处置有放射性的废物、含传染病病原体的废物、有毒物质，情节特别严重的；② 向国家确定的重要江河、湖泊水域排放、倾倒、处置有放射性的废物、含传染病病原体的废物、有毒物质，情节特别严重的；③ 致使大量永久基本农田基本功能丧失或者遭受永久性破坏的；④ 致使多人重伤、严重疾病，或者致人严重残疾、死亡的。有前款行为，同时构成其他犯罪的，依照处罚较重的规定定罪处罚。

是否构成犯罪，需要从犯罪构成要件的4个方面进行分析。一是主体，本罪的主体为一般主体，即凡是达到刑事责任年龄具有刑事责任能力的人，均可构成本罪。单位可以成为本罪主体。二是主观要件为故意。三是客体侵害生命权、健康权。四是客观方面表现为违反国家规定，向土地、水体和大气排放危险废物，造成环境污染，致使公私财产遭受重大损失或者人身伤亡的严重后果的行为。

9.2.10 用人单位的其他法律责任

1. 用人单位招用与其他用人单位尚未解除或者终止劳动合同的劳动者的法律责任

根据《劳动合同法》第91条的规定，用人单位招用与其他用人单位尚未解除或者终止劳动合同的劳动者，给其他用人单位造成损失的，应当承担连带赔偿责任。

1）承担法律责任的构成要件

第一，用人单位有招用与其他用人单位尚未解除或者终止劳动合同的劳动者的行为，即用人单位招用劳动者时，该劳动者与其他用人单位仍然存在劳动关系。今日的商业竞争越来越激烈，优秀的员工成为企业维持生存、保持竞争优势的关键所在。这些员工在单位任职期间所获取的劳动技能、客户资源以及商业秘密、技术秘密都成为一种重要的战略资源，因此，恶意挖人成为一些企业提升竞争力的一种捷径。我国劳动法并没有明文规定禁止劳动者的兼职行为。但用人单位雇佣这种与其他用人单位尚未解除劳动合同的劳动者，很容易给其他用人单位造成损害。第二，用人单位招用劳动者的行为给其他用人单位造成损失。这种损失应当是现实存在的，比如可能是再次招工的费用，也可能是商业机会丧失等损失。第三，用人单位招用劳动者的行为与其他用人单位的损失之间存在因果关系。用人单位的损失发生是因为其他的用人单位招用了自己已经录用的劳动者。

2）用人单位承担连带赔偿责任

所谓连带赔偿责任，是指两个或两个以上债务人分别就共同债务对债权人承担全部的法律责任。连带赔偿责任的实质是债务人之间对债务的清偿有互相担保的责任，债权人可以要求负有连带赔偿责任的一个或多个债务人全部或部分赔偿连带债务。这里的"其他用人单位"是债权人，用人单位和劳动者是债务人。依据连带责任的本质属性，其他用人单位可以向用人单位和劳动者中的任何一方请求全部或部分的损失赔偿，用人单位和劳动者中的任何一方也都有义务向其他用人单位履行赔偿责任。如果一方对其他用人单位的全部损失予以赔偿之后，可以要求另一方承担其应当承担的其他用人单位的损失赔偿的部分。为了明确连带赔偿责任的赔偿范围和责任人应当承担的具体赔偿数额,《违反〈劳动法〉有关劳动合同规定的赔偿办法》第6条规定:"用人单位招用尚未解除劳动合同的劳动者,对原用人单位造成经济损失的,除该劳动者承担直接赔偿责任外,该用人单位应当承担连带赔偿责任。其连带赔偿的份额应不低于对原用人单位造成经济损失总额的70%。向原用人单位赔偿下列损失:一是对生产、经营和工作造成的直接经济损失;二是因获取商业秘密给原用人单位造成的经济损失。赔偿本条第(二)项规定的损失,按《反不正当竞争法》第20条的规定执行。"之所以作连带责任的规定,是因为这种行为往往给其他用人单位造成巨大的损失,劳动者本人可能没有能力对此进行赔偿,而且这种行为扰乱了正常的市场竞争秩序,侵害了其他单位的权益,《劳动合同法》应当对用人单位的这种行为予以规范,以维护正常的市场秩序,促进劳动关系的和谐稳定发展。如果用人单位不承担连带责任,就很难防止一些单位专门利用劳动者获取其他企业资源造成该企业巨大损失。找劳动者索赔可能会因为能力有限而不能获得赔偿,导致损失无法挽回,而劳动者则可以在新的单位获得一定补偿。法国等国的劳动法对招用尚未解除或者终止劳动合同的劳动者的问题也作了规定。这些国家的法律条款对此规定较严,不仅招用未解除原劳动合同的雇员并造成损失的雇主要承担连带责任,而且招用已解除原劳动合同,如解除行为与新雇主有关,则新顾主也要承担连带责任。

2. 不具备合法经营资格的用人单位的法律责任

1)不具备合法经营资格的用人单位的情形

不具备合法经营资格的用人单位,主要是指该单位没有依照相关法律的规定获得相应的营业执照,具备相应的经营资格。根据国家有关法律法规的规定,这样的用人单位应当予以取缔。根据2003年3月1日起施行的《无照经营查处取缔办法》第4条的规定,无营业执照经营行为主要包括:应当取得而未依法取得许可证或者其他批准文件和营业执照,擅自从事经营活动的无照经营行为;无须取得许可证或者其他批准文件即可取得营业执照而未依法取得营业执照,擅自从事经营活动的无照经营行为;已经依法取得许可证或者其他批准文件,但未依法取得营业执照,擅自从事经营活动的无照经营行为;已经办理注销登记或者被吊销营业执照,以及营业执照有效期届满后未按照规定重新办理登记手续,擅自继续从事经营活动的无照经营行为;超出核准登记的经营范围、擅自从事应当取得许可证或者其他批准文件方可从事的经营活动的违法经营行为。

2)不具备合法经营资格的用人单位的法律责任

对于不具备合法经营资格的用人单位的违法犯罪行为,应当依法追究法律责任。不具备合法经营资格的用人单位不是劳动法意义上的合法用工主体,其用工行为并不具有法律上的效力,不会产生履行的效力,即不能产生当事人预期的效果,但并不等于不会产生其他的法律后果。对于劳动者已经付出劳动的,该单位应当依照劳动合同法有关规定向劳动者支付劳动报酬、经济补偿、赔偿金。该单位被依法取缔的，由其出资人向劳动者支付劳动报酬、经济补偿、赔偿金。不具备合法经营资格的用人单位给劳动者造成损害的，应当承担赔偿责任。

3. 个人承包经营违法招用劳动者的法律责任

《劳动合同法》第94条规定，个人承包经营违反本法规定招用劳动者，给劳动者造成损害的，发包的组织与个人承包经营者承担连带赔偿责任。

1）个人承包经营的含义

个人承包经营是指企业与个人承包经营者通过订立承包经营合同，将企业的全部或者部分经营管理权在一定期限内交给个人承包者，由个人承包者对企业进行经营管理。个人承包经营是我国在经济体制改革的特定时期出现的解决部分合营企业经营管理不善、严重亏损的补充措施。个人承包经营对一些企业扭亏为盈，促进市场经济的发展发挥了作用，但也出现了个体经营者素质参差不齐，管理混乱，一味追求经济利益，侵害劳动者权益等问题，而对劳动者造成损害后，赔偿责任不明确，劳动者得不到赔偿的问题，更是亟待法律作出明确规定。

2）个人承包经营违法招用劳动者的情形

个人承包经营期间，也必须遵守劳动合同法的规定，依照法律规定的条件和程序招用劳动者。现实中有的个人承包经营者违反法律规定招用童工、不提供必要的劳动安全卫生条件、强迫劳动者超时工作、不按照最低工资的规定支付工资等，严重侵害劳动者权益的情形，只要个人承包经营者没有按照《劳动合同法》的规定招用劳动者，都要承担法律责任。

3）发包的组织与个人承包经营者承担连带赔偿责任

为有效保护劳动者的合法权益，如果个人承包经营者违反法律规定招用劳动者，对劳动者造成损害，个人承包经营者应对其违反法律的行为承担责任，对劳动者的损害承担赔偿责任。《劳动合同法》明确规定对于个人承包经营期间，个人承包经营者招用劳动者违反法律规定，给劳动者造成损害的，应当由发包的组织与个人承包经营者承担连带赔偿责任。应当注意的是这里的"个人承包经营"也包括转包。个人承包经营中间环节无论经过多少次个人间合法或者非法的转包，承担连带责任的是可以往上追溯的"发包的组织"。中间转包的个人承包者承担赔偿责任也是不言而喻的。发包组织与个人承包经营承担连带责任的目的就是防止个人承包经营者在承包经营过程中，急功近利侵害劳动者利益，或者损害劳动者利益后没有能力或逃避承担对劳动者的损害赔偿责任。因此，个人承包经营者违反《劳动合同法》招用劳动者，给劳动者造成损害的，个人承包经营者应当承担赔偿责任，发包组织也应承担连带赔偿责任。个人承包经营者违反《劳动合同法》规定招用劳动者时对劳动者造成的损害，劳动者既可以要求各层承包经营者全额或者部分赔偿，也可以要求发包的组织即个人承包经营者所承包的单位全额或者部分赔偿。诉讼中，劳动者既可以单独起诉发包组织或者个人承包经营者，也可将发包组织或者个人承包经营者列为共同被告。个人承包经者违反该法的规定,给劳动者造成损害的,个人承包经营者与发包组织承担连带赔偿责任。需要注意的是,这里的个人承包经营也包括转包。个人承包经营的中间环节无论经过多少次个人之间合法或者非法的转包,承担连带责任的是可以向上追溯的"发包的组织"。在诉讼中,劳动者既可以单独起诉发包组织或者个人承包经营者,也可以将发包组织和个人承包经营者列为共同被告。

9.3 劳动者的法律责任

9.3.1 劳动者法律责任的特征

1. 劳动者法律责任的含义

劳动合同法侧重于保护劳动者的利益,因此,法律责任主要是针对用人单位规定的。劳动者法律责任是指劳动者违反《劳动合同法》的规定所需承担的法律后果。在劳动合同法中明确劳动者的法律责任是为了维护正常劳动关系,维护劳动合同制度的正常履行。

2. 劳动者法律责任的特征

1)承担法律责任的前提是劳动者有过错

劳动者主观上有过错,实施了违反《劳动合同法》规定的行为。

2)责任的性质主要是约定责任

在《劳动合同法》的法律责任一章中,只有一条规定了劳动者的法律责任。这是因为,劳动合同法侧重于保护劳动者的利益,因此对法律责任的规定主要是用人单位的法律责任的规定。再加上劳动者在劳动关系中主要是承担遵守用人单位的规章,履行劳动合同、集体合同的规定义务,劳动者的法律责任主要是通过劳动合同、集体合同约定的。没有约定,没有法律的明确规定,劳动者不承担法律责任。

9.3.2 劳动者过错导致劳动合同无效的法律责任

《劳动合同法》第90条规定,劳动者违法的法律责任包括违法解除劳动合同的法律责任、违反劳动合同约定的保密义务的法律责任和违反劳动合同约定的竞业限制义务的法律责任。

1. 劳动者过错导致劳动合同无效的情形

《劳动合同法》第86条规定,劳动合同依照《劳动合同法》第26条规定被确认无效,给对方造成损害的,有过错的一方应当承担赔偿责任。根据第26条的规定,以下情形属于劳动者的过错导致劳动合同无效的情形。

(1)劳动者以欺诈、胁迫的手段或者乘人之危,使对方在违背真实意思的情况下订立或者变更劳动合同的。劳动者采取故意制造假象或隐瞒事实真相,欺骗对方,诱导对方形成错误的认识与之签订劳动合同。如隐瞒身体健康状况、伪造学历文凭等手段导致劳动者与用人单位签订的劳动合同无效。只要劳动者有过错，并导致劳动合同被确认无效，该劳动者承担法律责任。

（2）因劳动者的过错导致劳动合同违反法律、行政法规强制性规定的。

因劳动者的过错导致劳动合同违反法律、行政法规强制性规定的情形相对较少，一是劳动者不具备订立劳动合同的法定资格；二是劳动者隐瞒已经与用人单位签订固定期限劳动合同的情况，与另一用人单位再签订固定期限的劳动合同。这两种情况直接违反法律的强制性规定，应当承担法律责任。

2. 劳动者应承担的法律责任

劳动者的过错导致劳动合同被认定无效，给用人单位造成损失的，劳动者要承担赔偿责任。要赔偿用人单位所受的损失，赔偿的范围是因过错给用人单位的生产、经营带来的直接经济损失。赔偿的范围要合理，不能无限扩大。

9.3.3 劳动者违法解除劳动合同的法律责任

用人单位基于与劳动者订立的劳动合同来确定本单位的劳动者数量、工作安排、生产进度等，劳动者如果随意解除劳动合同将会影响用人单位正常生产经营活动的进行，给用人单位造成一定程度的经济损失。因此应当对劳动者提出解除劳动合同的情形、时间、条件、方式等作出一定的限制，维护劳动合同解除的严肃性，同时使用人单位有合理的时间招聘新的劳动者，调整计划等。因此，《劳动合同法》规定劳动者违反其规定解除劳动合同给用人单位造成损失，应当对用人单位承担赔偿责任。

1. 劳动者违法解除劳动合同的情形

（1）未履行提前告知义务而解除劳动合同。

劳动者履行告知义务有两种情况。一是提前告知义务。根据《劳动合同法》第37条的规定，劳动者在劳动合同期试用期内解除劳动合同需要提前三日通知用人单位，其他劳动合同期限内容要提前30天书面通知用人单位。如果劳动者没有履行提前告知的义务，都属于违反《劳动合同法》规定的解除劳动合同的情形。

（2）没有履行即时通知义务解除劳动合同。

根据《劳动合同法》第38条的规定，如果用人单位有该条规定的法定过错出现，劳动者可以解除劳动合同，同时要通知用人单位。如果没有通知是违法的。

2. 劳动者违法解除劳动合同的法律责任

（1）补办解除劳动合同的手续。

如果劳动者解除劳动合同是符合劳动合同法的解除条件，但不符合解除程序的，应当补办手续。

（2）劳动者不符合劳动合同解除的法定条件，如用人单位要求履行劳动合同的，劳动者应当继续履行劳动合同。

（3）如果劳动者给用人单位造成损失的，要承担赔偿责任。

对用人单位造成损失，劳动者应赔偿用人单位下列损失：一是用人单位招录劳动者所支付的费用;二是用人单位为劳动者支付的培训费用,双方另有约定的按照约定处理;三是对用人单位生产经营造成的直接损失;四是劳动合同中约定的其他赔偿费用。

9.3.4 劳动者违反保密义务的法律责任

1. 劳动者违反劳动合同约定的保密义务的情形

所谓劳动者违反劳动合同约定的保密义务,是指劳动者违反劳动合同关于保守用人单位商业秘密和与知识产权相关的保密事项的约定,在保密期内将自己在劳动过程中所掌握的用人单位商业秘密和与知识产权相关的保密事项,披露给保密范围以外的人,或者在保密范围以外使用,或者允许保密范围以外的人使用的行为。《劳动合同法》第23条明确了用人单位与劳动者可以在劳动合同中对保密义务作出约定,保守用人单位的商业秘密和与知识产权相关的保密事项。根据我国《反不正当竞争法》的规定,商业秘密是指不为公众所知悉,能为权利人带来经济利益,具有实用性并经权利人采取保密措施的技术信息和经营信息。知识产权是指智力成果的创造人依法对创造的智力成果和工商活动的行为人对所拥有的标记依法所享有的权利的总称。违反约定的保密义务的劳动者,既可能是与用人单位尚存在劳动关系的人,也可能是已与用人单位解除或终止劳动关系但约定的保密期未满的人。

2. 劳动者违反保密义务的责任

(1)责令停止。对违反约定的保密义务的行为,应当责令停止。

(2)承担赔偿责任。违反约定的保密义务,给用人单位造成经济损失的,应当按照《反不正当竞争法》第21条①的规定给予赔偿,损失难以计算的,赔偿额为侵权人在侵权期间因侵权所获得的利润;并应当承担被侵害人因调查侵权人侵犯其合法权益的不正当竞争行为所支付的合理费用。

(3)严重的承担刑事责任。如果违反约定的保密义务给用人单位造成重大损失或者特别严重的后果,构成侵犯商业秘密罪的,应当依据《刑法》第219条的规定追究刑事责任。

9.3.5 劳动者违反竞业限制约定的法律责任

1. 劳动者违反劳动合同约定的竞业限制约定的情形

所谓劳动者违反劳动合同约定的竞业限制义务,是指劳动者违反劳动合同关于竞业限制的约定,在竞业限制期间,到与原用人单位生产或者经营同类产品、业务的有竞争关系的其他用人单位,或者自己开业生产或者经营与原用人单位有竞争关系的同类产品、业务。

---

① 《反不正当竞争法》第21条:经营者以及其他自然人、法人和非法人组织违反本法第九条规定侵犯商业秘密的,由监督检查部门责令停止违法行为,没收违法所得,处十万元以上一百万元以下的罚款;情节严重的,处五十万元以上五百万元以下的罚款。

2. 劳动者违反劳动合同约定的竞业限制义务的法律责任

（1）支付违约金。《劳动合同法》第23条第2款规定，劳动者违反竞业限制约定的，应当按照约定向用人单位支付违约金。

（2）赔偿责任。根据《劳动合同法》第90条的规定，劳动者违反劳动合同中约定的竞业限制义务，给用人单位造成损失的，应当承担赔偿责任。

9.4 劳务派遣的法律责任

9.4.1 劳务派遣单位法律责任

劳务派遣单位在《劳动合同法》中属于用人单位，应当承担用人单位对劳动者的义务。因此，劳务派遣单位的法律责任部分，仅仅是针对劳务派遣的特殊性而进行讨论。

1. 擅自从事劳务派遣业务的法律责任

1）擅自从事劳务派遣业务

我国对劳务派遣实行行政许可制度，企业要经营劳务派遣业务，需要提交书面申请及相关材料，获得《劳务派遣业务经营许可证》后方可从事劳务派遣业务。如果没有取得许可证，就擅自经营该业务，属于违法行为，要承担相应的法律责任。

2）行政法律责任

根据《劳动合同法》第92条及《劳务派遣行政许可实施办法》的规定，擅自经营劳务派遣业务的，劳动行政部门要责令停止违法行为，没收违法所得、罚款。《劳动合同法》第92条规定，违反劳动合同法规定，未经许可，擅自经营劳务派遣业务的，由劳动行政部门责令停止违法行为，没收违法所得，并处违法所得1倍以上5倍以下的罚款；没有违法所得的，可以处5万元以下的罚款。这一条就是对没有获得行政许可，擅自经营劳务派遣业务的处罚。

2. 不当取得和使用劳务派遣经营许可证的法律责任

1）不当取得和使用劳务派遣经营许可证的情形

（1）不当取得劳务派遣许可证的。

根据《劳务派遣行政许可实施办法》第33条的规定，凡是隐瞒真实情况或者提交虚假材料取得劳务派遣行政许可的，或者是以欺骗、贿赂等不正当手段取得劳务派遣经营许可证的，都属于不当取得劳务派遣许可证的行为，要依照该规定承担法律责任。

（2）不当使用劳务派遣许可证的。

根据《劳务派遣行政许可实施办法》第33条的规定，凡是涂改、倒卖、出租、出借《劳务派遣经营许可证》，或者以其他形式非法转让《劳务派遣经营许可证》的，都属于不当使用劳务派遣许可证的行为，要依照该规定承担法律责任。

2）不当取得和使用劳务派遣证的法律责任

不当取得和使用劳务派遣证的法律责任就是被劳动行政部门罚款。根据《劳务派遣行政许可实施办法》第33条的规定，劳务派遣单位有以上两种违法行为的，劳动行政部门处1万元以下的罚款；情节严重的，处1万元以上3万元以下的罚款。

3. 劳务派遣单位违法解除或终止劳动合同的法律责任

《劳务派遣暂行规定》第21条规定，劳务派遣单位违反本规定解除或者终止被派遣劳动者劳动合同的，按照《劳动合同法》第48条、第87条规定执行。由于劳务派遣单位属于用人单位，其违法解除或终止与被派遣劳动者劳动合同的，其违法情形与应当承担的法律责任同前面所述的用人单位违法解除或终止劳动合同的情形完全一样，在此不作赘述。

4. 劳务派遣单位违法约定试用期的法律责任

1）劳务派遣单位违法约定试用期的情形

关于派遣劳动者的试用期，法律法规有以下规定：根据《劳务派遣暂行规定》第23条，劳务派遣单位违反该规定第6条的，按照《劳动合同法》第83条规定执行。该规定的第6条明确"劳务派遣单位可以依法与被派遣劳动者约定试用期。劳务派遣单位与同一被派遣劳动者只能约定一次试用期"。《劳动合同法》第58条明确"劳务派遣单位应当与被派遣劳动者订立二年以上的固定期限劳动合同"。按这些规定，劳务派遣单位应当与被派遣劳动者签订2年固定期限的劳动合同，按照《劳动合同法》对试用期的规定，劳动合同期限一年以上不满3年的，试用期不得超过2个月。同一用人单位与同一劳动者只能约定一次试用期。因此，根据这些法律法规的规定，劳务派遣单位应当与被派遣的劳动者签订2年期限的劳动合同，可以约定不超过2个月的试用期，而且与同一劳动者只能约定一次试用期；否则属于违法行为。

2）劳务派遣单位违法约定试用期的法律责任

根据《劳动合同法》第83条的规定："用人单位违反本法规定与劳动者约定试用期的，由劳动行政部门责令改正；违法约定的试用期已经履行的，由用人单位以劳动者试用期满月工资为标准，按已经履行的超过法定试用期的期间向劳动者支付赔偿金。"按照此条规定，劳务派遣单位违法约定试用期，如试用期超过2个月的，与同一劳动者两次以上约定试用期的，要承担被责令改正的行政责任。如果违法约定的试用期已经履行的，由用人单位以劳动者试用期满月工资为标准，按已经履行的超过法定试用期的期间向劳动者支付赔偿金。

5. 劳务派遣单位与用工单位承担连带赔偿责任

根据《劳动合同法》第92条规定，用工单位给被派遣劳动者造成损害的，劳务派遣单位与用工单位承担连带赔偿责任。由于劳务派遣单位是用人单位，在实际用工单位给被派遣劳动者造成损害的情况下，法律明确了劳务派遣单位对派遣劳动者的损害承担连带赔偿责任。

劳务派遣单位或者用工单位都有承担全部赔偿责任的义务。劳动者可以选择要求劳务派遣单位和用工单位中的任何一方承担全部赔偿责任，也可以要求双方共同承担赔偿责任。

6. 劳务派遣单位的其他法律责任

1）劳务派遣单位克扣劳动者劳动报酬的法律责任

《劳动合同法》第60条规定，劳务派遣单位不得克扣用工单位按照劳务派遣协议支付给被派遣劳动者的劳动报酬。如果用人单位克扣用工单位按照派遣协议支付给派遣劳动者的工资，属于未按照劳动合同约定支付劳动报酬的行为，属于未按照劳动合同的约定或者国家规定及时足额支付劳动者劳动报酬的违法行为，按照《劳动合同法》第85条的规定，劳务派遣单位要由劳动行政部门责令限期支付劳动报酬，逾期不支付的，责令用人单位按应付金额百分之五十以上百分之一百以下的标准向劳动者加付赔偿金。所以，劳务派遣单位的这种违法行为，要被责令限期支付劳动报酬，逾期未支付的，要按照应付金额的百分之五十以上百分之一百以下的标准加付赔偿金。

2）在被派遣劳动者无工作期间，劳务派遣单位不按照向其按月支付报酬的法律责任

按照《劳动合同法》的规定，劳务派遣单位必须与被派遣劳动者签订2年期限的劳动合同，在劳动合同存续期间，如果劳动者未被派遣到用工单位，或者被用工单位退回的，或者派遣到用工单位工作时间短，未达到劳动合同签订的2年的，那么在劳动者无工作期间，劳务派遣单位应当按照当地最低工资标准，按月向其支付劳动报酬。如果劳务派遣单位在被派遣劳动者无工作期间，不按照规定向劳动者按月支付报酬的，属于违法行为，要承担法律责任，即根据《劳动合同法》第58条规定，被派遣劳动者在无工作期间，劳务派遣单位应当按照所在地人民政府规定的最低工资标准，向其按月支付报酬。

3）违法向被派遣的劳动者收取费用的法律责任

《劳动合同法》第60条规定，劳务派遣单位不得向被派遣劳动者收取费用。如果劳务派遣单位收取了劳动者费用，属于违法行为，应当承担法律责任。再根据《劳动合同法》第84条规定，"用人单位违反本法规定，以担保或者其他名义向劳动者收取财物的，由劳动行政部门责令限期退还劳动者本人，并以每人五百元以上二千元以下的标准处以罚款；给劳动者造成损害的，应当承担赔偿责任"。即要承担责令限期返还、罚款的行政责任，给劳动者造成损害的，还要承担赔偿责任。

必须注意的是，随着社会的发展变化，新型的就业形态不断出现。大量平台企业的出现，使得大量劳动者在平台企业从业。这些平台企业以互联网技术为基础，采用线上线下融合的商业模式，为供应商和消费者提供在线交易、信息发布、支付结算、物流配送、售后服务等综合性的交易服务平台，以促进商品和服务的交换。为了更好地保护劳动者的利益，人力资源社会保障部、国家发展改革委、全国总工会等八个部门联合于2021年发布了《关于维护新就业形态劳动者劳动保障权益的指导意见》，该意见指出，平台企业采取劳务派遣等合作用工方式组织劳动者完成平台工作的，应选

择具备合法经营资质的企业,并对其保障劳动者权益情况进行监督。平台企业采用劳务派遣方式用工的,依法履行劳务派遣用工单位责任。对采取外包等其他合作用工方式,劳动者权益受到损害的,平台企业依法承担相应责任。

9.4.2 用工单位的法律责任

1. 用工单位与劳务派遣单位承担连带赔偿责任

《劳动合同法》第92条规定,用工单位给被派遣劳动者造成损害的,用工单位与劳务派遣单位承担连带赔偿责任。由于用工单位实际使用劳动者,劳动者是在用工单位工作,应当承担给劳动者提供良好的劳动卫生安全条件,用工单位给被派遣劳动者造成损害的情况下,法律明确了用工单位与劳务派遣单位共同对派遣劳动者的损害承担连带赔偿责任。也就是说,被派遣的劳动者既可以选择要求劳务派遣单位或者用工单位分别承担赔偿责任,也可以选择要求劳务派遣单位和用工单位中的任何一方承担全部赔偿责任。

2. 用工单位使用被派遣劳动者的程序违法的法律责任

根据《劳务派遣暂行规定》第3条第3款的规定,用工单位决定使用被派遣劳动者的辅助性岗位,应当经职工代表大会或者全体职工讨论,提出方案和意见,与工会或者职工代表平等协商确定,并在用工单位内公示。这是对用工单位使用被派遣劳动者的程序性要求,如果没有经过这些程序,属于违法行为,要承担相应的法律责任。该规定第22条明确,用工单位违反该规定第3条第3款规定的,由劳动行政部门责令改正,给予警告;给被派遣劳动者造成损害的,依法承担赔偿责任。

3. 用工单位其他违反《劳动合同法》有关规定的法律责任

《劳动合同法》专节对劳务派遣作出了规定,涉及用工单位的规定也比较多,主要是:第59条明确了用工单位应当根据工作岗位的实际需要与劳务派遣单位确定派遣期限,不得将连续用工期限分割订立数个短期劳务派遣协议;第60条明确了用工单位不得向被派遣劳动者收取费用;第62条规定了用工单位对劳动者的义务;第63条明确了被派遣劳动者享有与用工单位的劳动者同工同酬的权利;第65条明确了用工单位可以将劳动者退回劳务派遣单位的法定条件;第66条明确了劳务派遣用工适用的工作岗位,以及用工单位应当严格控制劳务派遣用工数量,不得超过其用工总量的一定比例。如果用工单位违反这些规定,要按照《劳动合同法》第92条的规定承担相应的法律责任。按照该条规定,用工单位违反以上《劳动合同法》规定的,由劳动行政部门责令限期改正;逾期不改正的,以每人五千元以上一万元以下的标准处以罚款。用工单位给被派遣劳动者造成损害的,劳务派遣单位与用工单位承担连带赔偿责任。

同时,《劳务派遣暂行规定》第28条规定,用工单位在《劳务派遣暂行规定》施行前使用被派遣劳动者数量超过其用工总量10%的,应当制定调整用工方案,于本规定施行之日起2年内降至规定比例。但是,《全国人民代表大会常务委员会关于修改

〈中华人民共和国劳动合同法〉的决定》公布前已依法订立的劳动合同和劳务派遣协议期限届满日期在本规定施行之日起2年后的，可以依法继续履行至期限届满。用工单位应当将制定的调整用工方案报当地人力资源社会保障行政部门备案。用工单位未将本规定施行前使用的被派遣劳动者数量降至符合规定比例之前，不得新用被派遣劳动者。

9.5 行政机关及工作人员的法律责任

行政机关的法律责任主要是指《劳动合同法》第95条规定的劳动行政部门和其他有关主管部门及其工作人员玩忽职守、不履行法定职责，或者违法行使职权所应承担的法律责任。根据我国有关法律法规的规定，劳动行政部门为劳动法的执法主体。如《劳动法》第9条规定："国务院劳动行政部门主管全国劳动工作。县级以上地方人民政府劳动行政部门主管本行政区域内的劳动工作。"劳动行政部门承担着劳动合同实施的监督管理工作，是劳动合同制度得以贯彻的保障。劳动行政部门和其他有关主管部门及其工作人员是代表国家进行行政执法，应当遵守依法行政的原则。该原则要求行政主体应当在宪法、法律、行政法规和有效规章的范围内行使职权，行使职权由法律赋予，行使权力的方式步骤也由法律规定。行政主体若不能依法行政，则构成行政违法，要承担相应的法律责任。劳动行政部门和其他有关主管部门及其工作人员违法行政，玩忽职守、不履行法定职责，或者违法行使职权应当承担的法律责任包括国家赔偿责任、行政责任以及刑事责任。

9.5.1 行政机关及其工作人员的行政责任

1. 对直接负责的主管人员和其他直接责任人员的行政处分

《劳动合同法》对劳动行政部门对劳动合同实施的监督检查作出了规定，有关部门也制定了《劳动保障监察条例》等规定，明确了劳动行政部门及有关组织的职责，如果这些政府机构及其工作人员不认真履行法定职责，玩忽职守或者违法行使职权，给劳动者或者用人单位造成损害的，属于违法行为，要依法承担相应的法律责任。

《劳动合同法》第95条明确规定，劳动行政部门和其他有关主管部门及其工作人员玩忽职守、不履行法定职责，或者违法行使职权，给劳动者或者用人单位造成损害的，应当承担赔偿责任；对直接负责的主管人员和其他直接责任人员，依法给予行政处分。行政处分的种类包括警告、记过、降级、降职、撤职、开除等多种方式。劳动行政部门和其他有关主管部门的直接责任人员和其他直接责任人员该受到何种行政处分，根据造成损害的情况和主观过错等情况综合认定。

2. 承担赔偿责任

根据《劳动合同法》第95条，劳动行政部门和其他有关主管部门及其工作人员玩忽职守、不履行法定职责，或者违法行使职权，给劳动者或者用人单位造成损害的，应当承担赔偿责任。这里的赔偿责任即属于《中华人民共和国国家赔偿法》所确定的赔偿责任。根据该法规定，国家机关及其工作人员在行使行政职权侵犯公民、法人和其他组织的合法权益造成损害的，受害人有取得国家赔偿的权利。

9.5.2 行政机关及其工作人员的刑事责任

1. 承担刑事责任的主体

我国《劳动合同法》明确规定了劳动行政部门及其工作人员的刑事责任。《劳动合同法》第 95 条规定："劳动行政部门和其他有关主管部门及其工作人员玩忽职守、不履行法定职责，或者违法行使职权，给劳动者或者用人单位造成损害的，应当承担赔偿责任；对直接负责的主管人员和其他直接责任人员，依法给予行政处分；构成犯罪，依法追究刑事责任。"这一条明确了承担刑事责任的主体是劳动行政部门和其他有关主管部门直接负责的主管人员和其他直接责任人员。他们的行为构成犯罪的，要依法追究刑事责任。

2. 承担何种刑事责任

该追究其何种刑事责任，要根据《刑法》的相关规定进行判定。《刑法》第 397 条规定："国家机关工作人员滥用职权或者玩忽职守，致使公共财产、国家和人民利益遭受重大损失的，处三年以下有期徒刑或者拘役；情节特别严重的，处三年以上七年以下有期徒刑。本法另有规定的，依照规定。国家机关工作人员徇私舞弊，犯前款罪的，处五年以下有期徒刑或者拘役；情节特别严重的，处五年以上十年以下有期徒刑。本法另有规定的，依照规定。"按照这一条规定，劳动行政部门和其他有关主管部门直接负责的主管人员和其他直接责任人员可能构成滥用职权罪、玩忽职守罪。

滥用职权罪是指国家机关工作人员超越职权，故意不履行职责或者违法行使职权，致使公共财产、国家和人民利益遭受重大损失，从而构成犯罪的行为。劳动行政部门和其他有关主管部门直接负责的主管人员和其他直接责任人员是否构成该罪，要从犯罪构成要件进行分析。

玩忽职守罪是指国家机关工作人员严重不负责任，不履行或者不正确地履行自己的工作职责，致使公共财产、国家和人民利益遭受重大损失的行为。劳动行政部门和其他有关主管部门直接负责的主管人员和其他直接责任人员是否构成该罪，要从犯罪构成要件进行分析。

本章阅读参考文献

[1] 王林清. 劳动争议裁诉标准与规范. 北京：人民出版社，2011.
[2] 郭捷. 劳动法与社会保障法. 2 版. 北京：中国政法大学出版社，2007.
[3] 李建. 中华人民共和国劳动合同法实施条例理解与适用. 北京：法律出版社，2008.

[4] 张金钦. 论用人单位解除劳动合同的法律责任之认定. 中国集体经济, 2009 (12).

[5] 徐芳宁. 论工资拖欠的法律责任. 劳动保障世界, 2008 (1).

[6] 邱婕.《劳动合同法》十周年回顾系列之九 《劳动合同法》研究之补偿金与赔偿金. 中国劳动, 2018 (9).

[7] 董保华. 劳动合同法的十大失衡问题. 探索与争鸣, 2016 (4).

[8] 邱婕.《劳动合同法》十周年回顾系列之一 《劳动合同法》之"二倍工资"研究. 中国劳动, 2018 (1).

[9] 段宏磊.《劳动合同法》中惩罚性赔偿制度的立法反思与改进. 西南民族大学学报（人文社会科学版）, 2022 (7).

本章复习思考题

一、名词解释

法律责任　行政责任　民事责任　刑事责任

二、单项选择题

1. 按照《劳动合同法》的规定，行政责任不包括（　　）。

A. 警告　　　　　　　　　　B. 罚款

C. 吊销营业执照　　　　　　D. 批评教育

2. 下列既属于行政处分，又属于行政处罚的责任形式是（　　）。

A. 开除　　　　　　　　　　B. 吊销营业执照

C. 警告　　　　　　　　　　D. 责令停产停业

3. 用人单位招用未解除劳动合同的劳动者，给原用人单位造成经济损失的，应当由（　　）。

A. 该用人单位承担直接赔偿责任

B. 该用人单位与劳动者承担连带赔偿责任

C. 该用人单位不承担赔偿责任

D. 劳动者先赔偿，不足部分再由用人单位承担

4. 劳动合同被确认无效，给对方造成损害的，应当（　　）。

A. 由有过错方承担赔偿责任　　B. 由用人单位承担赔偿责任

C. 由过错大的一方承担赔偿责任　D. 用人单位和劳动者都不承担赔偿责任

5. 用人单位逾期未支付劳动者加班工资的，应当按照（　　）。

A. 应付金额 50% 以上 100% 以下的标准向劳动者加付赔偿金

B. 应付金额 50% 的标准向劳动者加付赔偿金

C. 应付金额 100% 的标准向劳动者加付赔偿金

D. 应付金额 50% 到 100% 的标准向劳动者加付赔偿金

三、多项选择题

1. 违反《劳动合同法》的法律责任形式有（　　）。
   A. 经济责任　　　　　　　　B. 民事责任
   C. 刑事责任　　　　　　　　D. 行政责任
   E. 公开道歉

2. 违反《劳动合同法》的行政责任主要有（　　）。
   A. 警告　　　　　　　　　　B. 罚款
   C. 责令停产停业　　　　　　D. 吊销营业执照
   E. 没收违法所得

3. 用人单位未向劳动者出具解除或者终止劳动合同的书面证明的，可能承担的法律责任包括（　　）。
   A. 由劳动行政部门责令改正　　B. 对劳动者的损害承担赔偿责任
   C. 支付经济补偿金　　　　　　D. 接受劳动行政部门罚款
   E. 补签劳动合同

4. 用人单位制定的直接涉及劳动者切身利益的规章制度违法的，用人单位可能承担的法律责任包括（　　）。
   A. 由劳动行政部门责令改正　　B. 对劳动者的损害承担赔偿责任
   C. 支付经济补偿金　　　　　　D. 被劳动行政部门警告
   E. 接受劳动者解除劳动合同

5. 劳动者违反保密义务，可能承担的法律责任包括（　　）。
   A. 责令停止侵害行为　　　　　B. 对用人单位的损害承担赔偿责任
   C. 接受劳动行政罚款　　　　　D. 承担刑事责任
   E. 支付违约金

四、判断分析题

1. 用人单位招用未与原单位解除劳动合同的劳动者，给原用人单位造成损失的，由劳动者承担赔偿责任。

2. 劳务派遣单位是用人单位，因此，被派遣劳动者在工作中受到伤害的，一律由劳务派遣单位承担。

3. 劳动行政部门的主管人员和其他直接责任人员也可能承担刑事责任。

4. 个人承包经营违法招用劳动者，造成劳动者损失的，由个人承包经营者承担赔偿责任。

5. 甲公司在多次申请劳务派遣许可未获得批准的情况下擅自经营劳务派遣业务，仅会受到劳动行政部门的罚款。

五、简述题

1. 简述法律责任的分类。
2. 简述违反劳动合同法的责任形式。

3. 简述劳动合同法规定的连带赔偿责任的法定情形。
4. 简述劳动行政部门及其工作人员承担法律责任的法定情形。

六、论述题
1. 试述用人单位违反劳动报酬、经济补偿等的法律责任。
2. 试述劳动者可能承担的法律责任。

七、案例分析题
1. 2018年2月13日王某与甲公司签订了为期3年的劳动合同,合同期限到2021年2月12日止。甲公司安排王某在润滑油部任经理一职,从事贸易及管理工作。劳动合同到期后,王某明确表示不再续签劳动合同,要求甲公司为其出具终止劳动合同证明书、办理社会保险关系及人事档案转移手续。甲公司以王某在任职期间未将由其购买的油品处理完毕为由,拒绝为王某出具终止劳动合同证明书、办理社会保险关系及人事档案转移手续,并要求双方签订的劳动合同期限延长至王某将其购买的油品处理完毕之时,才能办理相关的退工手续。王某多次与甲公司协调未果,遂向劳动争议仲裁委员会提起仲裁。

问:

(1) 劳动合同到期后,甲公司是否负有向王某支付经济补偿金的义务?为什么?

(2) 甲公司拒绝为王某出具终止劳动合同证明书以及办理社会保险、人事档案转移手续的理由能否成立?为什么?

(3) 甲公司拒绝出具终止劳动合同的书面证明应承担怎样的法律后果?

2. 2019年6月3日,刘某被甲公司录用,所签劳动合同的期限为4年,试用期为3月,合同履行到2019年8月时,刘某向甲公司提出解除劳动合同,并且要求公司支付经济补偿金,公司不同意解除劳动合同,如果刘某坚持辞职,必须承担赔偿公司损失的责任,即支付公司为其在试用期内的培训费用。

问:

(1) 刘某是否可以单方解除劳动合同?为什么?

(2) 甲公司是否应当支付经济补偿金?为什么?

(3) 刘某是否应当支付甲公司的培训费?为什么?

参考文献

[1] 最高人民法院民事审判第一庭. 最高人民法院新劳动争议司法解释（一）理解与适用. 北京：人民法院出版社，2021.

[2] 法律出版社法规中心. 中华人民共和国劳动合同法注释本. 北京：法律出版社，2022.

[3] 黎建飞. 劳动与社会保障法教程. 6版. 北京：中国人民大学出版社，2023.

[4] 郭捷. 劳动法与社会保障法. 3版. 北京：法律出版社，2016.

[5] 黄越钦. 劳动法新论. 北京：中国政法大学出版社，2003.

[6] 王全兴，黄昆. 中国劳动法. 北京：中国政法大学出版社，2008.

[7] 胡彩霄. 劳动法精要. 北京：中国政法大学出版社，2007.

[8] 李建. 中华人民共和国劳动合同法实施条例理解与适用. 北京：法律出版社，2008.

[9] 姜颖. 劳动合同法论. 北京：法律出版社，2006.

[10] 郑尚元. 劳动合同法的制度与理念. 北京：中国政法大学出版社，2008.

[11] 黎建飞. 劳动合同法热点、难点、疑点问题全解. 北京：中国法制出版社，2008.

[12] 董保华. 十大热点事件透视劳动合同法. 北京：法律出版社，2007.

[13] 张霞等. 劳动法实施中的疑难问题. 北京：中国人民公安大学出版社，2009.

[14] 陈闯. 劳动合同案例精编精析. 北京：中国检察出版社，2008.

[15] 蒋月. 劳动法：案例评析与问题研究. 北京：中国法制出版社，2009.

[16] 信春鹰. 中华人民共和国劳动合同法释义. 北京：法律出版社，2007：3.

主要法律法规缩略语简表

1. 《中华人民共和国劳动合同法》简称：《劳动合同法》
2. 《中华人民共和国劳动法》简称：《劳动法》
3. 《中华人民共和国民事诉讼法》简称：《民事诉讼法》
4. 《中华人民共和国劳动争议调解仲裁法》简称：《劳动争议调解仲裁法》
5. 《中华人民共和国民法典》简称：《民法典》
6. 《中华人民共和国行政处罚法》简称：《行政处罚法》
7. 《中华人民共和国工会法》简称：《工会法》
8. 《中华人民共和国劳动合同法实施条例》简称：《劳动合同法实施条例》
9. 《中华人民共和国企业劳动争议处理条例》简称：《企业劳动争议处理条例》
10. 劳动和社会保障部《集体合同规定》简称：《集体合同规定》
11. 劳动和社会保障部《最低工资规定》简称：《最低工资规定》
12. 劳动和社会保障部《关于非全日制用工若干问题的意见》简称：《非全日制用工意见》
13. 《中华人民共和国刑法》简称：《刑法》
14. 《最高人民法院关于审理劳动争议案件适用法律问题的解释（一）》，简称：《劳动争议司法解释一》